Marie Tièche
Mein Jahr am Nordpol

PIPER

Zu diesem Buch

Marie Tièche lernt Hauke Trinks in einem Pub kennen. Eine Stunde später stimmt sie zu, ihn bei einer Expedition auf eine verlassene Insel, 1000 Kilometer vom Nordpol entfernt, zu begleiten. Nur sie beide, isoliert und in einer kleinen Holzhütte lebend. Es ist nicht nur ein emotionales Experiment, sondern auch ein Kampf ums Überleben im Eis bei Minus 40 Grad: Tièche erzählt von Begegnungen mit aggressiven Eisbären, von einem Leben in monatelanger Dunkelheit während der Polarnacht und einem Alltag fernab jeglicher Zivilisation. Es ist der sehr persönliche Bericht einer starken Frau.

Die vielseitig begabte Naturliebhaberin *Marie Tièche* arbeitete bei der Post, in einer Apotheke, in einer Automobil-Bibliothek – bevor sie 2001 nach Spitzbergen übersiedelte. Dort arbeitete sie als Schneiderin, bis sie mit Hauke Trinks nach Nordaustland aufbrach. Heute lebt sie mit ihm in Deutschland.

Marie Tièche

MEIN JAHR AM NORDPOL

Eine Frau, ein Mann und die Einsamkeit der Polarnacht

Bearbeitet und aus dem Englischen übersetzt
von Tamara Trautner

Piper München Zürich

Mehr über unsere Autoren und Bücher:
www.piper.de

Für Hauke –
für seine Geduld, seine Liebe und die Möglichkeit,
die er mir geboten hat.
Außerdem für Mum und ganz besonders für Dad,
der das Erscheinen dieses Buches nicht mehr erleben durfte.
Er wäre stolz gewesen.
In Liebe.

MIX
Papier aus verantwor-
tungsvollen Quellen
FSC® C083411

Ungekürzte Taschenbuchausgabe
Piper Verlag GmbH, München
Januar 2014
© 2005 Federking & Thaler Verlag GmbH, München
Alle Rechte vorbehalten
Umschlaggestaltung: Birgit Kohlhaas, www.kohlhaas-buchgestaltung.de
Umschlagabbildung: Rudi Sebastian/plainpicture
Fotos: Marie Tièche und Hauke Trinks
Lektorat: Eva Clausen
Karten: Eckehard Radehose, Schliersee
Satz: Büro Sieveking
Gesetzt aus der Quadraat
Druck und Bindung: CPI – Clausen & Bosse, Leck
Printed in Germany   ISBN 978-3-492-30418-4

Inhalt

Prolog 8
1 Versuchung 9
2 Probezeit 31
3 Vorbereitungen 51
4 Aufbruch 76
5 Ankunft 95
6 Eingewöhnung 102
7 Ordnungen 121
8 Wendepunkte 145
9 Licht 163
10 Kämpfe 181
11 Eisleben 197
12 Sommer 210
Epilog 227

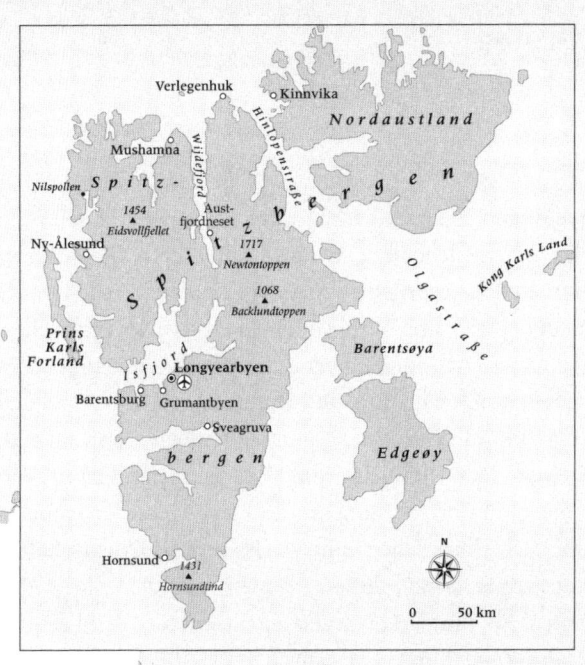
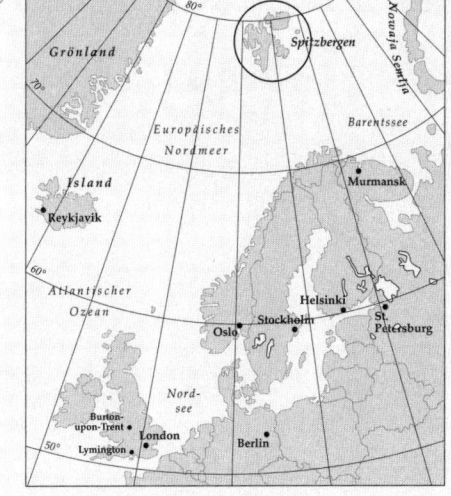

Prolog

Diese Augen. Sie waren vom sanften Blau eines klaren Winterhimmels, einem leuchtenden, schimmernden Gletscherblau. Sie hatten zu mir gesprochen, mich eingeladen in eine fremde, abgeschiedene, einsame Welt voller Gefahren, in tückische Wetterverhältnisse, zwischen Eisberge. Und ich hatte zugesagt. Was war geschehen? Ich hatte ihn eine Stunde vorher in einem Pub kennen gelernt und zu-gestimmt, ihn bei seiner Expedition auf eine verlassene Insel 1 000 Kilometer vom Nordpol entfernt zu begleiten. Nur wir beide. Er und ich. Sonst niemand. Wir würden isoliert in einer kleinen Holzhütte leben, nur zwei Huskys als Gesellschaft und zum Schutz vor Eisbären, diesen riesigen, weißen, wilden Menschenfressern. Ein Jahr lang würden sie unsere Nachbarn sein. Ein ganzes Jahr. Keine Möglichkeit, nach der Hälfte der Zeit umzukehren, wenn es schwierig werden sollte. Ein ganzes Jahr oder gar nicht. Aufgeben war keine Option. Ich muss völlig verrückt gewesen sein. Durchgedreht. Von Sinnen.

Aber so hat alles angefangen.

1 Versuchung

Ich schloss die Tür meines Zimmers, vermummte mich in meiner schlichten, aber warmen, braunen Jacke und stieg in dicken Wollsocken die Treppe des Containerhauses hinunter. Im Flur hörte ich aus einem der angrenzenden Räume das Brummen der großen Gemeinschaftskühltruhe. Jedem der zwölf Apartments war darin ein abschließbares Fach zugeordnet. Eine Gefriertruhe in der Arktis – das war schon merkwürdig, aber draußen gelagerte Vorräte wären ein gefundenes Fressen für Füchse, Mäuse und Diebe gewesen. An der Garderobe erwartete mich ein Regenbogen aus dicken Jacken und Schneeanzügen (die ein wenig an Strampelanzüge erinnerten), darunter das Durcheinander von etwa 20 Paar Stiefeln, Schuhen und Pantoffeln, einige davon alt und verstaubt; ihre Eigentümer hatten das Haus und wahrscheinlich auch Longyearbyen längst verlassen. In einer Ecke standen drei Paar Langlaufskier, die dazugehörigen Stöcke stützten sich gegenseitig wie Betrunkene. Zwischen den Schmelzwasserpfützen am Boden schlüpfte ich in meine bequemen braunen Lederschuhe, zog Mütze und wetterfeste Handschuhe an, drückte die schwere Glastür auf und trat in die Kälte von -20 °C.

Der Schnee war hart, zerfurcht von Schneemobil- und Skispuren, hier und da sah man Fußstapfen oder die Abdrücke von Hundepfoten. Pechvögeln konnte die eisglatte, kompakte Schneedecke dazwischen leicht zum Verhängnis werden. Ganz vorsichtig ging ich zum Ende des langen Holzhauses, schob mich an den metallenen Müllkörben vorbei und dann den Hang hinunter, zum gelb erleuchteten Weg. Ich sog die klare, kalte Luft einer typischen Nacht auf Spitzbergen ein. Am Himmel versuchten die Sterne vergebens, gegen die Straßenbeleuchtung anzustrahlen, und hoch oben, über der anderen Seite des gefrorenen, von Schnee bestäubten Fjords leuchtete ein Dreiviertelmond über dem affengesichtigen Berg Hiorthfell. Der Schnee auf seinen Flächen und eisverklebten Geröllhängen glänzte silbern, und sein ausladender Grat bildete vor dem wolkenlosen, blauschwarzen Himmel eine messerscharfe Silhouette. Am Fuß des Berges war der blassgelbe Schein der Öllampe in einer vereinzelten Hütte zu sehen, und über dem Dach hing eine kaum wahrnehmbare Rauschschwade in der Luft.

Meine Schritte knirschten im Schnee; zwischen mir und dem Adventfjord erstreckte sich das Städtchen in dem kleinen, sich langsam öffnenden Longyear-Tal. Die Straßenlaternen tauchten die Holzhäuser auf beiden Seiten des schnurgeraden Fußwegs in orangefarbenes Licht. Rechts standen zusammengeschusterte, holzverkleidete Apartmenthäuser, ein Stück weiter machten sie aneinander gereihten Häusern mit Spitzdächern Platz. Deren leuchtende Farben – Schoko- und Kaffeebraun, Pink und Grün, Gelb und Orange, Beige und Türkis – wurden durch die Nacht gedämpft. Diese Häuser verloren sich rechts und links im Tal, und dann kam schon das Zentrum.

Zu dieser späten Stunde war es ruhig – die wenigen Geschäfte hatten längst geschlossen –, aber ein paar Leute waren auf der Straße; sie holten Pizza, wollten noch kurz nach ihren Postfächern sehen, oder sie waren wie ich unterwegs in eine der vielen Kneipen, um das Wochenende einzuläuten.

Ich hatte mich zu Hause gelangweilt, war irgendwie kribbelig gewesen und deswegen früher als sonst losgegangen. Es war zwar schon halb elf, aber hier in Longyearbyen würde es noch mindestens eine halbe Stunde dauern, bis das Nachtleben begann, solange wollte ich ein Bier trinken und es mir mit einem Buch aus der Bibliothek des Radisson SAS Polar Hotels gemütlich machen. Das

Radisson lag gleich hinter dem Einkaufszentrum und war eine beliebte Anlaufstelle für die paar Menschen in Longyearbyen, ob zur ersten Tasse Kaffee oder für feine Diners im Panorama-Restaurant Nansen. Bescheiden in einer Ecke der Hotellobby befand sich mein Ziel: der Barents Pub – oder *puben*, wie alle auf Norwegisch sagten.

Der zügige Gang von meinem Zimmer zum Hotel hatte mich die Kälte nicht spüren lassen. Nachdem ich mir den Schnee von den Sohlen gekratzt hatte, wuchtete ich die schwere Tür zum Foyer auf, und ein warmer Luftschwall schlug mir entgegen. Ich stopfte Mütze und Handschuhe in die Taschen, hängte die Jacke an meinen Lieblingshaken in der Ecke der Garderobe und ging hinein. Ich glaube, es ist der düsterste Pub, in dem ich je war, und nach der hell erleuchteten Eingangshalle mussten sich meine Augen erst an das Schummerlicht gewöhnen. Die Wände waren dunkelblau gestrichen und schluckten das Licht des riesigen Deckenleuchters wie ein Meer, dagegen konnte auch die orangefarbene Decke nichts ausrichten. Die Kiefernholzdielen waren der einzige Lichtblick. Es war eine gemütliche Kneipe mit wunderbarer Atmosphäre, besonders wenn es voll war, wie eigentlich immer am Wochenende, und alle zu Blues- oder Rockmusik durcheinander redeten (hier wurde ich Fan von *Walter Trout and the Radicals*) oder zu den überraschend guten Live-Bands tanzten.

Auf den ersten Blick schien noch kein Mensch da zu sein, ungewöhnlich für diese Tageszeit, denn auch wenn das Nachtleben später begann, war es üblich, sich vorher auf einen Drink oder eine Kleinigkeit zu essen zu treffen oder noch zusammen fernzusehen. Da ich meine Brille nicht aufhatte, konnte ich nicht erkennen, wer im hinteren Teil des Raums war, aber auf den Bänken unter den alten Stichen mit Walmotiven saßen drei oder vier Jugendliche, und ein älterer Typ im Wollpullover lehnte an der Bar unter einem Otard-Cognac-Plakat. Ich hatte ihn noch nie gesehen – wahrscheinlich ein

Tourist, dachte ich. Unsere Blicke trafen sich, als ich an ihm vorbeiging, um mir bei Johan ein Pint zu bestellen (ein »halber Liter« klingt in meinen Ohren immer noch komisch). Ich sah um mich, ob ich irgendwo in den dunklen Untiefen der Kneipe vielleicht doch ein bekanntes Gesicht entdeckte. Nichts. So schlenderte ich mit meinem Bier zum kleinen Laden des Hotels, um mich dort ein bisschen umzusehen, danach wollte ich es mir in einem der Sessel im Foyer bequem machen, um in dem Buch über eine Segeltour nach Grönland auf den Spuren Leif Eriksons weiterzulesen.

Der Laden war winzig, etwa ein mal anderthalb Meter, aber das Angebot zu durchstöbern würde ein paar Minuten in Anspruch nehmen. Sie hatten den üblichen Touristenkram: Plüschteddys, T-Shirts, Hüte, Schokolade, Kugelschreiber, Bücher und Postkarten, Schmuck und Figürchen, Teller mit Landkarten von Svalbard, wie die Norweger Spitzbergen nennen – ziemlich viel Zeug für so ein kleines Geschäft. Ich musterte gerade ein paar Schlüsselanhänger aus Robbenfell – vielleicht ein nettes Mitbringsel für meine Nichte oder meinen Neffen? –, als ich jemanden etwas auf Norwegisch sagen hörte. Ich drehte mich um und sah den Mann von der Bar, der mit einem Bier in der Hand direkt vor der Tür des Lädchens stand und mich offenbar angesprochen hatte. Ich stammelte entschuldigend, dass ich nur Englisch spräche. »*No problem*«, sagte er lächelnd. Er war nicht viel größer als ich (also klein), hatte aschblondes Haar, ein attraktives Lächeln und verschmitzte, sehr blaue Augen (so etwas fällt mir normalerweise nicht auf – ich habe Mühe, mich an meine eigene Augenfarbe zu erinnern). Sein Norwegerpullover – Brustpartie schmutzigweiß, unten zwei Grautöne, schwarzes Muster, ein grüner Streifen in den Bündchen – hatte schon bessere Tage gesehen, offensichtlich sein Lieblingsstück (auch ich mag die meisten meiner Pullover sehr). Er trug Stiefel, dunkelbraune Lederhosen und sah äußerst sympathisch aus, ich mochte ihn sofort.

Wir stellten uns vor, er hieß Hauke, und ich erfuhr, dass er Deutscher war, ein Wissenschaftler auf einer seiner zahlreichen Forschungsreisen. Er fragte, was eine Engländerin in Longyearbyen treibe, und ich erzählte, dass ich schon seit ein paar Jahren hier lebte. Er war sehr aufmerksam und überschüttete mich geradezu mit seinem Charme. Und er wollte alles Mögliche wissen: ob ich verheiratet sei, wo ich arbeitete, ob mir die Kälte nichts ausmache, ob es mir hier in der Arktis gefiele, ob ich schon Eisbären gesehen hätte. Dann erzählte er von seinem Forschungsprojekt: der Suche nach dem Ursprung des Lebens im Eis. Wenn Bakterien in heißen Unterwasserquellen überleben könnten, warum nicht auch im anderen Extrem, sprich: in eisiger Kälte? Seine Gedanken faszinierten mich, zumal er alles sehr klar und verständlich ausdrückte. Er redete über seine letzte Expedition nach Mushamna. Er hatte sich mit zwei Hunden auf seiner Yacht *Mesuf* einfrieren lassen, um das Eis zu studieren. Der ist verrückt, dachte ich. Er sieht nett aus, aber er ist ziemlich verrückt. Der sprichwörtliche verrückte Professor.

Und dann legte er richtig los und erzählte mir von seiner geplanten Reise nach Kinnvika, einem Ort viele Kilometer nördlich von Longyearbyen, auf einer Insel namens Nordaustland (ich hatte noch nie davon gehört). Bisher habe niemand die Erlaubnis erhalten, ein ganzes Jahr in Kinnvika zu verbringen, aber für ihn als Wissenschaftler gälten andere Regeln. Er suche nach jemandem, der ihn begleiten wolle, und zwar genauer gesagt nach einer Frau. Die Unternehmung solle ein Jahr dauern, man wäre die ganze Zeit über nur zu zweit, höchstens noch mit ein paar Huskys, es würde ein fantastisches Abenteuer werden, wirklich mit nichts zu vergleichen, und ob ich nicht vielleicht Lust hätte mitzukommen. Wie bitte? Hatte ich richtig gehört? Offensichtlich. Wir würden in einer kleinen Holzhütte leben, fuhr er fort, und Teil der Verabredung wäre es, das Experiment auf keinen Fall mittendrin abzubrechen, wenn mir etwas nicht passte. Es sei eine einzigartige Gelegenheit, ich müsse mich auch nicht über Gebühr mit seiner Forscherei beschäftigen. Ob mich das interessieren könnte, fragte er.

Interessieren? Ich war sprachlos, mir stockte der Atem. In meinem Kopf herrschte ein einziges Durcheinander. Meine Zunge war wie gelähmt, während mein Gehirn versuchte, irgendwie mit diesem unglaublichen Antrag fertig zu werden. Ich stand da wie ein begossener Pudel. Hätte ich in England einen Mann in einer Kneipe kennen gelernt, er hätte mich, wenn es hoch kommt, ins Kino und in irgendeinen Imbiss eingeladen. Hier auf Spitzbergen lief alles ein bisschen anders. Mir fiel jedenfalls auf Anhieb nichts ein, weswegen ich hätte ablehnen sollen, also sagte ich, klar könnte mich das interessieren.

Wir beschlossen, bei anderer Gelegenheit weiter darüber zu reden, und dann sagte er: »Na, dann will ich Sie mal nicht aufhalten, Ihre Freunde warten bestimmt schon.« Er verschwand im Pub und ließ mich mit meinem leeren Glas zurück, ohne mir nicht wenigstens noch ein zweites Bier zu spendieren. Ich wusste nicht, was ich denken, nicht, was ich tun sollte. Die letzte Stunde war vergangen wie im Flug. Ich hatte tatsächlich eine ganze Stunde mit ihm geredet! Aber ich konnte nicht die ganze Nacht verdattert in dem Lädchen herumstehen, meine Kehle war vom Reden ganz trocken, und so holte ich mir noch ein Bier von Johan.

Es war noch immer kein Bekannter da, aber irgendwen zum Plaudern würde ich schon finden. Einer der großen Vorzüge von Orten wie Longyearbyen ist, dass man mit jedem reden kann, ohne dass es missverstanden wird. Es war einfach nett und freundlich hier, die Pubbesuche verliefen entspannt und unkompliziert.

Der Rest des Abends verging wie in einem Rausch. Ich muss mich wohl amüsiert haben, denn ich kann mich nicht erinnern, außergewöhnlich früh nach Hause gegangen zu sein. Ich behielt die ganze

Sache für mich, sprach mit niemandem darüber. Vermutlich brach ich wie üblich gegen zwei Uhr auf, wenn der Pub zumachte. Ich ging zurück zu meinem Zimmer. Wie immer am Wochenende hatte ich mein Sofa zum Glück schon ausgeklappt, bevor ich aufgebrochen war, ließ mich niedersinken und schlief ein, in Gedanken bei Hauke und seinem unfassbaren Angebot. Das erste Mal seit sehr langer Zeit schlief ich durch.

Obwohl als Eisbären verkleidete Aliens meine Träume bevölkert hatten, den Ruf »Tötet sie! Tötet sie!« auf den Lippen, wachte ich frisch und munter auf.

Ich mummelte mich in die Decke, damit die Wärme und die Gedanken an den Vorabend nicht entweichen konnten. Es schmeichelte mir, dass er mich gefragt hatte. An meiner Vorbildung konnte es kaum liegen, obwohl ich im Biologieunterricht eigentlich immer ganz gut gewesen war. Ich war nie zimperlich, hatte mich auch nicht geziert, konservierte Rattenkadaver oder Kuhaugen aus der Schlachterei zu zerschnippeln. Ich baute Häuser für Würmer und veranstaltete Rennen für Maden in allen Formen und Farben. Physik mochte ich auch. Es war toll, Diagramme zu zeichnen und zu kolorieren oder mit Stromkreisen, Batterien, Glühbirnen, Bunsenbrennern oder Frequenzmessern herumzuspielen. Großartig! Aber ich beneidete immer die Schüler, die stattdessen auf dem Schulbauernhof arbeiten durften. Für lebende Tiere zu sorgen machte bestimmt viel mehr Spaß als der normale Unterricht.

Es war urgemütlich in meinem Zimmer, und ich überlegte, wie sich wohl das Leben in einer Holzhütte gestalten würde – ohne Zentralheizung, Dusche oder vernünftigen Herd ... Ich schloss die Augen, und ein erregendes Gefühl der Vorfreude erfüllte mich. Ich könnte es tun, dachte ich. Alles in mir sagte Ja. Warum, entzog sich jeder rationalen Überlegung, aber das machte nichts. Es fühlte sich irgendwie richtig an. Die Expedition würde mir keine Probleme bereiten, das spürte, ja das wusste ich einfach. Ich drehte mich auf die Seite und rollte mich zusammen. Aber wie sollte ich wissen, dass es glatt gehen würde? Ich hatte keine Ahnung vom Überleben in extremer Kälte und bei schlechtem Wetter. Ich würde mich schon nicht allzu blöd anstellen, sollte mich ein Sturm überraschen, aber andererseits ... ein winziger Fehler oder eine einzige kleine Fehleinschätzung konnten einen das Leben kosten.

Es gab keine zweite Chance, nur die richtige Entscheidung – oder vielleicht einfach Glück. Aber das schien nicht wirklich auf meiner Seite zu sein. Oder doch? Wenn Glück ein Lottogewinn war, hatte ich keins. Aber wenn Glück bedeutete, immer wieder interessanten Menschen zu begegnen, dann schwelgte ich darin. Und außerdem hatte ich das Glück, Optimistin zu sein. Mein Glas war immer halb voll, nicht halb leer, für mich war nichts so schlimm, wie es schien, alles wurde besser, und die Traurigkeit nach einer Enttäuschung dauerte niemals lange. »*Always look on the bright side of life*« – diese Zeile aus dem Lied von Monty Python ist meine Devise.

Das Leben ist natürlich nicht so banal, es herrscht auch bei mir nicht nur eitel Sonnenschein, aber ich habe das Gefühl, dass Phasen der Niedergeschlagenheit für mich nicht so schlimm sind wie für viele andere (Ausnahmen bestätigen die Regel). Selbst in Zeiten, in denen sich nichts zu bewegen scheint, gelingt es mir irgendwann, einen kleinen Funken der Hoffnung zu entzünden. Irgendeine Kraft sorgt dafür, dass ich nicht aufgebe, sondern früher oder später wie von selbst wieder in die Spur hüpfe. Ich wackelte mit den Zehen und lächelte. Dies war nun wirklich ein ziemlich großer Funke. Ich musste das Ganze noch ein bisschen in meinem Herzen bewegen. Immerhin war es ein ernstes Unterfangen, eines, das – zur Abwechslung in meinem Leben – wohl bedacht sein wollte. Das schuldete ich mir selbst und Hauke.

»Was meinst du, Moose?«, fragte ich den Kuschelelch, der mit mir das Bett teilte. Er wackelte mit seinen Schaufeln und sah mich mit leerem Blick an. Von ihm war kein Rat zu erwarten. Also dann eine Tasse Tee und ein kleines Frühstück. Ich streckte mich ein letztes Mal genüsslich unter meiner Decke, dann krabbelte ich aus dem Bett und ging in die Küche, um Wasser aufzusetzen.

Ich war spät aufgestanden, räumte den Rest des Morgens mein Zimmer auf und zog mich am Nachmittag zu einem kleinen Spaziergang an, ich musste frische Luft schnappen und mich ein bisschen bewegen. Zunächst stieg ich links den Hügel hinauf, Richtung Nybyen. Als ich die Schule und den Sportplatz hinter mir gelassen hatte, fuhren ein paar Schneemobile an mir vorbei, blauer Rauch quoll aus ihren knatternden Auspuffen. Einige zogen Anhänger mit Ausrüstung, vielleicht waren sie auf dem Weg zu irgendeiner Hütte oben auf dem Longyear-Gletscher oder wollten weiter nach Barentsburg, der russischen Siedlung. Vereinzelte Langläufer kamen ihnen entgegen, unterwegs auf einem erholsamen, wohlverdienten Stückchen Schussfahrt. Sie trugen eng anliegende Anzüge in Mädchenfarben – willkommene Farbtupfer in dem bleigrauen Tag. Der Himmel war bedeckt, von einem sanften, trüben Grau, das Licht war matt, bestimmt nicht einfach für die Schneemobilfahrer, Rinnen und Löcher im Eis auszumachen, wodurch die Fahrt aufregender, einen Tick gefährlicher wurde.

In Nybyen wohnen die meisten der Hand voll Studenten der kleinen Universität Spitzbergen. Die Strecke, die sie täglich zurücklegen müssen, besteht aus zwei ungleichen Hälften: Morgens sausen sie auf ihren Fahrrädern vom höchsten Punkt der Stadt den Hang hinunter, abends mühen sie sich wieder hinauf, jedes Mal zwei Kilometer. Ich bog kurz vor Nybyen rechts ab, nahm den Weg, der hier quer über den Fluss und dann rechts zum Huset führt, einem großen, soliden Gebäude, das, in breiten, verblichenen grauen und pinkfarbenen Streifen gestrichen, ein bisschen trostlos wirkt. Hier müsste mal jemand investieren, aber wenn das Ganze schicker daherkäme, wäre es vielleicht nicht mehr Huset. Es handelt sich um das Kulturzentrum der Stadt. Es gibt eine Gaststätte (wo von Hamburgern bis hin zu Steaks alles serviert wird), die tagsüber auch Café ist und freitags und samstags als Disco genutzt wird. Auch ein gehobeneres Restaurant mit einem exzellenten Weinkeller gehört zum Huset. Sonntags gibt es Theater- und Filmvorführungen, außerdem befindet sich dort ein Geschenkeladen. Obwohl das Ganze außerhalb des Zentrums liegt, ist Huset das eigentliche Herz der Stadt. Ich beschloss, heute keinen Kaffee zu trinken (schwarz und stark, wie es in Norwegen üblich ist), sondern stapfte weiter durch den harten Schnee, um meinen Nachmittagsspaziergang fortzusetzen.

Ich blickte in die Höhen der Klippen links von mir und lauschte den fernen Rufen der ersten Dreizehenmöwen, die aus wärmeren Breiten in ihre Brutgründe in den unzugänglichen zackigen Felsen zurückgekehrt waren. Die ersten hörte man bei entsprechenden Wetterbedingungen meist Anfang März. Ich freute mich auf den frühen Sommer, auf riesige Schwärme, die in Wolken über mir kreisten, in synchronen Kurven und Kreisen, mal silbern, mal unsichtbar vor dem strahlenden Blau des Firmaments. Letzten Sommer hatten sich ein paar auf meinen Fenstersims gesetzt und mir aus der Hand gefressen. Zum Dank spuckten sie fischigen Schleim auf meine frisch geputzten Scheiben. Ich war nicht gerade begeistert gewesen.

Versteckt in den schneebedeckten Geröllhängen am Fuß der felsigen Steilkante des Tals liegt ein einsamer, kleiner Friedhof, letzte Ruhestätte einiger verunglückter Bergleute. Ihre einsamen Kreuze in der kalten, harten Ödnis sind eine Erinnerung an die Gefahren ihres Berufs. Die jungen Männer sind einen Kilometer von einer modernen, rostfarben gestrichenen Holzkirche begraben, deren große Glasfenster eher an ein Gewächshaus erinnern, in deren Wärme sich genüsslich ein wilder Dschungel verschlungener Pflanzen ausbreitet. Das graue Spitzdach der Svalbard Kirke, geformt wie das der Häuser gegenüber, wird von einem Glockenturm mit kegelförmigem Dach und Wetterfahne überragt. Zwischen den Sesseln des gemütlichen Gemeindesaals der Kirche steht ein ausgestopfter Eisbär, die Nase in Richtung Küche gestreckt, aus der der Duft von Kaffee und Waffeln herüberweht.

Dann bog ich scharf rechts ein, nahm die Melkeveien, die Straße, die hinter jenem verwitterten, grauen, karussellartigen Gebilde vorbeiführt, mittels dessen man früher die Kohleeimer aus den Minen tief im Innern der hohen Berge zu den am Kai liegenden Schiffen befördert hatte. Das Gerüst war aus massiven Balken gebaut, und man sah noch immer die verrosteten Winden sowie dicke, rot-braune Taue und Verbindungsstücke. In der ganzen Stadt wird man an den Bergbau erinnert, den historischen wie den heutigen: einige riesige Kohleeimer, aufgereiht an einem verbliebenen Stück Seilbahn zur Taubanesentralen, der Verteilungsstation, die aussieht wie ein bedrohliches, staksendes Insekt auf langen Eisenbeinen; hohe pyramidenförmige Holzkonstruktionen, die die alten Kabel führten, sehen noch immer aus, als würden sie hintereinander in die Berge marschieren; da sind die Laster, die die Haupstraße auf und ab rumpeln und den Schnee mit einer feinen Kohleschicht bestäuben; ein Denkmal und Minenarbeiter-Statuen im Stadtzentrum; die kleinen Kohlewagen vor dem kleinen Museum.

An der Stelle, wo die Straße wieder auf den zugefrorenen Fluss trifft, sausten ein paar Schneemobile unter den Brückenpfeilern hindurch, die Fahrer dick eingemummelt und gegen die Kälte geschützt, die Köpfe eingezogen, man kann ja nie wissen ... Von hier waren es nur noch ein paar Schritte bis zum Stadtzentrum. Da Samstag war, hatten die meisten Läden schon seit zwei Uhr geschlossen, aber die Lebensmittelabteilung des Einkaufszentrums Svalbardbutikken hatte noch auf, ein Auto nach dem anderen schlängelte sich auf den Parkplatz oder verließ ihn wieder. Mein kleiner Kühlschrank war gut gefüllt, ich konnte also gleich zu den Postfächern, um nachzusehen, ob etwas für mich angekommen war.

An der Wand befanden sich etwa 500 blaue Metallboxen, oben die kleinen, unten am Boden die großen. Ich konnte das Schloss ohne Tritt erreichen, war aber zu klein, um hineinzusehen und musste mich strecken und den Inhalt meines Fachs ertasten. Ich fand einen grauen wattierten Umschlag und riss ihn auf. Es war ein Brief von Hauke, der mich auf eine Pizza ins Kroa einlud, eine weitere Bar mit Restaurant, um noch einmal über die Expedition zu reden. Er wollte offenbar keine Zeit verlieren – der Brief musste vom frühen Vormittag sein. Er hatte auch seine Telefonnummer aufgeschrieben und bat mich, schnell Bescheid zu sagen, da er in ein paar Tagen nach Deutschland müsse. Im Licht des kalten Tages und ohne Alkohol im Blut wurde ich ziemlich nervös. Jetzt war ich am Zug. Ich musste genau nachdenken, bevor ich ihn anrief. Wollte ich wirklich mit auf diese Expedition oder hatte ich gestern nur zugesagt, weil seine Avancen und seine Hartnäckigkeit mir schmeichelten? Dies war kein Kneipengeplänkel mehr. Erst jetzt wurde mir klar, dass es sich um einen ernsthaften Vorschlag handelte und nicht um ein Gedankenspiel. Ich konnte damit nicht umgehen wie mit irgendeiner unverbindlichen Partyeinladung. Wenn ich hier erst einmal zugesagt hätte, gäb es kein Zurück mehr. Alles oder nichts. Scheiße. Ich stand vor meinem offenen Postfach und schüttelte langsam den Kopf. Scheiße, dachte ich. Verdammter Mist. Ich faltete Haukes Brief zusammen, steckte ihn in den Umschlag zurück und schob ihn in meine Jackentasche. Dann schloss ich das blaue Türchen ab und machte mich auf den Heimweg. Zeit für eine weitere Tasse Tee.

Den ganzen nächsten Tag versuchte ich, meine Gedanken zu ordnen. Zweifelsohne hatte ich Blut geleckt. Auf einem Blatt Papier listete ich die Vor- und Nachteile auf, um mir Klarheit zu verschaffen. Der größte und offensichtlichste Nachteil war, dass ich meine drei Jobs und somit auch mein Zimmer würde aufgeben müssen. Nach der Expedition hätte ich in Longyearbyen also weder Geld noch eine Bleibe. Klar, eine Weile würde ich bei Freunden auf dem Sofa schlafen oder irgendwo etwas mieten können, aber wenn ich nicht schnell wieder einen Job fände, wäre selbst das zu teuer. Ich hatte ein paar Ersparnisse, doch wollte ich wieder nach England, müsste ich wenigstens das Geld für die Reise zurückbehalten. Für die Teilnahme an der Expedition würde ich zwar keinen Cent bekommen, dafür wäre aber für die gesamte Verpflegung und Ausrüstung gesorgt, hatte Hauke gesagt. Immerhin müsste ich nichts investieren. Mein Monatseinkommen aus drei Jobs reichte gut für meine Lebenshaltungskosten, auch ohne dass ich jeden Cent umdrehen musste; die Expedition würde mich also vermutlich nicht in den Ruin stürzen ...

Aber konnte ich ein Jahr lang mit einem Mann leben, den ich gerade erst kennen gelernt hatte, in einer Hütte Hunderte Kilometer von allem entfernt, mit keinem anderen Gesprächspartner? Wie würde ich es aushalten, wenn es schief ging und wir uns nach einer Weile nicht mehr ausstehen konnten? Was, wenn er sich als Axtmörder entpuppte? Er könnte mich zerstückeln und den Hunden zum Fraß vorwerfen, und niemand käme hinter den Mord, schließlich gäbe es keine Zeugen ... Aber im Ernst: Würde ich mich vielleicht zu Tode langweilen? Ein Jahr kann unendlich lang sein. Und öder als ein Fußball-Endspiel.

Für die meisten hätte all das großes Gewicht, für mich jedoch spielte es fast keine Rolle (über die Eisbären wollte ich im Augenblick nicht weiter nachdenken). Vielleicht gab es noch andere Punkte, die ich in meine Liste hätte eintragen sollen, aber für den Moment fiel mir nichts mehr ein. Die »Wider«-Liste war ziemlich kurz.

Die Argumente dafür waren viel einfacher zusammenzustellen. Egal, wie es ausging: Es würde ein einzigartiges, unvergessliches Abenteuer werden. Und bisher mochte ich Hauke gern. Kann man sich auf den ersten Eindruck verlassen? Keine Ahnung. Ich hatte einige Menschen kennen gelernt, die ich zunächst gemocht hatte und die sich dann als harte Brocken entpuppt hatten. Wie auch immer, Hauke gehörte in die »Für«-Spalte.

Völlig abgeschieden in der Natur und mit den Elementen zu leben war eine spannende Herausforderung: Eisberge, die absolute Dunkelheit der Polarnacht (keine Straßenbeleuchtung da oben!), das Nordlicht, die Sterne ... Wir würden Hunde haben, und auch wenn der Gedanke mich jetzt etwas ängstigte: Es würde großartig sein, Eisbären in ihrer natürlichen Umgebung zu sehen, ihre Gewohnheiten und Aktivitäten, ihr Zusammenleben zu beobachten. Und andere Tiere würde ich auch sehen, Robben zum Beispiel und Meeresvögel.

Nur zu zweit aufeinander gestellt zu sein erschien mir bei näherer Betrachtung nicht als Nachteil. Ich versuchte, keine Probleme zu konstruieren, wo gar keine waren, ich wollte objektiv sein. Dinge wie Kochen oder Waschen würden sich gestalten, wie sie sich jahrhundertelang gestaltet hatten, man würde sich eben daran gewöhnen müssen, keine Waschmaschine und keinen Elektroherd zu haben. Und außerdem würde ich Hauke bei seinen Experimenten helfen. Ein Jahr konnte auch ganz schön kurzweilig sein, wie das legendäre Cresta-Rennen, bei dem sich die Rodler mit dem Kopf voran den Eiskanal hinabstürzten.

Eigentlich war ich sicher, dass ich nach Kinnvika wollte. Warum nur wollte es mir nicht gelingen, objektiv zu sein? Alles in mir sagte bei dem leisesten Zweifel bloß »Warum nicht?«. Die »Fürs« gewannen die Oberhand.

Wenn ich wirklich mit wollte, sollte ich Hauke anrufen, mit ihm sprechen, um herauszufinden, ob ich irgendetwas nicht bedacht hatte. Aber ich hatte trotz allem Angst, ihn anzurufen. Und je länger ich wartete, desto schwieriger wurde es. Ich schob die Entscheidung hinaus. Typisch.

Am Montag hatte ich ziemlich viel zu erledigen, musste früh aufstehen, denn ich arbeitete im Einkaufszentrum Isbjørnbutikken für einen kleinen Tante-Emma-Laden, wo unter anderem Zeitungen, Süßigkeiten und Andenken verkauft wurden, außerdem gab es einen Videoverleih. Montags und mittwochs fuhr ich mit dem Firmenlaster zu den diversen Großhändlern und holte Dosen und Flaschen, Brot zum Aufbacken, Eis und Würstchen von dem Händler am Hafen, T-Shirts, Zigaretten und Stofftiere von dem Lager nahe dem Kohlewerk, dann weiter zur Bäckerei oben in Nybyen, wo die Hot-Dog-Brötchen bereitlagen. Anschließend ging es zur Post, ich holte Zeitungen, Zeitschriften, Briefe und Pakete ab, die ich wieder zu Isbjørnbutikken fuhr – oder zu dem Damen- und Herrenbekleidungsgeschäft Motekroken im Lompensenteret, wo ich ebenfalls einen Job hatte, beziehungsweise zu Sport 1, dem Outdoor-Laden.

An diesem Morgen erwarteten mich bei der Post Berge von Paketen mit neuer Ware für beide Geschäfte. Ich war schon spät dran, ich würde die verlorene Zeit niemals aufholen und zu spät in Randis Nähstube eintreffen, wo ich immer nachmittags jobbte, aber da konnte ich notfalls ein paar Stunden dranhängen. Es waren so viele Pakete, dass ich zweimal fahren musste, und schon als ich die erste Ladung ablieferte, war ich in Schweiß gebadet, trotz der Kälte. Die

Kisten waren nicht schwer, aber sperrig und groß, ich bekam sie nur mit Mühe an beiden Seiten zu fassen. Ich war nervös und gereizt. Und während ich endlich das letzte Paket ablieferte, stieß ich im wahrsten Sinne des Wortes auf Hauke, den ich hinter meiner riesigen Kiste nicht gesehen hatte. Als wir uns begrüßten, strahlte er förmlich und fragte ohne Umschweife, was denn nun mit unserer Pizza sei. Ich entschuldigte mich, sagte irgendetwas von wegen »gerade überhaupt keine Zeit«, stellte die Kiste ab und rief nur noch »Ich melde mich später«, während ich an ihm vorbeisauste, aus dem Einkaufszentrum zum Laster, mit dem ich dann viel zu schnell die kurze Strecke über den Parkplatz und zu Isbjørnbutikken zurücklegte. Wenn man ohnehin schon eine halbe Stunde zu spät ist, kommt es auf ein paar Minuten eigentlich auch nicht mehr an. Also warum die Panik? War meine Reaktion ein Anzeichen dafür, dass ich Hauke nicht wiedersehen, dass ich doch nicht mit auf die Expedition wollte? Brauchte ich einfach noch ein bisschen Zeit? Oder war es nur ein schlechter Moment gewesen? Ich wusste es nicht. Ich wusste nur, dass ich schwitzte und meine Nerven flatterten, und dass ich ziemlich unhöflich zu Hauke gewesen war.

Und trotzdem rief ich ihn nicht an.

An einem Spätnachmittag einige Tage darauf, als ich gerade an der Kasse von Svalbardbutikken stand, um ein paar Lebensmittel zu bezahlen, guckte ich, wer sonst noch in der Schlange stand – und blickte direkt in Haukes Augen. Wir waren beide überrascht, auch er hatte nicht gemerkt, dass er genau hinter mir stand. Hier an der Kasse gab es kein Entkommen. Ich wäre am liebsten im Boden versunken. Hauke wurde knallrot. Wie ein Schuljunge, der zum ersten Mal ein Mädchen anspricht, fragte er, wann wir uns denn nun treffen könnten. Wir einigten uns auf den kommenden Montag. Ach du Scheiße, ojeojeoje ... ogottogottogott.

Ich sah dem Rendezvous mit ziemlichem Nervenflattern entgegen, immerhin würde es über meine nächste Zukunft entscheiden. Würde ich eine neue Stelle als Expeditionsassistentin antreten? Ich war wahnsinnig nervös. Und zu allem Überfluss rief mich Hauke dann auch noch in Randis Nähstube an, um die Verabredung abzusagen, ein Wasserrohrbruch im Zentrum, das Restaurant sei geschlossen, ob es stattdessen auch am nächsten Abend ginge. Ausgebucht war ich nun wirklich nicht, klar ging das. Weitere 24 Stunden Warten. Grauenhaft ...

Kroa bedeutet auf Norwegisch Kneipe, und nicht etwa Krähe, wie ich vermutet hatte, als ich nach Svalbard kam, wobei die schwarzblaue Fassade diese Assoziation durchaus nahe legte. Die über die Jahre bräunlich gewordene Holzvertäfelung innen war übersät mit vergilbten Schwarz-Weiß-Fotos von ehemaligen Bewohnern Spitzbergens, mit Proviantlisten, Fellen, Landkarten und einem riesigen Gemälde eines blutüberströmten Eisbären, der tot im Schnee lag. Eine Stalin-Büste (oder war es Lenin?) schmückte das Ende der Bar. Die schweren Tische bestanden aus langen, lackierten Baumstammhälften, als Sitzgelegenheit dienten dicke Baumstümpfe, die mit Robbenfell bezogen waren. Die Barhocker waren aus Relikten der Eisenminen gemacht.

Hauke saß mit seinem Bier an einem Tisch vor einem der Panoramafenster und trug wie immer Stiefel, Pullover und Lederhose. War er aufgeregter als ich? Das konnte ich mir nicht vorstellen. Als ich auf seinen Tisch zusteuerte, stand er auf. Wir gaben uns die Hand, lächelten und begrüßten uns herzlich, dann machte ich es mir auf der Bank gegenüber bequem. Jede Aufregung verflog – so rasch wie eine Seeschwalbe, die im Flug einem Spaziergänger etwas vom Kopf pickt. Wir entspannten uns sofort und plauderten bei Bier und Pizza wie alte Freunde.

Das Gespräch war schön, und wir erfuhren sehr viel voneinander. Erst später ging mir auf, wie hintergründig Haukes scheinbar harmlose Fragen waren. Er wollte die Fähigkeiten seiner potenziellen Expeditionsassistentin genau ergründen. Es war das lustigste Vorstellungsgespräch meines Lebens, denn es fühlte sich überhaupt nicht danach an. Die ganze Zeit lachten wir und machten Witze.

Wir erzählten von unseren Familien und stellten fest, dass wir beide getrennt lebten; während ich kinderlos war, hatte er drei Kinder sowie sieben Enkel, auf die er sichtlich stolz war. Er war 15 Jahre älter als ich, aber die Frage des Alters war mir schon immer egal. Entweder mag man jemanden, oder man mag ihn nicht. Obwohl – ich glaube, ich komme insgesamt besser mit Älteren aus. Kurioserweise war ich damals 43 und sein Geburtsjahr ist '43, während er 58 war und meines '58, die einzigen Jahreszahlen, bei denen dieses Wechselverhältnis besteht. Schicksal?

Was ich von Beruf sei. Nun ja, ich hatte keinen. Mich interessieren seit jeher so viele Dinge, dass ich mich nach der Schule nicht entscheiden konnte, womit ich mein Geld verdienen wollte. Folglich habe ich nie einen richtigen Beruf erlernt (was ich allerdings auch nicht bereue). Ich habe in einer Apotheke gearbeitet, Post ausgetragen und als Kassiererin gejobbt. Ich kann ziemlich gut nähen und alte Autositze neu beziehen. Vor Spitzbergen war ich im *National Motor Museum* in Beaulieu, Hampshire, Bibliothekarin gewesen. Ich war praktisch veranlagt und konnte meine Autos, Motorräder oder Nähmaschinen meistens selbst reparieren.

Hauke erkundigte sich ausgiebig nach meiner Gesundheit, denn an einem abgelegenen Ort wie Kinnvika war medizinische Hilfe je nach Wetterlage Stunden oder gar Tage entfernt, selbst bei Notfällen. Nahm ich regelmäßig Medikamente? Nein. Wie fit war ich? Ich war ziemlich durchtrainiert und sportlich. In England war ich passioniertes Mitglied des Ruderclubs von Lymington gewesen, hier in

Longyearbyen fuhr ich im Sommer auf dem Fjord Kajak und machte im Winter in der Sporthalle Zirkeltraining. Und konnte ich Ski fahren? Ich konnte jedenfalls ziemlich gut hinfallen! Und wie steht es mit Sekretariatsaufgaben? Nun, ich fand die Tasten auf der Tastatur, bekam einigermaßen ordentliche Dokumente hin, wenn ich nicht gehetzt wurde, aber eine Ausbildung zur Sekretärin hatte ich nicht und konnte auch nicht mit zehn Fingern tippen. Und Waffen? Besaß ich eine, zum Schutz gegen Eisbären? Ja, ich besitze eine Ruger. Aber kannst du auch damit umgehen? Dir werd ich's zeigen, dachte ich. Mit meinem Kleinkalibergewehr schoss ich schon seit ich 16 war, ich war begeisterte Tontaubenschützin und übte auch hier in Longyearbyen jede Woche. Ja, schießen konnte ich.

Hauke hakte die Liste in seinem Kopf ab, und nur er wusste, ob ich die richtigen Antworten gab, aber ich dachte mir: Wahrscheinlich schon, sonst würde er kaum weitermachen.

Nach ein paar Gläsern Bier nahm er seine Fragerei wieder auf. Er wollte meiner Lebenseinstellung auf den Grund gehen, meiner Haltung gegenüber Problemen, meinem Optimismus, meiner Erfahrung. Ich erzählte ihm davon, wie ich alleine auf Wanderungen und Campingreisen gegangen war, er berichtete von seinen Einhand-Segeltouren über den Atlantik und von der ersten Expedition nach Mushamna. Wir stellten fest, dass wir beide praktisch veranlagt sind (eigentlich ungewöhnlich für einen Wissenschaftler, aber was wusste ich schon?), dass wir eine ähnliche, unkonventionelle Sicht der Dinge hatten. Wir waren in so vielen Punkten einer Meinung, es war schon fast unheimlich, wie oft ich »Finde ich auch« oder »Hätte ich auch gemacht« sagen wollte.

Es machte Spaß, gemeinsam zu kichern und Witze zu machen, toll, auf einen anderen Erwachsenen getroffen zu sein, der gerne albern war. *Whopee!* Andererseits – bin ich überhaupt je erwachsen geworden? Ich habe mich schon immer eher meiner Schuhgröße als meinem Alter gemäß benommen, und meine englische Schuhgröße ist fünf!

Die Stunden vergingen wie im Flug, irgendwann wollten wir einen Tapetenwechsel. Hauke, ganz der Gentleman, den ich erwartet hatte, übernahm großzügig die Rechnung, wir zwängten uns in unsere zerknautschten Jacken und machten uns auf den Weg ins Tal. Auf ins *puben*.

Ich wollte nichts Alkoholisches mehr trinken und bestellte einen Kaffee, der allerdings aussah wie ein Cognac, als er serviert wurde. Ein Bekannter von Hauke setzte sich zu uns, so dass wir jetzt zu dritt waren. Ich weiß noch, dass ich mich fragte, warum ich dem jungen Mann noch nie begegnet war, immerhin war er Koch des Restaurants und ein waschechter Engländer. Anthony und ich machten uns bekannt, und auch zwischen uns sprang sofort der Funke über. Zu dritt brachen wir zum Karlsberger Pub auf, um doch noch einen Absacker zu trinken. Es war ein großartiger Abend, und ich hatte das Gefühl, mit Hauke und Anthony zwei neue Freunde gefunden zu haben.

Der Wind war stärker geworden, und feiner Schneestaub fegte wie weißer Sand durch die Luft. Er peitschte die Haut und stach in den Augen wie die Krallen einer Katze. Vor dem Pub fragte Anthony, ob er mich nach Hause begleiten solle, er wohne ganz in der Nähe, oder ob ich mit Hauke ginge. »Ich gehe mit Hauke«, antwortete ich sofort, und so wünschten wir uns gegenseitig eine gute Nacht und überließen Anthony seinem Schicksal. Wir zogen unsere Kapuzen fester, hakten einander ein, und gingen, die Köpfe gebeugt, um uns gegen den Wind zu schützen, den Hügel hinunter, zu Hauke, wo auch immer er wohnte.

An der Universität nahmen wir die Straße in Richtung Flughafen, wo uns der stärker werdende Wind direkt entgegenblies. Ich zog die Kapuze enger und klammerte mich fest an Hauke. Wir überquerten die Brücke, wo im Sommer der Fluss rauscht und rumort und Steine in den Fjord spült, und bogen rechts in einen unbefestigten Seitenweg, der zum Segelclub mit der Lagerstelle für Kajaks führte. Ich kniff die Augen gegen die Schneeböen zusammen, konnte fast nichts sehen, hoffte, dass sich hier kein Bär herumdrückte. Wir bahnten uns einen Weg zwischen der bizarren Anordnung von Segel- und Motorbooten hindurch, die wie gestrandet auf ihren Stützen hockten, in hoffnungsfroher Erwartung eines kurzen eislosen Sommers in Freiheit. Eines der Bootshäuser war bewohnt, das wusste ich, die anderen schienen verlassen. Noch immer gegen den schneidenden Eiswind kämpfend, erreichten wir ein altes, aufgebocktes und mit einer Persenning bedecktes Schiff, die *Silje Marie* (oder *Silly Marie*, wie ich sie nannte), vor einem zweistöckigen *naust*, einem Bootshaus gegenüber dem Segelclub. Hauke kramte einen Schlüssel aus der Tasche, duckte sich unter dem dicken roten Schiffsbauch hindurch und öffnete die Tür. Mit einem lauten Knallen ließen wir sie von innen wieder ins Schloss fallen, um das wüste Wetter auszusperren, zogen uns die Kapuzen vom Kopf, die Wangen rosig glühend. Eine Holzstiege führte steil nach oben, in das gelb leuchtende Licht der Wohnetage hinein.

»Einen Tee?«, fragte Hauke. Die Decke seines *naust*, einem von vieren dieses Blocks, war schräg. In der niedrigen Ecke, wo das Dach auf den Boden traf, lagerten im Halbdunkel Rucksäcke, Bücher und Kleidung. An der Giebelseite befand sich das einzige, kleine Fenster des Raums. Hauke zündete Kerzen an, die in ausgehöhlten Rentierwirbeln steckten. Die Knöchelchen sahen aus wie kleine Spielzeugtiere. Zwei alte Sofas standen rechts und links von einem niedrigen Couchtisch, und wir kuschelten uns nebeneinander, plauderten, lachten, tranken unseren Tee. Jetzt waren wir einander noch näher, und es war klar, dass ich nach meiner Tasse Tee nicht nach Hause gehen würde. Es gab kein Schlafzimmer, aber praktisch veranlagt, wie Hauke war, schob er den Couchtisch zur Seite und rückte die zwei Sofas nebeneinander. Hinter einem dritten Sofa in der dunklen, niedrigen Ecke des Zimmers holte er ein Laken, Kissen und zwei Decken hervor. Wir bauten uns ein Nest und gaben uns dem hin, was dann ganz selbstverständlich geschah.

Der Morgen war alles andere als das peinliche Erwachen danach, er bescherte uns mehr gute Laune und noch mehr Tee. Wir stiegen rückwärts die Stiege hinunter – das war am sichersten –, und Hauke brachte mich zum Parkplatz in der Stadt, denn ich musste wieder zu Isbjørnbutikken. Er sagte, dass er übermorgen in aller Frühe nach Deutschland fahren würde, ich solle noch einmal über Kinnvika nachdenken, in ein oder zwei Wochen müsse er wissen, wie ich mich entschieden hätte, denn falls ich nicht mitkäme, müsse er dann jemanden anderen finden. Wir umarmten uns fest, und ich hüpfte lächelnd zur Arbeit.

Am Samstag lag in meinem Postfach ein Umschlag mit einem Bild von einem Eisbären und einer Landkarte von Svalbard. Hauke hatte Kinnvika rot umrandet, damit ich wusste, wo genau es lag. Ich las: »Danke für einen wunderbaren Abend, Nacht, Morgen!« Dem Briefchen war eine kleine silberne Kette mit einem Eisbären beigelegt. Hauke zog wirklich alle Register. Ich wollte mich persönlich bei ihm bedanken, aber er war schon weg, irgendwo zwischen Oslo und Hamburg, auf der letzten Etappe seiner Reise, die um zwei Uhr nachts begonnen hatte. Ich lächelte, Tränen stiegen mir in die Augen. Ich war glücklich, traurig, fühlte mich allein.

Bis bald.

2 Probezeit

Hauke Trinks. Was wusste ich über ihn? Er war Wissenschaftler, Physikprofessor – also offensichtlich ein intelligenter Mann; ein Naturmensch, abenteuerlustig und bodenständig; eine Überwinterung und eine Atlantiküberquerung hatte er schon hinter sich, er kam also gut mit sich selbst klar und hatte die Willenskraft und das Durchhaltevermögen, um schwierige Aufgaben zu bewältigen. Er war direkt, entschluss- und handlungsfreudig, redete viel, und ihm saß der Schalk im Nacken. Er war ein Familienmensch, sah gut aus, er war ein Gentleman, sexy, es machte Spaß, mit ihm zusammen zu sein, und gegenüber einem Glas Bier oder zweien war er nicht abgeneigt. An zwei Abenden hatte ich schon einiges über ihn erfahren. Aber was gab es noch zu wissen?

Die Bücherei oben im Lompensenteret hatte ein Archiv der örtlichen Wochenzeitung *Svalbardposten*, und bestimmt würde ich dort Berichte über seine Expedition finden. Ich könnte auch im Internet suchen und buchte eine halbe Stunde am Computer der Bücherei.

Es gab tausende Treffer, viele zu seiner vorausgegangenen Überwinterung in Mushamna. Die Menge des Materials überwältigte mich – ich wusste nicht, wo ich anfangen sollte. Ich überflog die ersten Einträge, hoffte, auf etwas Aussagekräftiges zu stoßen, aber es war alles auf Deutsch. Ich wählte irgendeine Seite aus, die ein Übersetzungsprogramm hatte, das den Artikel in passables, streckenweise aber sehr kurioses Englisch verwandelte. Ich erfuhr, dass Hauke Präsident der Technischen Universität in Hamburg-Harburg gewesen war, bevor er zu seiner Expedition ins *luggage ice* aufbrach, wie das Programm das Wort Packeis wörtlich zu übersetzen versuchte, weswegen ich natürlich nur Bahnhof verstand. Ähnlich musste es meinen norwegischen Freunden ergehen, wenn ich versuchte, ihre Sprache zu sprechen. So jedenfalls kam ich nicht weiter, das würde ewig dauern. Vielleicht sollte ich besser in den Zeitungen weitersuchen.

Ich zog die Bände 1999 und 2000 hervor, die Jahre seiner ersten Überwinterung auf der Yacht. Ich arbeitete mich durch jede Ausgabe, Seite für Seite, und fand drei Meldungen, insgesamt fünf Seiten. Da ich nicht besonders gut Norwegisch konnte, fotokopierte ich die Seiten und nahm sie mit nach Hause, um sie mir mit Hilfe meines norwegisch-englischen Wörterbuchs bei einer Tasse Tee in Ruhe zu Gemüte zu führen.

Der erste Artikel trug die Überschrift *Grenzreise zu den Anfängen des Lebens* (was sich durchaus auch auf mein bevorstehendes Abenteuer hätte beziehen können). Ich erfuhr, dass Hauke ziemlich sportlich war. Er hatte beim 40-Kilometer-Langlaufmarathon auf Spitzbergen mitgemacht – »Die ersten 20 Kilometer waren Training, die nächsten das Rennen«, wurde er zitiert – und war mit dem Kajak und zu Fuß bis nach Austfjordneset gewandert, um einen seiner ehemaligen Studenten zu besuchen, der dort als Jäger überwinterte. Die Gegend da oben kannte ich nicht gut, wusste aber, dass es selbst für einen erfahrenen Abenteurer hart gewesen sein musste, die Reise allein zu unternehmen. Im Artikel stand weiterhin, dass Hauke sich auf die Überwinterung in Mushamna freue, auf die Experimente und darauf, im Einklang mit den langsamen Rhythmen der Natur zu leben. Es muss eigenartig gewesen sein, alleine loszusegeln, im Wissen, ein Jahr lang niemanden zu sehen. Wie bereitet man sich darauf vor? Vermutlich baute er auf seine Segelerfahrung, aber ein paar Wochen auf See sind nicht dasselbe wie ein ganzes Jahr im Eis. Befürchtete er, dass sein Schiff im Eis bersten könnte? Wie stark beschäftigte ihn der Gedanke, vielleicht niemals zurückzukehren? Diese Fragen hatte ihm offenbar niemand gestellt. Vielleicht wollten die Journalisten ihn nicht beunruhigen.

Im Mai des folgenden Jahres unternahm Arne Holm, der Herausgeber der Zeitung, zusammen mit ein paar Freunden eine Schneemobil-Tour, um ihn zu besuchen. Sie waren beeindruckt von seiner Besessenheit. Einmal hatte er wild gestikulierend Kaffeetassen und Reagenzgläser über den ganzen Tisch gefegt (auch mir war aufgefallen, dass er manchmal wie ein Italiener mit den Händen redete). Arne schrieb, Hauke sei der Überzeugung, dass das Leben im Eis entstanden sei, es gebe »eine irrwitzige Menge an Leben im Eis, von Molekülen bis hin zu Eisbären«. Von Letzteren hatte er 51 gesehen (Eine ganze Menge, dachte ich, mehr als ein Eisbär pro Woche!). Er hatte die Zeit gefunden, ein Buch zu schreiben, in dem er sein Leben in Mushamna mit dem einer alten Dame in seinem Heimatort verglich. Er sagte, ihre Berichte darüber, wie sie ein Schwein geschlachtet habe, seien sehr hilfreich gewesen, als er einen Seehund zerlegen musste (zimperlich war er also auch nicht).

Ich widmete mich dem dritten Artikel über seine Rückkehr nach Longyearbyen. Der Journalist fragte, wie er seine Erfahrungen zusammenfassen würde. Abgesehen von 70 Bärenbesuchen (also noch mehr!), hätte er »in der Einsamkeit Zustände erlebt, die schwer zu beschreiben sind«, er hätte »einen inneren Frieden« gefunden (Würde ich nach einem Jahr in Kinnvika genauso empfinden? Keine Ahnung, aber etwas inneren Frieden konnte ich gut gebrauchen). Er sei froh, es getan zu haben, und gleichzeitig froh, dass es vorbei sei, und wahrscheinlich würde er nicht wieder ins Eis aufbrechen (von wegen!). Dies war für mich eine aufschlussreiche Aussage. Es muss unvorstellbar hart, ja oft quälend gewesen sein, über einen so langen Zeitraum mit dem Alleinsein zurechtzukommen, mit nur vereinzelten Besuchern. Bestimmt hatte er Probleme gehabt: mit der

Yacht im Eis, den Bären ... und da war niemand gewesen, mit dem er hätte reden können. Vielleicht suchte er deswegen diesmal nach einer Begleitung. Würde auch ich am Ende sagen: Nie wieder? Würde Kinnvika mich so an die Grenzen treiben? Ich konnte es nicht wissen, aber auf jeden Fall hatte ich das Gefühl, in guten, erfahrenen Händen zu sein.

Ich goss mir noch einen Becher Tee ein, sinnierte über das, was ich gelesen hatte. Und dabei kam ich auf die Idee, dass es in der *Svalbardposten* auch Meldungen über die bevorstehende Expedition nach Kinnvika geben musste.

Gleich am nächsten Tag machte ich mich auf die Suche, und in der Tat, ein Artikel aus dem Juni 2001 berichtete über das aktuelle Abenteuer. Der Gouverneur schätze »Wissenschaftler wie ihn, die anspruchslos sind und in der Natur keine Spuren hinterlassen«. Dieses Mal solle er sich »auf jeden Fall in Begleitung aufmachen«. Es wurde nicht ganz deutlich, warum, da er diesmal doch sicher besser wusste, was ihn erwartete, aber schließlich war Kinnvika auch ein ganzes Stück weiter weg. Hauke kommentierte, er habe »es allein versucht, und diesmal wolle er die Erfahrung mit jemandem teilen, und zwar mit einer Frau – das ist die neue Herausforderung« (Ich war also eine Herausforderung? Da hatte er sicher Recht, aber eigentlich konnte er das noch nicht wissen. Oder doch?).

Der Artikel lieferte mir die ersten richtigen Informationen über Kinnvika. Es handelte sich um eine Ansammlung von Hütten, von Schweden anlässlich des Internationalen Geophysikalischen Forschungsjahrs 1957/58 erbaut (dasselbe Baujahr wie ich also). Ich bat die Bibliothekarin um weiteres Material zu Kinnvika. Es gab nicht viel, aber das Wenige war leicht zu verstehen. Ein Schwede namens Gjösta H. Liljeqvist beschrieb in seinem – dankenswerterweise auf Englisch verfassten und mit zahlreichen Fotos illustrierten – Buch *High Latitudes* die Anordnung der Hütten, das Leben der Wissenschaftler (alle trugen sie Zottelbärte und Norwegerpullover) sowie die Forschungsergebnisse. Zu meiner großen Beruhigung war nur wenig von Eisbären die Rede. Es hörte sich an, als hätten sie ihre Zeit in Kinnvika genossen. Das Buch war faszinierend zu lesen und bestätigte mich in meiner Entscheidung, es ihnen gleich zu tun.

An einem Abend besuchte ich in der Universität die Vorführung einer Dokumentation über Eisbären von Longyearbyens bekanntem Filmemacher Jason. Es handelte sich um einen Beitrag für die BBC-Reihe *The Blue Planet*. Er gab Einblick in das äußerst harte Leben der Bären in der fantastischen Landschaft der Arktis. Der Zufall wollte es, dass ich anschließend noch auf einen späten Kaffee ins Polar Hotel ging, wo Jason mit ein paar Freunden plauderte. Es war unhöflich von mir, sie zu unterbrechen, aber ich hatte ein paar Fragen zu Eisbären und Spitzbergen, die ich unbedingt loswerden wollte. Zum Glück war er sehr nett und sagte, die beantworte er doch gern, ich solle mich setzen und mal losschießen.

»Wie viele Eisbären gibt es denn auf Nordaustland?«

»Ziemlich viele«, antwortete er.

»Und in der Gegend um Kinnvika?«

Er zog grübelnd die Brauen zusammen. »Fast gar keine. Liegt nicht auf ihren Routen«.

Was ich damals nicht wusste: Jason kannte Hauke. Er wusste von der geplanten Überwinterung und hatte bestimmt auch über seine Suche nach einer Gefährtin gelesen. Nur wer in Erwägung zieht, nach Kinnvika zu gehen, wird so detaillierte Fragen dazu stellen. Jason ist nicht doof. Er war der Erste, der von meinem Vorhaben erfuhr.

Ich wollte andere Menschen ausfragen, wie es war, zu überwintern, aber ich kannte niemanden, der es schon ausprobiert hatte. Ganz beiläufig versuchte ich, meine Freunde nach jemandem zu fragen, der sich auskannte, bemüht, diskret und unauffällig zu sein.

Keine Chance. Das Gerücht, dass ich möglicherweise vorhatte, Hauke zu begleiten, verbreitete sich schnell in Longyearbyen, kein Wunder in einer so kleinen Stadt, wo jeder jeden kannte. John W., wie all seine Freunde ihn nannten, Leiter des Kunstnersenter (wo sich auch Randis Nähstube befand) sowie der angrenzenden Galerie, schlug vor, ich solle mich mal mit Karin unterhalten, einer der Frauen, die bei ihm ein Atelier gemietet hatten. Sie und ihr Mann Anders hatten als Jäger zwei Jahre in Austfjordneset verbracht – jetzt begriff ich, warum Fuchsfelle und Robbenkrallen ihre Werkstatt zierten. Kaum hatte ich das Thema angeschnitten, sprudelte es nur so aus Karin hervor. Sie hatte über Frauen in der Arktis geforscht, und soweit sie wusste, hatte noch kein weibliches Wesen jenseits von 80° Nord auf Spitzbergen überwintert, ich würde also eine Pionierin sein (Wahnsinn!). Und sie gab mir einen Tipp, wie man Eisbären verjagt: auf den Bären zugehen und Töpfe aneinander schlagen. Dieser Trick verfehlte angeblich niemals seine Wirkung. Aber die wichtigste Auskunft war, dass die Zeit in Austfjordneset die beste ihres Lebens gewesen sei, dass sie es wieder tun würde, wenn sich die Gelegenheit böte. Das machte mir Mut – und brachte mich Hauke noch ein Stückchen näher.

Eines Tages in der Nähstube plauderten Randi und ich bei der Arbeit. Sie lenkte das Gespräch auf Hauke und Kinnvika.

»Hast du vor, mitzugehen?«, fragte sie schließlich.

»Ähm ... sieht so aus.«

»Nein«, rief sie, ließ ihre Arbeit fallen und schlug mit beiden Händen auf den Tisch. »Nein!«

Ehrlich gesagt konnte ich ihr die Überraschung nicht so recht glauben, aber sie war kurz davor, ihre kompetente Assistentin zu verlieren. In aller Bescheidenheit: Wo sollte sie eine neue herbekommen? Ich hatte ein schlechtes Gewissen, gleichzeitig spürte ich: Es gab für mich wohl kein Zurück mehr.

Am meisten machte ich mir darüber Gedanken, wie es sein würde, ein ganzes Jahr lang nur eine Person zu sehen. Ich wusste von Paaren, ob verheiratet oder nicht, bei denen so etwas gründlich schief gegangen war. Karin war mit ihrem Mann losgezogen, aber mein Begleiter war ein Fremder. Doch bisher waren wir gut miteinander klargekommen, es gab keinen Grund, warum es mir nicht ebenso gefallen sollte wie ihr. Ich würde auf mein Schicksal vertrauen müssen.

Immerhin war ich in der glücklichen Situation, überhaupt Ja sagen zu können. Ich lebte allein und hatte keine Familie, auf die ich Rücksicht nehmen musste, ich hatte keinen Kredit und keine Hypothek abzubezahlen und musste keine Karriere unterbrechen – ich lebte in Longyearbyen ein bescheidenes Leben, war ein klitzekleines Rädchen im großen Getriebe der Welt.

Die letzten Monate waren nicht leicht gewesen, ich hatte vergeblich versucht, meinem Leben eine neue Wendung zu geben. So viele Fragen trieben mich um, aber die Antworten blieben allzu oft in einem dunklen Nebel verborgen. Und plötzlich hatte Hauke ein helles Licht auf den Weg gerichtet, den ich einschlagen musste. Er hatte mich aus meinen ziellosen Wanderungen herausgerissen und mir eine Karte meiner Zukunft in die Hand gedrückt. Das Leben hatte auf einmal eine Richtung, einen Sinn. Es bewegte sich auf einer neuen Stufe. Und so konnte ich mir selbst sagen: Tu's einfach!

Eines Tages rief Hauke an.

»Ich gehe mit dir nach Kinnvika«, erklärte ich.

»Wirklich? Bist du sicher? Absolut sicher?«

»Ja.«

»Hundertprozentig sicher?«

»Ja! Ja! Ja!«

Ich merkte, wie Hochspannung im Kabel knisterte, spürte das breite Grinsen, sah die blauen Augen leuchten und funkeln. Ich meinte sogar zu hören, wie er durch sein Büro hüpfte – aber vernünftige Professoren würden so etwas vermutlich niemals tun.

»Ja. Ganz sicher, ich komme mit. Ist das in Ordnung?«

»Natürlich ist das in Ordnung! Und wir sehen uns bald – ich komme nach Spitzbergen, um noch ein paar Messungen zu machen und die Ausrüstung für die Expedition zusammenzustellen. Ich bin so glücklich, dass du mitkommst. Es wird bestimmt schön. Bis in ein paar Wochen. Adieu.«

Es war also beschlossen und verkündet. Ich wurde rot vor Freude und Verlegenheit angesichts seiner Begeisterung. Mein Herz klopfte bis zum Hals, und ich musste meinerseits grinsen. In etwa vier Monaten würde ich in ein entlegenes, kleines Eckchen der Welt aufbrechen, mit einem Mann, den ich kaum kannte. Ich konnte es nicht erwarten. Es fühlte sich gut an.

Einen wichtigen Schritt musste ich vorher noch tun: meinem Exfreund Edwin von meinem Plan erzählen, bevor er es über andere Kanäle erfuhr. Ohne ihn wäre ich nie auf Spitzbergen gelandet, ihm hatte ich im Grunde also auch die Aussicht auf dieses einzigartige Abenteuer zu verdanken.

Eines späten Abends entdeckte ich ihn im *puben*, und wir plauderten ein bisschen beim Kaffee. Ich hatte mir schon überlegt, wie ich es ihm eröffnen würde.

»Ich werde wohl nicht mehr lange in Longyearbyen sein«, sagte ich ganz ruhig.

Edwin wäre fast umgefallen und hätte sich den Kaffee über die Brust geschüttet (Es war das erste Mal, dass ich jemanden vor Schreck beinahe umfallen sah – ich hatte immer gedacht, das gibt es nur im Roman).

»Oh!«, sagte er und konnte sich kaum wieder fassen, in der irrigen Annahme, ich würde Spitzbergen den Rücken kehren.

»Ich gehe nach Kinnvika«, setzte ich deshalb nach.
»Oh«, sagte er erleichtert. »Wird dir gefallen. Wie ich dich kenne, wird dir das sehr gefallen!«
Das war seine Art, Wohlwollen zu signalisieren. Mir genügte es.

Hauke war wieder in der Stadt und rief mich in der Nähstube an.
»Hast du dein Schneemobil da?«
»Ja.«
»Okay. Ich hole dich um vier nach der Arbeit ab. Wir machen einen Ausflug.«
Pünktlich um vier (sehr deutsch) erschien er. Wo es hingehen sollte, hatte er mir nicht verraten, aber bald dämmerte es mir. Das Ziel war der Longyear-Gletscher. Meine Güte! Ich zog meinen Schneeanzug, Mütze und dicke Handschuhe an, startete das Schneemobil und fuhr Hauke hinterher. Von Nybyen aus schlängelten wir uns landeinwärts den Hang hinauf und querten irgendwann den Fuß des Gletschers. Dann kämpften wir uns einen schmalen Pfad im tiefen Schnee rechts hoch, wobei wir uns leicht aus den Sitzen heben und nach vorne lehnen mussten, um mit Schwung das letzte, steile Stück zu nehmen, bevor wir über eine weite Ebene schneebedeckten Eises rasen konnten. Wir steuerten auf ein kleines, durch Seile abgeteiltes Stück zu, dem Eingang zu den Gletschertunneln. Hauke war gut ausgerüstet, er hatte Seile, Lampen und Eispickel sowie ein paar Leuchten und eine mittelgroße Digitalvideokamera dabei. Wir befestigten die Kamera auf dem Stativ, um uns selbst am Eingang zu filmen. Hauke zog die alte Tür auf, und wir seilten uns an.
Ich glitt etwa drei Meter hinab und landete auf einer halbrunden, ins Eis gehauenen Plattform. Hauke ließ den Rucksack mit den übrigen Gerätschaften zu mir herunter, ich fing ihn auf, damit er nicht geradewegs in den dunklen, senkrechten Schacht neben mir sauste.

Ein paar Sekunden später rutschte auch Hauke unter einem dramatischen, kleinen Juchzer herunter. Die Szene war gefilmt, Hauke kletterte wieder hinauf, um die Kamera zu holen und im Rucksack zu verstauen, nachdem wir die Stirnlampen angelegt hatten. Wir testeten, ob sie auch funktionierten, und schoben uns vorsichtig zu dem klaffenden Abgrund, wo, wie ich erst jetzt bemerkte, eine schmale Strickleiter mit dicken Metallbolzen in der Eiswand befestigt war. Hauke schulterte den Rucksack und kraxelte hinunter, ich etwas langsamer hinterher, bis ich, etwa 15 Meter tiefer, den Boden erreichte.

Ein langer, leicht abschüssiger Tunnel zweigte unweit ab, die gewölbten, feuchten Wände glänzten im Licht unserer Lampen. Abwechselnd filmend und Eisproben für Haukes Experimente sammelnd, bückten und duckten wir uns und drangen immer weiter in die unbekannten Tiefen vor. Als wir in einen etwas geräumigeren Abschnitt des Haupttunnels gelangten, fühlte ich mich wie Jonas im Bauch des Wals. Die Wände, schiefergrau und tief gerippt, waren mit Eiskristallen überzogen und blitzten im Licht unserer Lampen. Fasziniert betrachteten wir die bizarren Formen. An manchen Stellen waren die Tunnel rund und glatt wie Gewehrläufe, geformt von der Wucht des Schmelzwassers, das im Sommer durch das Eis zur Moräne am Fuß des Gletschers tost. Dort bildet es dann eine Vielzahl schäumender Bäche, die zu einem weiten, flachen Strom zusammenfließen, der sich voller Steine und Geröll durch das Dorf seinen Weg zum Fjord bahnt. Wir rutschten und schlitterten, krabbelten und krochen durch die mal engen, mal weit ausgehöhlten Windungen des Gletschergedärms, bewunderten die dicken Schichten von Eisblumen an den Wänden und die wie Finger gespreizten kurzen Eiszapfen, die dort fast waagerecht aus der Wand stachen, wo der eisige Wind das herabtropfende Wasser hatte erstarren lassen. Andere Eiszapfen, manche über einen Meter lang, hingen wie gläserne Stalaktiten von den Decken tiefer, blanker, alkovenartiger Einbuchtungen in den Tunneln. Der Boden war von kleinen Steinen und Kieseln übersät, sie waren ins Eis geklebt, bis es wieder taute. An manchen Stellen war der Boden zu glatt, dann bewegten wir uns ein Stück auf dem Hintern weiter wie Kinder auf einer Rutsche.

Wir saßen auf dem kalten Boden und schalteten unsere Lampen aus. In der totalen Dunkelheit lauschten wir der Stille, die in ihrer Klarheit und Reinheit etwas Unheimliches, Aufregendes hatte. Ich bewegte die Finger direkt vor meinen Augen. Nichts. Die Dunkelheit war absolut, beinahe greifbar, wie Materie.

Nach sehr langen fünf Minuten war der Bann gebrochen, wir schalteten unsere Lampen wieder an und lächelten einander zu. Während wir filmten, hatten wir mit größeren Strahlern den Tunnel beleuchtet, aber jetzt leerten sich wegen der Kälte die Akkus, und das Licht wurde schwächer. Bevor auch unsere Stirnlampen den Geist aufgaben, tasteten wir uns im Halbdunkel zurück zur Strickleiter. Hauke packte alles Zubehör in den Rucksack und kletterte hinauf wie ein Affe, und als er die Eisplattform erreicht hatte, sah ich ihn nicht mehr. Ich folgte ihm langsam, die Leiter rutschte immer wieder nach rechts oder links weg, wenn ich die nächste Sprosse nehmen wollte. Plötzlich erfasste mich eine unglaubliche Müdigkeit. Jede Sprosse kostete mich ein Unmaß an Kraft, ich war vollkommen erschöpft. Nach einer Weile rief Hauke:

»Wo bleibst du denn?«

»Ich bin erst auf der Hälfte«, schrie ich zurück.

Es dauerte eine Ewigkeit, bis ich oben war. Hatte ich eine so schlechte Kondition? Erleichtert ließ ich mich auf die Plattform sinken, schwer atmend, mit zitternden Wadenmuskeln, und nahm mir meine wohlverdiente Ruhepause. Ich schnaufte und war leichenblass, Hauke sah mich besorgt an. Aber nach ein paar Minuten ging es mir wieder besser, wir kraxelten die letzten Meter in das verblassende Tageslicht und ließen die Klappe wieder über den Eingang sinken. Wir sahen auf die Uhr. Kein Wunder, drei ganze Stunden waren wir unterwegs gewesen. Während Hauke alles sicher hinten auf seinem Schneemobil verstaute, zündete ich und zog am Startkabel, beim dritten Versuch sprang meine Maschine an. Hauke hatte einen elektrischen Zünder, und wir sausten über den Gletscher zurück, den Hang hinab. Dann kurvten wir in die Stadt, wo wir am Funken Hotel einen Zwischenstopp einlegten. Tunnel und Gletscher reichten wohl nicht, Hauke lud mich noch in die Eisbar ein, die in eine riesige Schneewehe am Hotel gehauen war. Kerzen und Teelichter leuchteten aus den Nischen in den Wänden, Tische und Bänke waren aus Eis und Schnee geformt. Es war wunderschön, magisch, das sanfte Licht tauchte die Wände in Schattierungen von goldenem Gelb und blassestem Blau. Mit eisgekühltem Jägermeister prosteten wir einander zu und ließen unser Abenteuer noch einmal Revue passieren. Hauke schien beeindruckt von meinem Sportsgeist, ich hatte das Gefühl, eine seiner Prüfungen bestanden zu haben. Was wohl als Nächstes anstand?

Es sollte ein Spaziergang werden.

Kleidung zum Wechseln und warme Hausschuhe waren im Rucksack verstaut, ich schulterte mein Gewehr und machte mich auf den Weg zu Haukes *naust*, wo wir verabredet waren. Wir teilten den Proviant auf unsere Rucksäcke auf, wobei Haukes ungleich schwerer als meiner war. Es war spät, als wir aufbrachen – ich hatte bis vier Uhr in der Nähstube gearbeitet –, und das sanfte Licht hinter der dünnen, hier und da aufgerissenen Wolkendecke verblasste bereits und tauchte alles in verwaschenes Blaugrau.

Wir wollten das Wochenende in Haukes kleiner Hütte auf der anderen Seite des Adventfjord verbringen, in Revneset, zu Deutsch die Fuchsnase. Es handelte sich um einen weiteren Testlauf, wir wollten herausfinden, wie wir auf einem von vier Holzwänden beschränkten kleinen Raum miteinander auskamen.

Es wäre zu gefährlich gewesen, von Longyearbyen einfach direkt über das dünne Eis des Fjords zur Hütte zu gehen, und so wanderten wir erst ein Stück ostwärts die Küste entlang, um an der schmalen Stelle zu queren, wo die Eisdecke solide war. Doch selbst hier hatte das Eis Risse, verursacht durch die unsichtbaren Kräfte der Gezeiten. Die Schneekruste, die die eisige Fläche bedeckte, erinnerte an unzählige kleine Sanddünen, festgepackt durch den Wind, gemustert durch die Abdrücke der Doppelhufe wandernder Rentiere. Hier war es flach, das Gehen fiel nicht schwer, dennoch mussten wir eine Stunde stramm marschieren, bis wir das gegenüberliegende Ufer erreichten und über die Grate und Rinnen des geschmolzenen und wieder gefrorenen Wassers auf festes Land klettern konnten.

Von dort aus ging es in Richtung Westen. In Hiorthhamna, einer Ansammlung kleiner, größtenteils verlassener Holzhäuschen, sah man durch die dünne Eisschicht in sich verdrehte Schienenreste, krumme Holzschwellen und ein paar verstreute Kabel, Überbleibsel des Kohlebaus hoch oben in den Bergen über uns. Ein riesiger, rostiger Seilzug mit tellergroßen Rollen, umhüllt von einem Laken aus Schnee, stand neben einem großen, alten Schuppen, gestützt durch ein windschiefes Gerüst aus Balken. Auch dies waren Relikte aus der Bergbauzeit, als noch riesige Kohlebehälter über die Seilbahn aus den Bergen hier ihre Reise beendeten.

Es war sehr kalt, etwa -15 °C; kein Lüftchen wehte, dennoch war uns von unserem zügigen Gang mit den schweren Rucksäcken über den hart gefrorenen, unebenen Boden ziemlich warm geworden. Solange wir uns bewegten, konnten wir auf unsere dicken Jacken verzichten, Pullover, Handschuhe, Mützen und die obligatorische lange Wollunterwäsche reichten vollkommen aus. Der Himmel nahm einen dunkleren, härteren Blauton an, ein fast voller Mond ging auf, der den Schnee versilberte und unsere Schatten lang und grau auf den Boden warf. Wir hatten etwa 13 Kilometer zu bewältigen, und nach ungefähr der Hälfte der Strecke erreichten wir ein altes, graues Holzboot, unseren Rastplatz. Besonders den Wadenmuskeln tat es gut, endlich den schweren Rucksack abzusetzen. Wir zogen die Jacken an, und Hauke holte zur Stärkung eine Thermoskanne mit Kaffee, etwas Cognac und zwei Schokoriegel hervor. Es war zu kalt, um länger auf dem umgedrehten Boot zu sitzen, der Kaffee kühlte so schnell aus wie wir, also luden wir das Gepäck wieder auf und gingen weiter, noch ein paar Kilometer die Küste entlang, bevor es bergauf landeinwärts ging. Um uns herum wurde es Nacht. Alle paar Minuten hielten wir an, um uns nach Eisbären umzusehen. Jedes Rentier, das wir zu identifizieren glaubten, konnte auch ein Bär sein, wir wollten nichts riskieren und blieben besonders bei Tieren mit hellerem Fell so lange stehen, bis wir ganz sicher waren.

Wir redeten, während wir liefen, sprachen im Rhythmus unserer Schritte, vergaßen darüber, wie müde unsere Beine schon waren. Hauke erzählte mir die Geschichte von Nils Holgersson, der auf dem Rücken einer Gans durch ganz Schweden flog und dabei die Landschaft so gut beschrieb, dass schwedische Kinder nebenbei eine Lektion in Geografie erhielten.

Irgendwann öffneten sich rechts von uns die hohen Bergwände, wir hatten das Flusstal erreicht, das wir durchqueren mussten – wir waren also fast am Ziel. Das Land senkte sich sanft und fiel dann steil zum gefurchten Flussbett ab. Vorsichtig stiegen wir hinunter und stießen mitten im Flussbett auf eine glatte Kuppel aus blauem Eis. Sie sah aus wie eine gigantische, surreale Blase, wie ein in Weißgold gefasster Opal am kalten Finger des Flusses.

An einem niedrigen Teil der Uferböschung zogen wir uns hoch, bogen endlich rechts ab, ein letzter Anstieg. Haukes Hütte lag dunkel vor dem noch dunkleren Himmel, und das Mondlicht spiegelte sich in den Fenstern.

Ich wartete draußen, schnaufend, dachte nur noch daran, endlich meinen Rucksack abzusetzen, während Hauke aufschloss und Kerzen anzündete. Schon bald war die kleine Hütte in sanftes, einladendes Licht getaucht. Im Ofen in der Ecke des Hauptraums war das Holz schon aufgeschichtet und musste nur noch angezündet werden. Wir hatten vier Stunden gebraucht und waren müde und hungrig. Eine Stunde später war die Hütte gerade so warm, dass wir die Jacken ausziehen konnten, aber dann machten wir uns *pitt i panne*, ein regionales Pfannengericht aus Speck-, Kartoffel-, Zwiebel- und Gemüsewürfeln, tranken noch einen Kaffee mit Cognac und verstauten unsere Habseligkeiten. Es war unglaublich, was Hauke alles in seinem Rucksack hatte: Lebensmittel, Wein, eine Kamera, Kleidung zum Wechseln und eine dicke Daunendecke für das Bett in der klitzekleinen Schlafkammer, außerdem ein Buch.

Es war eine einfache, rechteckige Hütte, schlicht eingerichtet mit alten Sofas, einem Tischchen, einer Kommode, einer offenen Küche mit einem Gaskocher und einer kleinen Garderobe, wo man auch Stiefel abstellen konnte – neben ein paar Sägen. Auf dem Boden lagen Flickenteppiche und Rentierfelle. An der holzvertäfelten Wand über der Sitzecke hingen Dutzende bunte Bilder, gemalt von deutschen Schulkindern. Sie zeigten Haukes Yacht im Eis von Mushamna. Einige waren großartig: Sie hatten überraschende Motive aus ungewöhnlichen Perspektiven, und manche ähnelten sich – vielleicht hatten einige Kinder voneinander abgemalt. Auf ein paar Bildern sah man alte Segelkarten und richtige Ungeheuer – schwer zu sagen, ob es Bären, Füchse, Rentiere, Hunde oder Seehunde sein sollten. Die Werke waren faszinierend, und ich entdeckte während unseres Wochenendes immer mehr Details, ganz angetan von der überbordenden Fantasie der kleinen Künstler.

Durch die großen, quadratischen Fenster, vor denen auch im Winter keine Läden waren, sahen wir über die Mündung des Adventfjords, das Licht des gold umränderten Mondes streichelte die eisige Fläche, vereinzelte Sterne schmiegten sich in den weichen schwarzen Samt des arktischen Himmels.

Wir füllten den Ofen mit Holz, schlossen ihn für die Nacht und krabbelten in das eiskalte Bett, die Tür fest geschlossen und die dünnen Gardinen zugezogen. Wir kuschelten uns ganz nahe aneinander, zogen die Decke fest um die Schultern und lagen bald zusammengerollt da wie zwei Mäuse in tiefstem Winterschlaf.

Am nächsten Morgen erweckte Hauke das Feuer wieder zum Leben, und während es die Hütte aufwärmte, vergnügten wir uns noch unter der Decke. Nach unseren Aufwärmübungen hüpfte Hauke aus dem Bett und kochte Tee, den ich im Bett trank, während er sich schon anzog und nach der Hütte sah, innen und außen. Irgendwann kroch ich aus meiner Höhle, zog mir schnell meine Wollunterhosen, dicke Socken und Filzpantoffeln an. Bei einem langen, gemütlichen Frühstück mit Müsli, Brot, Käse, gekochten Eiern (nur eins war im voll gepackten Rucksack kaputtgegangen) und Unmengen von Tee überlegten wir, was wir heute machen wollten. Das Wetter war schön, die Sonne lachte – ein Tag wie geschaffen, um die Videokamera ausführlich auszuprobieren.

Das Eis schien inmitten des Fjords recht solide zu sein, aber hier an der Küste war es rissig und ungefähr 15 Zentimeter dick. Durch die Meeresströmungen war es in ständiger Bewegung, die türkisfarbenen Schollen wurden hin und her und hoch und runter geschaukelt und quietschten und kreischten dabei wie alte Scharniere. Merkwürdige Geräusche drangen von der unruhigen Eisfläche zu uns herüber: Schluchzen wie von Violinen, elektronisches Miauen, Gegurgel und Geächze. Stundenlang beobachteten wir das gemächliche, kaum merkliche Heben und Senken des Eises, das langsame

Drehen grobkantiger Brocken, den plötzlichen Fluss der Eisdecke, hin und her schwappend, wenn in sich verkantete Stücke sich neigten und umkippten. Hauke lag auf dem Bauch und bannte das knarzende Eis und die teils obszönen Laute auf Film. Die Küstenlinie selbst war eine massive Eiskante, die das Land abschloss. An manchen Stellen war sie meterhoch – die stürmische See war tosend gebrochen und zu solidem blau-weißen Gemäuer gefroren. Von diesen Klippen hingen weite, weiße Vorhänge aus hartem Schnee, verschlungen und verknotet durch wilde Winde, hier und da gaben sie den Blick frei auf von der See geformte Höhlen im zerfurchten Gestein. Hunderte von Dreizehenmöwen ließen sich oben in den Windböen treiben, schlugen ab und zu mit ihren grauen Flügeln mit den schwarzen Spitzen, musterten uns aus ihren Gelbschnabelgesichtern, wenn sie vom Fressen in einer Wasserrinne etwa anderthalb Kilometer von der Küste entfernt zurückkehrten.

Irgendwann wurde unser Weg entlang der vereisten Küste landeinwärts durch eine Eismauer und im Wasser von dicht an dicht gestauten Eisklötzen blockiert. Wir mussten ein Stück zurückgehen, bis wir zur Spitze einer niedrigen Eisklippe kraxeln konnten.

Unweit der Hütte suchte eine Gruppe von acht oder neun Rentieren nach einzelnen Grashalmen und Moospolstern unter der Schneedecke. Wir umgingen sie weiträumig und positionierten uns in ihrem Windschatten, um sie beim Moosfressen mit dem Fjord im Hintergrund zu filmen. Sie waren ziemlich fett für die Jahreszeit, hatten also trotz des Winters genug Futter gefunden.

Als wir wieder in der Hütte waren, vertrieben wir die Kälte mit Kaffee und steinhart gefrorener Schokolade (Achtung, Zähne!). Wir sahen uns die Bilder an, die wir aufgenommen hatten, prüften, was wir besser machen konnten, versuchten, uns zu erinnern, warum bestimmte Einstellungen so gut gelungen waren. Ich lernte, dass man unbedingt ein Stativ oder eine feste Unterlage wie einen Stein brauchte, sonst verschwendete man nur Zeit, Speicherkapazität und wertvolle Batterieladung. Die Vögel konnte man mit der Handkamera gut aufnehmen, aber wenn die Blase in der Wasserwaage des Stativs nicht perfekt im Zentrum war, wenn man über den Horizont schwenkte, verwackelte das Bild. Das sah nicht besonders professionell aus, und wir wollten so gut filmen wie nur möglich.

Für den Rest des Abends machten wir es uns gemütlich, lasen und schrieben Briefe im sanften Licht der Öllampen, wobei Hauke Pfeife rauchte und süßen Tabakduft zur Decke steigen ließ. Das Feuer hielt den Rotwein warm. Wir hatten es in Revneset wirklich schön, auch wenn es ein sehr primitives Leben war: Wenn man mal musste, galt es, kurz nach Bären Ausschau zu halten und zu dem Holzhäuschen hinter der Hütte zu sprinten; es gab keine Elektrizität, aber die vermisste ich auch nicht; kein Telefon; keinen Fernseher; kein fließendes Wasser, nur geschmolzenen Schnee, um sich zu waschen, zu kochen und Tee zu machen. Es war entspannend, angenehm, stressfrei. Ich würde keine Mühe haben, mich daran zu gewöhnen. Wir waren alleine zu zweit, nichts störte unseren Frieden, und genau so würde es in Kinnvika sein.

Das Frühstück am Sonntag war etwas ganz Besonderes. Hauke legte sich unglaublich ins Zeug: Eier und Bacon, Orangensaft und – *wow!* – sogar eine Flasche Champagner standen bereit. Was für ein Luxus! Doch bevor wir die Pfanne heiß machten, müsse ich die Flasche aufmachen, beschloss Hauke, und zwar draußen. Aha? Na, dann rein in die warmen Klamotten.

»Du hast was vergessen«, sagte Hauke.

»Was denn?«

»Dein Gewehr.«

»Aber ich sehe weit und breit keinen Bären!«

»Um die Bären geht es nicht. Komm mit«, sagte er, und ging los in Richtung Fluss. Was das wohl werden sollte?

Hauke stellte die Champagnerflasche auf eine dicke Schneewehe. »Du hast doch gesagt, dass du schießen kannst. Dann lass' mal sehen!«, sagte er. »Kriegst du den Korken von der Flasche?«

Als ich aufgehört hatte zu lachen und wieder einigermaßen ruhig atmete, begann Hauke zu filmen, im Fokus die grüne Flasche mit dem schwarzen Etikett und der goldenen Korkenfolie. Ich hielt den Atem an, zielte und schoss. Mit dem ersten Schuss beseitigte ich den Korken, was mich selbst ebenso überraschte wie Hauke. Das Problem war nur, die Flasche hatte ich gleich mit erwischt, sie lag als grüner Scherbenhaufen in der Champagner getränkten Schneewehe. Meine Güte – was für eine Verschwendung! Aber auch ein Heidenspaß!

Wir sammelten die Scherben ein, kein Champagner heute Morgen, aber Eier und Bacon schmeckten auch so ganz gut. Noch eine Prüfung bestanden.

Am frühen Nachmittag hatten wir vom bereits gesägten Treibholz hinter der Hütte das Lager drinnen aufgestockt, das Feuer hatten wir ausgehen lassen und konnten nun eines für den nächsten Besuch bauen. Streichhölzer legten wir daneben, damit sie im Dunkeln oder in einem Notfall schnell zu finden waren – alte Jägerhüttentradition. Konnte lebensrettend sein. Wir packten, sahen ein letztes Mal nach, ob alles in Ordnung war, schulterten unsere Rucksäcke und die Gewehre und machten uns bei hellem Sonnenschein auf den Rückweg nach Longyearbyen. An dem verlassenen Kahn machten wir wieder eine Verschnaufpause bei Kaffee und Cognac, das Boot sah bei Tageslicht eigentlich ganz sicher aus, aber ich würde trotzdem keinen Meter damit fahren.

Es wurde dunkel, und wir suchten nach der besten Stelle, um wieder hinüber ans Stadtufer zu wandern. Das Eis schien fest und sicher zu sein, offensichtlich kamen Ebbe und Flut nicht bis ganz hierher. So wagten wir es, ziemlich weit westlich vom Ufer vorsichtig über die feste Eiskruste zu laufen, immer darauf bedacht, nicht auf dünneres Eis zu gelangen. Wir fühlten uns sicherer als auf dem Hinweg. Ob es tatsächlich auch so war, wer weiß – die Abkürzung sparte uns jedenfalls eine Stunde.

Während wir erschöpft den letzten Hang in Richtung Stadt hinunterwanderten, beschlossen wir, getrennte Wege zu gehen. Wir sprachen es nicht aus, aber wir hatten beide das Bedürfnis, ein wenig allein zu sein, wir wollten heiß duschen und ungestört ergründen, wie das Wochenende sich für uns anfühlte. Nach der ungewohnten Nähe der gemeinsamen Tage brauchten wir Raum. Aber nicht zu lange. Alleine kochen wollten wir nicht, auch nicht gemeinsam mit dem anderen, und so verabredeten wir uns auf ein Bier und eine Pizza am Abend. Schon bei unserer ersten Begegnung hatte Hauke gesagt: Wir würden uns entweder hassen, gute Freunde werden oder uns unsterblich ineinander verlieben. Was auch immer geschehen würde, über eines waren wir uns einig: Wenn Kinnvika nur halb so gut laufen würde wie dieses Wochenende, stand uns eine großartige Zeit bevor.

3 Vorbereitungen

Hauke hatte unglaublich viel zu erledigen. Er konzipierte sein Forschungsprojekt, überlegte, was er für seine Experimente an Material brauchte, was er kaufen müsste und was er von der Universität ausleihen konnte. Er bereitete in Deutschland seine persönlichen Sachen vor – Kleidung, Bücher, Musik –, packte alles zusammen, um es nach Spitzbergen zu verschiffen. Die Reisedaten mussten festgelegt werden: wann alles nach Kinnvika gebracht und wann es nach Ablauf des Jahres wieder abgeholt wurde. Er musste sich nach unserer Hütte erkundigen und herausbekommen, wie sie zu heizen war. Wo konnten wir alles lagern, bevor es losging? Wir brauchten eine Sicherheitsausrüstung. Hunde, für die Futter bestellt und Schlitten organisiert werden mussten. Es galt, die Vorträge vorzubereiten, die wir auf der *MS Berlin* zwischen Cuxhaven und Longyearbyen zusammen halten wollten, bevor unser Abenteuer begann. Kameras, Filme, Batterien, Radios. Unmengen von Sachen, an die er denken, die er planen musste.

Ich hatte nur die Aufgabe, mich um die Verpflegung zu kümmern. Und nicht einmal das schaffte ich ohne Haukes Hilfe. Wie viel isst man in einem Jahr? Wie viel Käse, wie viel Schokolade, wie viel Müsli? Wie viel Brot nimmt man zu sich, wie viele Kilogramm Gemüse würden wir benötigen? Wie viele Rollen Toilettenpapier mussten wir mitnehmen? Ich hatte absolut keine Ahnung. Wie sollte ich das bloß berechnen?

Ich fing mit dem Frühstück an. Das schien das Einfachste zu sein, denn die Menge war jeden Tag die gleiche. Müsli. Jeden Morgen schüttete ich die übliche Menge in meine Schüssel, um sie dann zu wiegen, aber warum war die übliche Menge plötzlich nicht mehr die übliche Menge? War es heute nicht mehr als sonst? Enthielt die heutige Portion nicht weniger Trockenobst und war deswegen leichter? War das überhaupt wichtig? Ich errechnete die durchschnittliche Menge für eine, für zwei Wochen, kalkulierte dann, wie viel wir in einem Jahr ungefähr vertilgen würden, und legte noch eine Reserveration drauf. Den Bedarf an Pasta und Reis rechnete ich mit Hilfe von Kochbüchern aus, die die Menge pro Person und Mahlzeit angaben. Ich musste nur abschätzen, wie oft wir pro Woche Teigwaren und Reis essen würden und konnte so die Gesamtmenge festlegen. Und dann Kartoffeln, ein weiteres Hauptnahrungsmittel – wir konnten auch Kartoffelpulver mitnehmen, für das Ende der Expedition ...

Ich streifte mit einem Notizblock durch die Lebensmittelabteilung von Svalbardbutikken, schrieb auf, was wir vielleicht noch brauchen würden, im Hinterkopf die hohen Preise auf Spitzbergen. Ein paar Luxusprodukte würden nötig sein, zur Belohnung, aber wichtig war, bei den Grundnahrungsmitteln nichts zu vergessen. Brot würde ich selbst backen müssen – seit der Schule hatte ich das nicht mehr gemacht, weil ich damals schon so ungern kochte und backte, und das war über 30 Jahre her –, ich wusste nicht einmal, ob es in der Hütte einen Ofen gab. Mir fiel nichts ein, auf das ich nicht notfalls auch verzichten konnte, aber Hauke brauchte auf jeden Fall Honig und Kakaopulver. Weder ein Frühstück, eine Tasse Kaffee noch ein Dip für Salzstangen schmeckten ihm ohne diese beiden Zutaten, und so standen sie auf der Liste ganz oben – und wenn es nicht reichte, wäre er schuld, denn die Mengen berechnete er höchstpersönlich. Wir tranken beide abends gerne Rotwein und schätzten, dass wir 200 Liter benötigen würden, das schien wahnsinnig viel zu sein, aber tatsächlich kamen wir so auf weniger als eine Flasche pro Tag, also zwei kleine Gläser pro Person. Besser zu viel als zu wenig, dachten wir uns, schließlich wollten wir in Kinnvika lustige, entspannte Abende verbringen. Unsere Sektfrühstücke waren inzwischen ein kleines Ritual, weswegen wir für die Sonntage je eine Flasche mitnehmen wollten. Manchmal hatte ich das Gefühl, nicht eine Expedition, sondern eine Party zu planen.

Ich wollte, dass wir uns auf jeden Fall gesund ernährten, und notierte Fleisch, Fisch und Suppen, außerdem Dosen mit Obst und Gemüse, da die frischen Vorräte schnell aufgebraucht sein würden. An Knabberzeug standen Kekse, Chips, Erdnüsse und Trockenobst auf der Liste. Wir bestellten Unmengen von Toilettenpapier, wahrscheinlich viel zu viel, aber in dem Punkt wollten wir logischerweise keine Engpässe erleben.

Irgendwann hatten wir uns auf eine Liste geeinigt. Ich hatte noch viel Zeit, um Dinge zu besorgen, die wir vergessen hatten oder die wir nicht in rauen Mengen benötigten und deswegen noch separat mitnehmen konnten. Wir mussten vorab die Vorräte für die ersten vier Wochen zusammenstellen, der Rest würde später gebracht, also gaben wir bei Svalbardbutikken zwei Bestellungen auf. Man sagte uns zu, dass alles rechtzeitig da sein würde. Hauke hatte mit der örtlichen Verwaltung gesprochen. Man würde uns sowie die wichtigsten Vorräte und die Grundausstattung wissenschaftlicher Geräte per Schiff nach Spitzbergen bringen. Vier Wochen später sollte der Rest mit einem Eisbrecher kommen, Tonnen von Vorräten und weiterem wissenschaftlichem Gerät.

Kohle gab es gratis und musste nur eingesammelt werden. Während ich arbeitete und noch genügend Schnee lag, fuhr Hauke mit dem Schneemobil und einem Schlitten mehrere Male zum Kohlelager in der Nähe des Flughafens. Er packte Unmengen von Kohle in dicke schwarze Müllsäcke und dann in stabile Kartons, damit man sie gut transportieren konnte. Von Svalbardbutikken borgten wir uns Paletten und zusammenklappbare Stapelelemente, mittels derer wir die Kohlekartons fest übereinander packten. Oben drauf kam ein stabiler Deckel, und dann lagerten wir sie an einer Stelle, von wo man sie zum Schiff schaffen konnte.

Als zusätzliche Heizung besorgte Hauke einen Ölofen, wie er schon bei der Expedition nach Mushamna gute Dienste geleistet hatte. Er brauchte nur noch Brennstoff. Hauke fand heraus, dass sich in Kinnvika eine Not-Tankstation für Hubschrauber befand, etwa für Rettungseinsätze für Fischerboote oder Kreuzfahrtschiffe in Seenot. Das hochraffinierte Öl konnte nicht lange gelagert werden, und so stimmten wir zu, einen Teil des bereits abgelaufenen Brennstoffs zu erwerben, um damit unseren Ofen zu heizen. Für den Holzofen gab es am Strand jede Menge Treibholz, wie überall auf Spitzbergen. Wir würden es warm haben.

Vorräte und Heizstoff waren organisiert. Aber wir mussten uns auch verteidigen können. Nicht ganz unwichtig. Berit und Karl Våtvik leiten das Villmarkssenter am Stadtrand, sie haben Dutzende Hunde, die sie für Schlittentouren in die wilde Natur von Spitzbergen einsetzen, und waren gute Freunde von uns. Die beiden sagten uns zwei geeignete Hunde zu, die momentan noch mit einer Gruppe englischer Studenten unterwegs waren. Sie würden auch Hundefutter, Geschirre und einen leichten Schlitten besorgen. Hauke und ich konnten es gar nicht abwarten, die Hunde kennen zu lernen, aber sie würden erst ein paar Wochen vor unserer Abreise von ihrer Ex-pedition zurück sein. Hoffentlich würden wir sie mögen. Ich freute mich so sehr darauf, wieder Hunde um mich herum zu haben. Es würde Spaß machen mit den beiden, sie würden Freunde sein, Lebewesen zum Knuddeln.

Wir wollten auch ein Schlauchboot mit nach Kinnvika nehmen, für kleine Expeditionen in abgelegenere Gegenden. Allerdings brauchte man dafür auch Schutzkleidung, ohne die man nur wenige Minuten überleben konnte, wenn man über Bord ging. Bei einem der riesigen, unförmigen Gummianzüge war der Spezialreißverschluss kaputt. Ihn ersetzen zu lassen hätte ein Vermögen gekostet, da automatisch auch die Wasserdichte des Anzugs überprüft worden wäre, und so beschlossen wir, einfach selbst einen normalen, aber extra starken Reißverschluss einzunähen. Wir würden den Anzug in Kinnvika ohnehin wenig benutzen, da die Saison für Bootstouren kurz ist und wir nur bei ruhigen Wetterverhältnissen hinausfahren konnten, also ließen wir es darauf ankommen.

Jetzt mussten wir noch zu Ing. G. Paulsen, dem Expeditionsspezialisten vor Ort, um mit Jakob, einem großen, stämmigen Norweger, die richtige Munition auszuwählen. Seine Frau Constance, eine Holländerin, kannte ich ganz gut. Eines Tages, bei einem Gespräch über Hauke, hatte sie den Nagel auf den Kopf getroffen: »Er ist wirklich ein netter Kerl, aber meine Güte, der redet! Wie schaffst du es überhaupt, auch mal zu Wort zu kommen?« Nach meiner Ankunft auf Spitzbergen hatte mir Jakob geholfen, von der Polizei einen Waffenschein zu bekommen. Ich hatte ihn innerhalb von 24 Stunden erhalten, inklusive Gewehr, laut Jakob ein Rekord. Bisher hatte ich nur Übungsmunition bei ihm gekauft, aber jetzt waren wir hier, um das richtige Zeug zu besorgen: schwere, abgerundete Kugeln, mit denen man notfalls einen angreifenden Eisbären zur Strecke bringen konnte. Leider hatten Haukes und mein Gewehr ein unterschiedliches Kaliber, so dass wir zwei Sätze Munition kaufen mussten. Hauke nahm eine alte Mauser als Reservewaffe mit – immerhin waren meine Kugeln für die auch geeignet. Wir kauften außerdem einige Pakete Übungsmunition, um Bären zu verjagen. Manche Jäger nahmen ganze Kugelsortimente mit, sogar Gummikugeln, aber Hauke schätzte unkomplizierte Lösungen. Er kaufte mir noch eine Schreckschusspistole, die aussah wie ein Kugelschreiber. Das Ding, mit dem man aus einer Entfernung von bis zu 25 Metern Bären verjagen konnte, sah nach nichts aus, war aber angeblich sehr effektiv, und es passte in jede Tasche. Wir kauften Extramunition für diesen Stift, in der Hoffnung, dass wir jetzt für alle Fälle gerüstet waren.

Da wir schon einmal da waren, besorgten wir noch Ketten für die Hunde, damit sie nicht unerlaubt auf Rentierjagd gehen konnten, außerdem diverse Taue und Nägel, Spiritus sowie eine neue Mütze aus Robbenfell.

In Spitzbergen hatten wir so weit alles erledigt, jetzt mussten wir noch einmal in unsere Heimatländer fahren: Hauke, um seine Experimente weiter vorzubereiten, ich, um meine Handarbeitsutensilien einzupacken. Außerdem wollten wir uns von unseren Familien verabschieden, die wir ein Jahr lang nicht sehen würden ...

Kinnvika. Meine größte Angst war, mich dort zu langweilen. Abgesehen vom Kochen und Putzen – dass das meine Aufgaben sein würden, war für mich klar, schließlich hatte Hauke mit seinen Experimenten zu tun –, wie würde ich die Tage füllen? Im Sommer würden wir wahrscheinlich ziemlich viel draußen sein, aber im langen, dunklen Winter? Ich lese gern, aber nicht 24 Stunden am Tag. Ich brauchte ein Aufgabe. Musste etwas tun. Mich beschäftigen.

In der Rumpelkammer meiner Eltern waren jede Menge Kisten. Viele große Kisten. Sie alle waren voll. Und zwar voller Stoff: neuer Stoff, alter Stoff, bereits verwendeter Stoff, Kleiderstoff, Handarbeitsstoff, schrecklicher Stoff, hübscher Stoff, Stoff, der zu einem anderen Stoff gut passte, Stoff, den ich nie wieder benutzen würde, Stoff, den ich schon hatte, seit ich zehn war. Wenn es um Stoff geht, bin ich einfach nicht zu bremsen. Ich kaufe Stoff, so wie andere Leute Kleider kaufen, die sie dann nie anziehen. Aber Stoffkäufe sind bei mir nie sinnlose Frustkäufe, sondern Stoff ist für mich einfach unwiderstehlich. Irgendwann würde ich den Stoff brauchen, wenn auch nicht sofort, irgendetwas hatte ich immer damit vor: eine

Tasche basteln, eine Bluse nähen, Kuscheltiere kreieren, Decken entwerfen. Tja, und jetzt war der Zeitpunkt gekommen, alles durchzuwühlen, meine Lieblingsstoffe auszuwählen, sie zusammen mit den passenden Garnen einzupacken und nach Spitzbergen zu verschicken. Ich wollte mich nicht langweilen und nahm so viel mit, wie es nur ging.

In Longyearbyen hatte ich meine kleine Singer-Nähmaschine, aber die war elektrisch und würde mir in Kinnvika nichts nützen. Also überzeugte ich meine Mum, mir ihre alte manuelle Singer zu leihen, und hoffte, am Flughafen würde niemand auf die Idee kommen, das Ding zu wiegen.

Auf Spitzbergen hatte ich bereits jede Menge Wolle bestellt, genug für etwa zehn Pullover, wobei ich nicht vorhatte, alles mitzunehmen. Ich wollte Hauke zu Weihnachten einen aufwändigen Norwegerpullover stricken. Er würde natürlich sehen, woran ich arbeite, also würde ich ihm vormachen, der Pulli sei für mich (und erst danach tatsächlich einen für mich stricken).

Ich wühlte mich durch weitere Schachteln und fand mein Stickgarn, sorgfältig aufbewahrt in einer antiken, vierfächerigen Pralinenschachtel. Einige Garne hatte ich auf Flohmärkten gekauft, sie waren älter als ich. In Longyearbyen hatte ich Fotos von den Häusern meiner Freundinnen Else, Anne-Mette und Randi aufgenommen, und nach diesen Vorlagen wollte ich für sie zu Weihnachten Stickbilder machen. Zur Abwechslung handelte ich mal vorausschauend. Ich hatte etwas Stickstoff und ein paar große Kreuzstich-Sets und legte sie zu meinem Haufen, dazu kariertes Papier und ein paar Filzstifte. Zwischen meinen Büchern fand ich eines über Seidenmalerei und legte es auch noch dazu. Ich hatte schon eine Rolle Seide und ein paar Grundfarben bestellt, bevor ich nach England abgereist war, aber da ich noch nie Seidenmalerei ausprobiert hatte, wollte ich vorsichtshalber eine Anleitung auf Englisch dabeihaben. Noch ein paar Skizzenbücher und Bleistifte in allen Formen und Farben, und mein Haufen war komplett.

Langeweile? Keine Chance.

In England durchkämmte ich den Supermarkt nach Dingen, die ich in Longyearbyen nicht bekommen würde: Bournvita-Kakaopulver, Feigenkekse, Vanillensoßen- und Puddingpulver, Branston Pickle, jede Menge ordentlichen englischen Tee. Und Tampons. Nur weil ich beschlossen hatte, ein Jahr aus dem zivilisierten Leben auszusteigen, würden meine Monatsblutungen nicht plötzlich aufhören. Bei diesem Produkt übertrieb ich es ein wenig, aber wie beim Toilettenpapier wollte ich auch hier lieber auf Nummer Sicher gehen. Einige Leute warfen mir verwunderte Blicke zu, als sie sahen, wie ich in meinem Einkaufswagen ganze Jahresvorräte durch die Regalreihen schob.

Hauke und ich hatten ein bisschen Angst vor Skorbut, obwohl uns eine bewusste Ernährung davor vermutlich bewahren würde. Da wir mineralienarmes Schmelzwasser als Trinkwasser benutzen würden, mussten wir auf jeden Fall Mangelerscheinungen vorbeugen. Hauke hatte auf seiner Yacht Haarausfall und brüchige Fingernägel bekommen. Seinen Hunden hingegen ging es prächtig, da sie sich nicht einseitig mit Robbenfleisch ernährten, sondern ausgewogenes Hundefutter bekamen. Nachdem Hauke und die Hunde eine Weile das Essen »getauscht« hatten, wurde er wieder gesund – allerdings war ziemlich viel Pfeffer nötig, um die Sache einigermaßen schmackhaft zu machen. Also zurück in den Supermarkt, Pfeffer kaufen. Sicherheitshalber. Außerdem besorgte ich noch Vitamin-C-Tabletten und entdeckte Multivitaminkapseln mit Mineralien. Sie sahen etwas groß aus, aber besser einmal am Tag kräftig schlucken als eine Glatze. Wo ich schon einmal da war, kaufte ich noch Ibuprofen. Ich neige zu Kopfschmerzen, besonders, wenn ich billige Schokolade, Glutamat oder Softdrinks mit Süßstoff zu mir genommen habe. Manchmal sind die Kopfschmerzen richtig schlimm. Ich wälze mich im Bett, aber egal wie ich liege, es wird nicht besser. Ich muss mich übergeben, bekomme Hitzewallungen und dann wieder Schüttelfrost. Nach einer Ibuprofen-Tablette kann ich meistens ein paar Stunden schlafen, und dann ist alles wieder gut. Diese Kopfschmerzen wünsche ich nicht einmal meinem ärgsten Feind.

Zum Schluss ging ich noch in den Army-Laden in Portsmouth und kaufte ein paar warme Hemden, Cargohosen und zwei paar wattierte Innenhosen. Weitere Zusatzkleidung wollte ich in Longyearbyen kaufen, wo es »das richtige Zeug« gab.

Keine Ahnung, was meine Familie von meiner neuesten Eskapade hielt. Wie immer sagten sie nicht viel. Als ich das erste Mal nach Spitzbergen aufgebrochen war, hatten sie mich für verrückt erklärt, aber das hier war ja nun noch eine Steigerung. Wahrscheinlich machten sie sich primär Sorgen, weil ich zwischen den ganzen Eisbären leben wollte, und weil sie von Hauke nur wussten, was ich ihnen erzählt hatte und was auf den paar Fotos in seinem Buch *Leben im Eis* zu sehen war, das er mir geschenkt hatte. Da es auf Deutsch war, konnte es keiner von uns lesen, was die Sache noch unheimlicher machte. Nur eine Freundin meiner Mutter nahm mein bevorstehendes Abenteuer gelassen: »Sie hatte schon immer ihren eigenen Kopf. Wundert mich überhaupt nicht.«

Es war schon schwierig gewesen, ihnen einen Eindruck von Longyearbyen zu verschaffen. Wie das Gefühl der Temperaturen beschreiben, die Lage, die Menschen? Wie von Tagen berichten, die 24 Stunden dauern, wie von der darauf folgenden totalen Dunkelheit? Wie den Charme der kleinen, nicht besonders hübschen, schäbigen Stadt benennen? »Ein gottverlassenes Kaff«, wie ein englischer

Kreuzfahrttourist es auf den Punkt brachte. Und jetzt sollte ich meiner Familie Kinnvika beschreiben, einen Ort, den ich mir selbst noch gar nicht vorstellen konnte?

Viele meiner Freunde interessierten sich für mein Vorhaben, und einer, Alan, lieh mir sogar einen alten Blechofen, eine Art überdimensionale Keksdose, die ich zum Brot- oder Kuchenbacken auf den Holz- oder den Ölofen stellen konnte. Keine Ahnung, ob er funktionierte, aber ich konnte es ja mal ausprobieren. Das Ding war bereits voll mit Nähgarn, Scheren und anderem Kleinkram – ich musste ja Platz sparen.

Schließlich, nachdem ich viel Geld beim Postamt gelassen hatte, waren meine Anti-Langeweile-Kisten auf dem Weg nach Spitzbergen, und mit vielen guten Wünschen und Ratschlägen ausgestattet, folgte ich ihnen gen Norden, eine weitere Singer-Nähmaschine unter dem Arm.

Noch mehr Kisten. Das Leben war eine einzige Packerei. Hauke war noch weg, und ich hatte mein Zimmer gekündigt, um ins *naust* zu ziehen. Ich besaß nicht besonders viel, aber ich tat mich schwer, zu entscheiden, was ich nach Kinnvika mitnehmen und was ich bei Hauke einlagern sollte. Einige Kisten wollte ich mit dem Laster von Isbjørnbutikken zum *naust* schaffen. Während ich packte, schaltete ich ein letztes Mal für lange Zeit den Fernseher an: Es lief das Formel-1-Rennen in Monaco. Sieger wurde David Coulthard, und da ich schottisches Blut in den Adern habe, war ich sehr zufrieden. Ich schaltete das Gerät ab, trug es stolpernd nach unten und stellte es vor die Tür eines russischen Pärchens. Ich hatte den Fernseher geschenkt bekommen und gab ihn nur zu gerne weiter – rührenderweise bekam ich zum Dank eine Flasche Krimsekt.

Dann war Putzen angesagt, denn ich wollte mein Zimmer genau so hinterlassen, wie ich es vorgefunden hatte. Viele Menschen hier oben nehmen sich thailändische Putzfrauen, aber ich wollte sparen und musste ja auch noch etwas Zeit totschlagen. Im Grunde war es eine Frage der Ehre. Es war viel Arbeit, alles blitzeblank zu wienern, aber irgendwie verschaffte es mir Befriedigung. Es war, als schrubbte ich meine traurigen Erinnerungen weg. Je mehr Dreck unter meinen Händen verschwand, desto unverstellter konnte ich mein Leben betrachten. Die Vergangenheit sammelte sich dort, wo sie hingehörte: in der Vergangenheit. Das Hier und Jetzt fand hier und jetzt statt. Ich hatte eine Weiche gestellt, horchte nach meinen wirklichen Wünschen, stimmte mich ganz entspannt auf mich selbst ein. Ich war bereit, der Welt wieder ins Auge zu sehen.

Die sonnenüberfluteten, blitzenden Flächen waren wie leere Seiten, sie wollten nach meinem Auszug neue Erfahrungen und Abenteuer aufnehmen, neue Leben, neue Lieben. Welche neuen Geschichten würde dieses Zimmer zu erzählen haben? Welche alten Bücher würden ausgebreitet werden?

Ich packte Wischer und Lappen zusammen, schloss die Tür und ging in Richtung *naust*. Mein altes Buch war zugeklappt. Fast.

In Kinnvika wollte ich auf jeden Fall alles, was passierte, aufschreiben. Abgesehen von ein paar Notizen über besondere Ereignisse in meinem Kalender, hatte ich noch nie Tagebuch geführt. Ich wollte das Schreiben vor unserer Abfahrt ein bisschen üben und kaufte mir einen nagelneuen, weißen DIN-A-4-Ordner, den ich mit einem Haufen weißem Papier füllte. Ich begann am Tag meines Umzugs ins *naust*, einem symbolischen Tag, wie ich fand. Anfangs notierte ich ziemlich viel Mist. Es gibt massenweise Eintragungen über die Kreuzschiffe im Hafen, die ich vom Fenster aus beobachten konnte, viel übers Kistenpacken, nichts Gewichtiges, keine weltbewegenden Gedanken oder Erkenntnisse, aber es ging ja darum, Übung zu be-kommen. Bis heute fällt mir das Schreiben leichter, wenn mein

Ordner tagsüber offen daliegt, als wenn ich abends Dinge notieren soll, an die ich mich dann kaum noch erinnern kann. Auch wenn mein Tagebuch vielleicht manchmal etwas langatmig ist – ich gebe mir Mühe. Wir würden den Laptop mit nach Kinnvika nehmen, aber Papier ist nicht zu schlagen, zumal ich nicht wusste, wie es mit der Stromversorgung genau aussehen würde. Ich besorgte fünf Packen Papier für Kinnvika. Sollte reichen.

Geld, Geld, Geld. Es musste unter die Leute. Das Expeditionsgeld. Zeit shoppen zu gehen, auf der Pirsch nach sexy Wollunterwäsche.

Nun ja, tatsächlich ging es in einen einzigen Laden, zu Sport 1, wo ich alles bekommen würde. Unterwäsche zuerst. Ohne lange Unterhosen und einen langärmeligen Rollkragenpullover ging gar nichts. Ich ergatterte ein Set in betörendem Graublau. Wolle war bequem, nahm viel Feuchtigkeit auf und hielt warm. Man sollte sie nicht zu oft waschen und flach trocknen – perfekte Waschanleitungen für Kinnvika. Wollsocken besaß ich in rauen Mengen, aber meine Stiefel waren ausgetreten, geflickt und nicht mehr wasserdicht. Es gab im Laden eine große Auswahl an Stiefeln, ich bevorzugte die Damenmodelle, weil sie an meinen kleinen Füßen besser saßen, und entschied mich für ein Paar mit langem Schaft. Selbst mit dicken Socken konnte ich darin noch mit den Zehen wackeln, sie waren also perfekt. Eingequetschte Zehen sind nämlich kalte Zehen. Außerdem hatte Hauke mir vor seiner Abreise noch ein Paar mit Filz gefütterte und einer dicken Sohle ausgestattete Stiefel gekauft, darin blieben die Füße angeblich noch bei -70°C mollig warm.

Eine richtig warme Jacke besaß ich bisher nicht, ich war immer mit dicken Pullovern (die ich einfach liebe) und einem winddichten Anorak gut zurechtgekommen. Jetzt entschied ich mich für eine leuchtend rote, schwarz abgesetzte Daunenjacke mit Kapuze, unter die noch einige Lagen Kleidung sowie eine dicke Mütze passten, was bei meiner alten, ebenfalls roten Jacke nicht möglich war. Ich kaufte ein paar wind- und wasserfeste Überhosen mit Hosenträgern und einen leichten Anorak (größer und zur Abwechslung hellblau), falls der alte kaputtgehen oder ich ihn verlieren sollte.

Ich hatte bereits mit Schaffell gefütterte Lederhandschuhe, die ich zum Schneemobil fahren anzog, einen Gesichtsschutz aus Neopren, dünne windfeste Fäustlinge sowie mehrere warme Mützen und Schals. Fingerhandschuhe brachten nichts, sie waren für die niedrigen Temperaturen nicht geeignet. Meine Mum hatte mir ein Paar Wollhandschuhe gestrickt, die etwas albern aussahen, da die Daumen seitlich abstanden (sie hatte keine andere Strickanleitung gefunden). Ob ich die jemals tragen würde?

Alles andere hatte ich in meinem Kleiderschrank. Ich war also bestens ausgerüstet.

Und nun auf zum Arzt. Er verordnete für Kinnvika Breitspektrumantibiotika, starke Schmerzmittel, antibakterielle Augentropfen, die ich auch für entzündete Wunden benutzen konnte, einen Jahresvorrat der Pille, außerdem Tabletten gegen Durchfall, Lypsyl und fette Hautcreme. Zusammen mit Haukes gut bestücktem Erste-Hilfe-Set und meinen Pflastern würden wir uns gut selbst verarzten können.

Hauke war eingeladen worden, an Bord des Kreuzschiffes *MS Berlin* über seine Expedition nach Mushamna zu referieren. Die Route ging von Cuxhaven nach Spitzbergen und zurück, mit einem außerplanmäßigen Zwischenstopp in Longyearbyen, und ich war eingeladen, ihn zu begleiten – ein kleiner Urlaub, bevor unser großes Abenteuer in Kinnvika begann. Viel mehr konnte ich vor meinem Abflug nach Hamburg, von wo aus es gemeinsam nach Cuxhaven ging, nicht mehr tun. Ich kochte etwas Marmelade mit Alkohol, kaufte Trockenhefe, die wir zu bestellen vergessen hatten, und bastelte aus einem Abzeichen mit einer Karte von Svalbard einen Expeditionsaufnäher mit der Aufschrift »Kinnvika 2002–2003«, den ich auf einen Ärmel meiner roten Jacke heftete. Dann kaufte ich noch ein Stempelkissen für den »Expeditionsstempel«, den Hauke mir geschenkt hatte.

Er rief an, um zu fragen, ob ich alles im Griff hätte, und ich solle ja nicht verschlafen und den Flug nach Deutschland verpassen. Hätte ich nie gewagt.

Hauke empfing mich mit einem Strauß gelber Röschen und scheuchte mich in einen Bus zum Hauptbahnhof. Wir holten seinen riesigen Rucksack von der Gepäckaufbewahrung und zwängten uns in den Zug nach Cuxhaven, wo wir am nächsten Morgen an Bord der *MS Berlin* gehen würden.

Auf einem Spaziergang am Kai kamen wir mit einem netten Paar mittleren Alters ins Gespräch. Die beiden erkundigten sich, ob Hauke zufällig der berühmte Professor Trinks sei, der auf Spitzbergen gelebt habe. Ja, das sei er. Ob er auch an Bord der *MS Berlin* gehe? Ja. Wir mussten lachen, denn der Mann hüpfte daraufhin wie ein Kind den Kai auf und ab und schrie überglücklich »Ja! Ja! Ja!«. Er und seine Frau hatten Haukes Abenteuer mit großem Interesse verfolgt und konnten es nicht fassen, dass er einer der Vortragenden auf ihrer Reise sein würde. Wir verabschiedeten uns und freuten uns auf ein Wiedersehen an Bord. Sie waren so nett und so begeistert, dass wir ihnen den Spitznamen »der Fanclub« gaben.

Unsere Reise nach Norden war großartig. Wir stoppten ein paar Mal an der norwegischen Küste (stöberten in Buchhandlungen und Kramläden, genossen die warme Sonne, stopften uns mit Erdbeeren voll), und dann ging es Richtung Spitzbergen. Haukes Vorträge und der Film kamen gut an, wobei wir das Publikum etwas schockierten. Am Ende der letzten Veranstaltung stellte Hauke mich dem Publikum vor. Ich trat in einem extravaganten, knallorangeroten Kleid mit passendem Seidenschal auf. Dazu Stöckelschuhe. Hauke erklärte, das sei wohl kaum die richtige Aufmachung für eine Hütte in Kinnvika. Zur Überraschung aller begann ich einen verführerischen Striptease, warf die Kleidungsstücke mit einem lasziven Schwung Hauke zu, bis ich am Ende nur noch in einem knappen Bustier und Shorts dastand. Hauke holte hinter der Leinwand eine Hose, einen Pullover, eine Jacke und eine Mütze hervor, ich zog die Sachen schnell über, und Hauke sagte, das sehe schon viel besser aus. Ich wackelte mit einem nackten Fuß. Er warf mir noch Stiefel zu. Arm in Arm verabschiedeten wir uns und traten ab.

Am Kai von Longyearbyen winkten wir der *MS Berlin* zum Abschied, in den Händen vier Flaschen Rum vom Kapitän und eine Flasche Champagner »zur Feier der Ankunft in Kinnvika« von einer unserer Tischdamen. Wir trafen unseren niederländischen Freund Mark, der hier kürzlich angekommen war, nachdem er auf seiner traumhaft schönen, selbst gebauten Yacht *Jonathan* (benannt nach Livingston Seagulls Möwe Jonathan) nach Longyearbyen gesegelt war. Zusammen mit seiner Landsmännin Marina, der Goldschmiedin von Longyearbyen, wollte er darin überwintern. Später, beim Abendessen in der Yacht, quetschte er Hauke aus, wie man am besten das Boot sicherte. Wir nahmen uns vor, das Jahr über in Funkkontakt zu bleiben.

Ich hatte meine zwei Fahrerjobs gekündigt, bevor ich nach Hamburg geflogen war, aber die Stelle nachmittags in Randis Nähstube hatte ich noch. An den Vormittagen hatten Hauke und ich mit den letzten Erledigungen zu tun – es stand noch einiges auf unserer Liste.

Zwei Wochen vor unserer Abreise waren die versprochenen Hunde noch nicht da. »Die kommen schon noch!«, versicherte Berit, zeigte uns aber sicherheitshalber in den Zwingern Alternativen.

In der Redaktion der *Svalbardposten* wurden wir interviewt, der Fotograf besuchte uns im *naust*, und wir mussten so tun, als würden wir unsere Checkliste studieren. Für Hauke war das Routine, er hatte schon Hunderte Interviews gegeben, aber mir machte es riesigen Spaß, ich genoss es, plötzlich eine »Berühmtheit« zu sein und ein bisschen im Mittelpunkt zu stehen.

Im Büro des Gouverneurs wurde uns unser Abreisetermin bestätigt: Sonntag, 21. Juli, um acht Uhr abends. Voraussichtliche Ankunftszeit in Kinnvika: Mittwoch, 24. Juli, um acht Uhr morgens. Unsere vielen Vorratskisten sollten wir bis Dienstag vor der Abreise sicher auf Paletten verstaut haben, damit sie am nächsten Tag ins Lager des Gouverneurs geschafft werden konnten.

Eines Abends lieh ich mir den Isbjørnbutikken-Laster, wir luden die Kisten ein und versuchten, alles auf die sechs Paletten zu verteilen, auf denen bereits unsere Kohle lagerte. Nach großem Gefluche und Gehieve war noch eine Kiste übrig, die einfach nicht draufpassen wollte, was wir auch anstellten. Auf dem Etikett stand: Nähzeug und Gardinen (wenn ich schon ein Jahr in einer Hütte verbringen würde, sollte es wenigstens gemütlich sein, deswegen hatte Randi mir welche geliehen). Wir packten den Inhalt in schwarze Müllsäcke um, die wir schließlich in die Ritzen zwischen den Kisten stopfen konnten. Das nächste Mal darf ich nicht vergessen, auch ein paar kleine Kisten als Lückenfüller zu packen. Wir nagelten die Blechdeckel drauf und sorgten dafür, dass sie zum Kai gebracht wurden. Noch eine Sache erledigt – ein weiterer Schritt zum großen Tag.

Die Zeit verging jetzt unglaublich schnell. Unsere Köpfe waren voll von Kinnvika, alle Gedanken kreisten um Kinnvika. Jeder, mit dem wir sprachen, redete über Kinnvika. Es war erstaunlich, wie sehr alle Anteil nahmen. Sie wünschten uns alles Gute und viel Glück – und zwar weniger für die Expedition, das Forschungsvorhaben, glaube ich, sondern mehr für uns. Es war bewegend, wie sehr sie hofften, dass wir gut miteinander auskommen würden. Niemand sprach es aus, aber man konnte es spüren, es lag in ihrem Lächeln, ihren Stimmen. Anne, eine Freundin aus dem Containerhaus, sah uns an und erklärte strahlend: »Was für ein schönes Paar! Ihr seht so gut aus zusammen! Einfach großartig.« Eigentlich ein bisschen peinlich, aber ich musste lächeln, war glücklich, strahlte.

Der Eisbär hing kopfüber von einer dicken Metallschiene an einem Flaschenzug im Dach. Die hinteren Tatzen waren abgetrennt, ein Mann und eine Frau in weißen Overalls lösten vorsichtig das zottige Fell, arbeiteten sich von oben abwärts zum Kopf, der auf dem Boden ruhte. Einige der stinkenden Innereien, auf einer Plane ausgebreitet, sahen aus wie dicke grüne Würste. Proben waren zur Analyse zusammengepackt. Ein paar Neugierige hatten sich an der Tür der zugigen Halle versammelt, um fasziniert dem Schauspiel zuzusehen. Einige hatten noch nie einen Bären gesehen. Für mich war es der dritte, zwei hatte ich auf meiner Reise im späten Frühling gesehen. Diese etwa zehn Jahre alte Bärin war ein durchschnittliches Exemplar, die cremig-weiße, wie Wachs aussehende Fettschicht etwa drei Zentimeter dick. Wir waren gebannt, wie hypnotisiert, während die zwei sich immer weiter vorarbeiteten, wozu die Bärin höher und höher gezogen wurde, bis sie schließlich das Fell um Ohren, Augen und Schnauze entfernten.

Die Bärin war per Helikopter aus Akseløya hierher geschafft worden, wo eine einzige Kugel sie niedergestreckt und getötet hatte. Ein Schuss aus Notwehr ...

Wir sprangen in das Schlauchboot und tuckerten langsam über das gekräuselte Wasser nach Revneset, um dem Druck der letzten Tage in der Stadt zu entfliehen. Eine merkwürdige Entscheidung, waren wir doch kurz davor, all unsere Freunde zu verlassen und für ein ganzes Jahr zu verschwinden, aber wir waren gestresst und voller Anspannung, mussten einfach raus, brauchten Ruhe und Zeit für uns. Das Wetter war wunderschön, windstill, sonnig und heiß, untypisch für den Juli auf Spitzbergen. Wir sprangen sogar kurz ins Wasser, lungerten vor der Hütte herum und tranken Wein oder lagen nackt auf weichem Steinbrech – der honigsüße Duft der Blüten lag schwer in der Luft. Es waren +12 °C in der Sonne, aber es fühlte sich an wie +24 °C, perfekt, um am Abend zu grillen und so auch noch die Mücken fern zu halten.

Am Sonntag wurde es windig, wir brachen früh auf, stoppten in Hiorthamna, wo wir auf einen kleinen Hügel kletterten, um den Propeller eines deutschen Flugzeugs zu besichtigen, das hier 1942 von den Norwegern abgeschossen worden war. Er bestand aus seltsam aussehendem Material, ein bisschen wie Aluminium, vielleicht Magnesium, und die Beschichtung löste sich in weichen Placken ab. An den Enden der verdrehten Blätter waren vier oder fünf Löcher, und die Nase war demoliert. Die vier Insassen des Flugzeugs waren ums Leben gekommen, doch die Norweger hatten sich geweigert, sie zu beerdigen. Es war schließlich ein Engländer gewesen, der sich bei Nacht von Longyearbyen über den Fjord geschlichen hatte, um sie zu begraben.

Am Dienstag ging ich zum Nykaia-Kai, um dort zu duschen. Ich traf Elke, eine deutsche Studentin, die gerade den Hafenmeister vertrat und drei Männern und einer Frau von der britischen Studentenexpedition etwas erklärte. Beiläufig erkundigte ich mich nach »unseren« Hunden.

»Oh, sie sind wirklich nett.«

»Wann sind sie denn wieder da?« Die Millionenfrage.

»Morgen, glaube ich.«

Da sprang eine gewisse englische Dame wie verrückt auf und ab und wedelte mit den Armen. »Ja! Ja! Ja! Sie können am Sonntag mit! Hurra! Und taugen sie als Bärenwächter?«, fragte ich, als ich mich wieder beruhigt hatte.

»Keine Ahnung. Wir sind nur auf vier Bären getroffen, und einen davon haben sie nicht einmal bemerkt.«

Also Daumen drücken.

Berit lud uns zu einem »Arbeitsessen« im Villmarkssenter ein, einem riesigen, zeltförmigen Holzgebäude, in dessen Mitte ein gigantischer Kochtopf von der Decke hängt. Die Gäste des Restaurants waren hauptsächlich aus Taiwan und taten sich an Berits köstlichen Speisen gütlich: Kebab mit Kartoffelsalat und Tomaten aus dem Wok, Kokosnuss- und Orangenkuchen und Kaffee. Wir gingen nach nebenan in die Zwinger und bestaunten die 80 Hunde dort. Als die Gäste wieder zu ihrem Hotel in der Stadt aufgebrochen waren, nahm Berit uns mit zu sich nach Hause, wo wir 100 Kilogramm Hundetrockenfutter in Empfang nahmen und sogleich zum *naust* brachten. Dann gingen wir weiter zum Kai, denn Berit hatte uns verkündet, dass die englischen Studenten und ihre Bärenhunde wieder zurück seien. Die Hunde waren riesig. Sie waren eine Kreuzung aus einem Grönländer Husky und einer Malamut. Ihre Köpfe waren groß und breit, die Pfoten schienen fast zu groß für die Körper, sie hatten dunkle Augen in ihren wachen Gesichtern. Sako und Balto. Sako, der größere der beiden Brüder, kohlrabenschwarz mit weißer Brust und weißen Beinen sowie einem mächtigen, buschigen Schwanz mit weißer Spitze, war nach einem Waffenfabrikanten benannt. Balto war weiß-grau gescheckt, er trug den Namen eines

Helden aus einem Team des legendären Nome-Schlittenhunderennens in Alaska. Sie waren beide nett, sehr stark und ungeheuer kuschelig. Karl erschien in seinem alten verbeulten Landcruiser-Pick-up. Beim Geräusch des Motors, den sie auch nach einigen Monaten Abwesenheit noch erkannten, stellten sie die Ohren hoch.

Wir ließen Hunde und Studenten in einem Durcheinander aus Seilen, Seesäcken und Zelten zurück und gingen langsam nach Hause, froh, dass das letzte Puzzlestück seinen Platz gefunden hatte.

Am Mittwoch war mein letzter Arbeitstag bei Randi, und am Abend kochte ich zu Hause aus den Resten im Kühlschrank und etwas Reis ein Essen. Es schmeckte so langweilig und fad, dass Hauke es als ungenießbar bezeichnete, aber dank einer ordentlichen Prise Pfeffer konnten wir das Gericht retten. Danach überprüften wir noch einmal, ob wirklich alle Transportkisten ordentlich gepackt waren (obwohl wir das genau wussten) und holten jetzt schon den Laster, um früh aufbrechen zu können.

Der Donnerstag war ein trüber Tag, Regen fiel aus düsteren grauen Wolken, während wir alles auf den Paletten verstauten und mit Folie umwickelten, damit nichts nass wurde. Wir legten das Schlauchboot oben auf eine der Paletten, zusammen mit dem Außenbordmotor, und zurrten es fest. Die letzte Palette fasste die Lebensmittel, die wir bei Svalbardbutikken bestellt hatten – es sollte für die ersten sechs Wochen reichen. Danach würde der Eisbrecher ein weiteres Mal mit dem Rest unserer Vorräte und Ausrüstung nach Kinnvika kommen.

Der letzte Tag in Longyearbyen. Wir schickten unsere Post weg und saßen im Café Busen bei Kaffee und Kuchen, lasen den Artikel über uns in der *Svalbardposten*. Mir war merkwürdig zumute, ich wollte alle noch mal sehen, um mich zu verabschieden, aber gleichzeitig hätte ich mich am liebsten im *naust* versteckt. Die Nerven lagen blank, ich war nervös und aufgeregt, ganze Schwärme von Schmetterlingen schwirrten in meinem Bauch herum, und meine Hände zitterten. Ich lachte, ich lächelte, ich starrte ins Leere. Das Warten war schrecklich. Ich wollte los. Am liebsten sofort.

Randi erschien im *naust*, um mir ihr Abschiedsgeschenk zu überreichen. Ich war wahnsinnig neugierig, denn sie hatte immer wieder Andeutungen gemacht: »Ich habe es noch nicht ganz fertig.« Ob sie mir einen Stapel CDs aufgenommen hatte? Völlig daneben. Das Geschenk war praktisch und einfach wunderschön: ein selbst gemachtes Messer. Es lag gut in der Hand, leicht und sicher. Den Griff hatte sie aus leichtem Wacholderholz geschnitzt, darin saß eine einschneidige, sieben Zentimeter lange Klinge. Auch ein maßgeschneidertes, kastanienbraunes Futteral gehörte dazu. Das Messer passte perfekt hinein, und auf der Rückseite stand: *Takk Marie. RSP 2002.* Danke Marie. RSP waren ihre Initialen. Ich sollte es benutzen. »Es ist nicht nur zur Dekoration.« Wir umarmten uns liebevoll. Wussten beide nicht, was wir sagen sollten. Vielleicht sagte unser Schweigen genug.

Nachdem Hauke die Hunde ausgeführt und sie ein bisschen trainiert hatte – sie hatten es bitter nötig –, gingen wir zum Abendessen ins Radisson, am besten Tisch direkt vor dem Panoramafenster. Es fühlte sich ein bisschen an wie eine Henkersmahlzeit. Wir waren beide nachdenklich, aber Anthony, der an diesem Abend Dienst hatte, heiterte uns auf. Er kam extra an unseren Tisch, um uns etwas zu empfehlen: Räucherforelle mit Salat, dann Lamm im Baconmantel mit Spargel und Pilzen. Und einen Überraschungsnachtisch. Anthony mag ein guter Koch sein, aber ich glaube, er ist farbenblind. Es handelte sich um einen köstlichen dicken, klebrigen Schokoladenpudding mit lavendelfarbenem Eis und zwei Saucen, einer roten und einer grünen. So abenteuerlich es aussah, der Geschmack war wunderbar. Wie überhaupt das ganze Menü. Meine alte Freundin und Nachbarin Marianne und ihr Freund kamen vorbei, um uns ein Geschenk zu bringen und uns alles Gute zu wünschen, später trafen wir im *puben* noch mehr Freunde, einige waren schon ziemlich beschwipst, mehr als sonst. Es war ein sehr schöner letzter Abend, und um drei krochen wir erschöpft und ein bisschen angesäuselt unter die Bettdecke.

Sonntag, 21. Juli. Der Tag der Abreise. Letzte Pflichtanrufe nach Hause, letzte Gespräche, letzte gute Wünsche füllten den Vormittag.

Hauke holte am frühen Nachmittag die Hunde von Berit und brachte sie zum *naust*. Ich hatte noch eine Stunde und döste unter einer dicken Wolldecke vor mich hin.

Trotz meiner Nervosität freute ich mich auf das Jahr mit Hauke. Wir hatten darüber gesprochen, was Kinnvika für uns bedeutete, über uns, über unsere Erwartungen, über die Zukunft. Obwohl mir meine Gefühle immer noch nicht so ganz klar waren – es war gut gewesen, wenigstens zu versuchen, sie in Worte zu fassen. Hauke ist ein geduldiger Zuhörer, und ich rede gerne mit ihm. Er begreift, dass es mir nicht leicht fällt, mein Innerstes nach außen zu kehren, er lässt mir Zeit, fragt behutsam nach, und so lasse ich dann doch mal etwas heraus. Das einjährige Einsiedlerleben würde mit dem »wirklichen« Leben wenig zu tun haben – für uns allerdings würde es nun die gemeinsame Realität sein.

Wenn man ein Taxi braucht, ist natürlich weit und breit keins zu kriegen. Wir versuchten es bei beiden Unternehmen – nichts. Wir versuchten es noch einmal. Jemand nahm ab, aber dann hörten wir nur noch Rauschen. Hauke war verärgert. Stimmt, wir hätten vorbestellen können, aber normalerweise war es völlig unproblematisch. Also trat Plan B in Kraft: alles tragen. Was bedeutete, zweimal zu gehen. Wir balancierten so viel wir konnten auf meinem Fahrrad und nahmen die Abkürzung zum Kai. Wenigstens war die *Polarsyssel*, das rote Schiff des Gouverneurs, schon da und erwartete uns brummend. Sonst war niemand am Kai, also luden wir alles am Fuß der Landungsbrücke ab und gingen ein letztes Mal zum *naust*.

Wir schoben das Fahrrad hinein, stapelten die letzten Taschen und Gewehre auf der Schwelle und schlossen ab. Für ein ganzes Jahr. Hauke half mir, meinen Rucksack aufzusetzen, und sortierte dann das kaum zu zügelnde Hundebündel. Zum Spielen war jetzt keine Zeit. Befehle wurden gerufen, Leinen festgezurrt und Disziplin hergestellt. Lindi, Haukes Freund, der auf einem Hausboot lebte, kam mit dem Fahrrad vorbei und nahm uns etwas von unserem Zeug ab. Ich griff die letzte Reisetasche, während Hauke versuchte, die Hunde zu führen. Es war, als wollte man entfesselte Dampfloks wieder unter Kontrolle bringen. Die beiden zusammen waren unglaublich kräftig, und wenn sie gleichzeitig in entgegengesetzte Richtungen zogen, konnten einem leicht die Arme ausgekugelt werden. Hauke rammte beim Gehen die Hacken in den Boden, um zu bremsen, er lehnte sich weit zurück, als ginge es um sein Leben. Als wir die Hauptstraße erreichten, erschien plötzlich ein Taxi. Ziemlich spät, dachte ich. Die Tür ging auf, und Mark und Marina sprangen heraus. Sie hatten einen wichtigen Termin und konnten uns nicht am Hafen Adieu sagen, aber wir freuten uns darauf, im kommenden Jahr über Funk in Kontakt zu bleiben.

Hauke leinte die Hunde an Deck an, was ihnen überhaupt nicht passte, während ich die Taschen vom Kai an Bord schaffte. Eero Lindberg, ein eigenbrötlerischer Jäger, der ebenfalls in der Einsamkeit überwintern wollte, war schon da. Zusammen mit seinem

Hund Svarten beobachtete er gelassen das Treiben. Hauke streichelte den Hund, der ihm damals in Mushamna als Bärenwächter treu gedient hatte, und bekam zum Dank ein freundliches Schwanzwedeln. Stein Aasheim, ein bekannter norwegischer Abenteurer, erschien mit seiner halbwüchsigen Tochter. Zusammen mit dem Rest der Familie würden sie in Austfjordneset überwintern. Sie steckten ihre kleinen Huskys in die Zwinger an Deck und banden den honigfarbenen Labrador an die Reling an der Steuerbordseite.

Freunde versammelten sich unten an der Gangway. Jakob und Constance, Leif, Randi. Keine Spur von Edwin, vielleicht war es besser so. Wir umarmten sie, sie umarmten uns. Alle fotografierten, auch wir schossen Bilder und filmten. Dann, pünktlich um acht Uhr, wurden die Taue von den Bollern gelöst, grauschwarzer Rauch stieg aus dem schlanken Schornstein, und wir verließen unseren Liegeplatz. Ich winkte und winkte, beobachtete, wie einer nach dem anderen ins Auto stieg. Am Ende war nur noch die schmale, dunkle Silhouette von Randi zu sehen. Noch ein letztes, ausladendes Winken, dann war auch sie verschwunden.

Eero, Stein und seine Tochter suchten unter Deck ihre Kabinen. Hauke verzog sich ebenfalls, wir brauchten beide etwas Zeit für uns. Die Hände in den Taschen und mit windzerzaustem Haar stand ich da, über mir flatterte die norwegische Flagge, sie flatterte in Richtung Longyearbyen, das immer kleiner wurde und schließlich zwischen den Hügeln verschwand. Ich war wie betäubt, leer, konnte den Blick nicht abwenden von dem, was ich zurückließ. In letzter Zeit hatte ich im Grunde ständig etwas zurückgelassen. Ich hatte meinen Mann verlassen, meinen Job und mein Zimmer, hatte meine Freunde verlassen, meine Eltern, England, Edwin; und jetzt wieder ein Zimmer, einen Job, eine Stadt.

Ich zitterte im kalten Wind, wir fuhren hinaus auf das kabbelige, schäumende, zinngraue Isfjordmeer. Jetzt war das alte Buch meines

Lebens fest zugeklappt, die erste, schneeweiße Seite des neuen lag vor mir, in Erwartung, dass die Hand des Schicksals die ersten Zeilen schrieb. Ein neues Kapitel – ich hoffte, es würde eine gute, eine glückliche Geschichte werden, nicht zu viel Traurigkeit, möglichst viele gute Ausgänge. Mein neues Ich sollte in dieser Geschichte vorkommen, nicht das alte, nicht das einer anderen. Mein richtiges Ich. Ich wollte mich befreien, mich entfalten, mich behaupten, meinen Horizont erweitern. Meine Vergangenheit konnte ich nicht ändern, aber ich konnte meine Zukunft gestalten, indem ich mich selbst verwandelte. Es würde nicht leicht werden, aber wer nicht wagt, der nicht gewinnt, wie es so schön heißt. Also los, sagte ich mir, das wird schon. *Just do it!*

Ich kraulte die Hunde hinter den Ohren, fühlte die Wärme ihres Fells. Und dann verließ auch ich sie, um mir einen Kaffee zu holen.

4 Aufbruch

Ich hatte keine Ahnung, wo ich genau war, aber es war klar, dass ich hier keine Schuhe anhaben durfte. An Bord mussten alle die Schuhe ausziehen, und zwar gleich hinter der wasserdichten Luke – Ordnung muss sein. Während ich die Schnürsenkel öffnete, lehnte ich mich mit dem Rucksack gegen das kalte Metall, um mich abzustützen. Ich stellte die Schuhe zur Seite und wankte die Treppe hinunter, immer der Nase nach in Richtung Kombüse und Aufenthaltsraum.

Hauke saß am Ende eines der zwei am Boden festgeschraubten Tische und unterhielt sich mit ein paar Seeleuten. Ich schenkte mir aus der Glaskanne der Kaffeemaschine ein und schlüpfte auf die Bank an der anderen Seite des Tischs. Die Hände am heißen Becher, ließ ich die norwegische Unterhaltung an mir vorbeiperlen, starrte in die schwarze Flüssigkeit. Sie wärmte meinen leeren Magen, gluckerte darin herum, wenn das Schiff schwankte. Wir hatten völlig vergessen zu essen, im »Last-Minute-Programm« waren keine Mahlzeiten vorgesehen gewesen. Ich hätte gut ein paar Kekse vertragen können, irgendwas Süßes, Zuckriges, aber es gab nur Kaffee. Der Duft mischte sich in die feuchte Muffigkeit trocknender Wolle und den Geruch von kaltem Bratfett aus der Küche.

Die Kombination von Schiff, Hunger und Drinnensein bekam mir nicht besonders gut, es war beklemmend, erstickend. Ich stand auf und ging in die Küche, wusch meinen Becher ab und stellte ihn wieder in das klappernde Gestell neben der Kaffeemaschine.

»Wo ist die Kabine?«, fragte ich Hauke. »Ich glaube, ich lege mich ein bisschen hin.«

Wieder ging es eine Treppe hinunter, auf einem schmutzig-beigen Teppich. Dann ein kurzer, schmaler Gang, der ins Nichts zu führen schien, rechts und links sah ich braune Türen. Ich wankte zu der letzten auf der linken Seite. In der Mitte, ziemlich weit oben, stand auf einem leuchtend gelben Post-it-Zettel »Hauke & Marie«. Ich klopfte leise an (man weiß ja nie) und drückte die Tür auf. Haukes Sachen waren in eine Ecke gestopft, seine Jacke lag auf der unteren Matratze eines lackierten Etagenbetts. Ein Bullauge gegenüber der Tür blickte über das Stahlgrau des wogenden Meeres, das sich an der parallel verlaufenden Küste brach wie Zahnputzschaum.

Ich stellte meinen Rucksack auf den kleinen Stuhl neben dem Waschbecken, presste die Stirn gegen das Glas des Bullauges, konzentrierte mich auf das Land in der Ferne und wünschte, die Wellen würden sich beruhigen. Ich streckte mich, zog mich aus, kletterte auf das obere Bett und schlüpfte unter die hell- und dunkelgelb gestreifte dünne Decke. Auf dem Rücken liegend, die Decke gegen eingebildete Zugluft fest um den Hals gelegt, fixierte ich einen schwarzen Fleck über mir, um mich davon abzulenken, dass mein Magen rebellierte. Mir war richtig flau, ich spannte alle Muskeln an und versuchte, tief durchzuatmen. Der Drang, sofort wieder aus dem Bett zu springen, ließ nach, und ich entspannte mich. Ich versuchte, mich damit zu beruhigen, dass auch Lord Nelson lange Zeit gebraucht hatte, um seefest zu werden.

Das gleichmäßige Brummen der Maschinen übertönte fast das Bellen von Balto und Sako oben an Deck. Sie waren die lautesten Hunde, die anderen hatten sich längst zusammengerollt, um die Fahrt zu verschlafen. Ich schnüffelte an meinen Fingern. Sie rochen nach Hund, und ich schob sie wieder unter die Decke, um sie an meinen Schenkeln zu wärmen. Die Gerüche der Kombüse waren hier schwächer, dafür drang Diesel-, Motoren- und Schmierölgestank aus dem Maschinenraum unter mir in die Kabine und mischte sich mit einem Hauch künstlichen Lavendeldufts aus der Bettwäsche.

Ich drehte mich auf den Bauch, um die Westküste Spitzbergens sehen zu können, schneebedeckt und eisig. Die grauen Wolken breiteten sich über den Bergen aus wie eine kriechende Düsternis, die jedes Leben aus den arthritischen Gletscherfingern saugen wollte, welche aus den Felsknöcheln herausstachen. Ihr sonst saphirblaues Glitzern lag jetzt in melancholischen Fetzen am Ufer, passend zu meiner Stimmung, einem merkwürdigen Gefühl der Leere, als hätten die Aufregung und der Eifer der letzten Tage mich ausgelaugt. Ich war innerlich leblos wie schaler Sekt, fühlte mich einsam, ausgeliefert, weder hier noch da, zwischen Aufgaben, zwischen Abenteuern, zwischen Menschen, zwischen Gefühlen. Ein kaltes, bleischweres Gewicht legte sich mir auf die Brust. Ich zitterte und war den Tränen nahe, wollte meinen Kuschelelch, aber der war außer Reichweite, in einen Rucksack auf der Gepäckablage gequetscht. Ich war allein. Brauchte das Alleinsein, mummelte mich noch fester in die Decke.

Irgendwann merkte ich, dass die Kabinentür sich öffnete und Hauke ganz leise hereinkam, um nach mir zu sehen. Aber ich wollte ihn nicht hier haben, wollte nicht getröstet werden, wollte nicht einmal eine liebevolle Umarmung. Als er in mein Hochbett linste, rührte ich mich nicht, sondern tat, als würde ich schlafen, und fing fast an zu weinen. Er machte das Licht aus, schloss die Tür mit einem leisen Klicken und schlich davon. Und ich fühlte mich verlassener als je zuvor. Jetzt rannen Tränen über meine Wangen und ins Kissen. Ich drehte mich zur Wand, wischte mir mit einer Ecke der Decke über das Gesicht und rollte mich zusammen, ließ mich sanft vom Rhythmus der Bewegungen des Schiffes wiegen. Vor und zurück, vor und zurück, ich war schläfrig, dämmerte langsam weg, träumte ...

Mein Rücken war vom Schweiß klitschnass, ich beugte mich vor und zog, beugte mich vor und zog. Meine Hände waren feucht, Gesicht, Arme und Schenkel glühten, brannten vor Schweiß und Schmerz.

»Uuund ziehn! Uuund ziehn!«

Ich sog die salzige Luft ein, drückte so fest ich konnte gegen das Fußbrett, schob meinen Sitz in der Schiene zurück, zog dabei das lange Holzruder, drehte es flink hoch und aus dem Wasser, bevor ich mit gebeugten Knien wieder nach vorne rutschte, das Ruder erneut eintauchte und einen weiteren Schlag machte. Wir ruderten energisch und schnell, durchschnitten die Wellen, zischten durch den salzigen Gischt, wollten unser »Heimspiel« auf jeden Fall gewinnen. Wir waren perfekt im Takt, die Köpfe gestreckt, während der Bootsmann laut seine Befehle schrie.

»Wei-ter! Wei-ter!«, drängte er im Rhythmus unserer Schläge. »Uuund ziehn! Uuund ziehn!«

Er warf einen Blick zurück über unser schäumendes Kielwasser und sah, was wir schon längst bemerkt hatten: Der Abstand zwischen uns und dem nächsten Boot wurde größer, die anderen fielen immer weiter zurück. Es war großartig, in Führung zu liegen, alle anderen hinter uns zu wissen, und wir ruderten immer schneller und schneller über den langen, trägen Solent kurz vor der Mündung des Lymington River. Die anderen aus unserem Verein jubelten, als wir völlig erschöpft, aber außer uns vor Glück über die Ziellinie glitten. Jetzt waren wir keine Anfänger mehr, sondern richtige Junioren. *Yeah! Yeah! Yeah!* Es war der größte Tag meiner Ruderlaufbahn. Fantastisch! Großartig! Einfach super!

Langsam paddelten wir in der drückenden Hitze auf den Kiesstrand zu, hüpften zufrieden in das kühlende Nass, Wellen brachen sich an unseren Hüften und spülten den Schweiß von unseren Rücken. Wir waren ein gutes Team, hatten hart trainiert und durften jetzt die wohlverdienten Früchte ernten. Wir hatten es geschafft – und tatsächlich gewonnen! Die Männer wollten uns unbedingt die Ehre erweisen, das Boot umzustülpen und wieder aufzubocken, wir liefen hinterher, wobei wir uns, die Ruder noch in den Händen haltend, immer wieder stolz in die Arme fielen. Was für ein Tag!

Und wo war Colin, mein Mann, bei diesem großen Ereignis? Er hatte offenbar keine Lust, mir zuzujubeln. Ich war so glücklich gewesen, als er eine Stunde vor dem Rennen auf seinem großen, hohen gelben Motorrad aufgekreuzt war und mit allen geredet hatte – mit Ehefrauen, Ehemännern, Kindern, Freundinnen, Freunden und sonstigen Schlachtenbummlern. Aber nach 20 Minuten war er einfach wieder auf seine Maschine gesprungen und abgerauscht, und ich war fassungslos, traurig und enttäuscht zurückgeblieben. Ich war so unglücklich, dass ich nicht wusste, was ich machen oder sagen sollte. Bestimmt hatten alle gesehen, dass er verschwunden war, und in meiner Verzweiflung half ich im Imbisszelt, süße Teilchen und Sandwiches zu verkaufen. Rudern interessierte ihn nicht besonders, aber dieses eine Mal hätte er bleiben können. Nach unserem Sieg hätte er immer noch auf sein Motorrad steigen können.

Vielleicht eine Kleinigkeit, aber dennoch.

Vermutlich amüsierte er sich, und ich beschloss einfach, dasselbe zu tun. Es gab noch weitere Rennen zu beobachten, andere Teams, die angespornt oder aufgebaut werden wollten. Lose mussten verkauft, Trophäen geholt, Zelte abgebaut und Müll eingesammelt werden. Schließlich bockten wir die Boote wieder in unserem baufälligen Clubhaus auf, duschten und tranken noch ein paar Bier. Alles in allem ein schöner Tag. Als es über den Kaianlagen und den schwankenden Wirtshäusern der Marina langsam dunkel wurde, verabschiedete ich mich vom harten Kern und startete meine kleine Moto Guzzi. Es war ein warmer Abend, ich fuhr mit offenem Visier, genoss den feuchtwarmen Fahrtwind auf meinen rosigen Wangen.

Langsam rauschte ich über die gewundenen Alleen. Ich wollte nicht nach Hause, fragte mich, wie es mit Colin weitergehen sollte.

Zigarettenrauch kräuselte sich zur Decke, Colin saß am Küchentisch und starrte in den Fernseher auf der Anrichte.

»Wie war's?«, fragte er mit einem Seitenblick, während ich die Tür hinter mir schloss.

»Wir haben gewonnen«, sagte ich. »Haushoch. Es war einfach toll.« Und nach einer Pause fragte ich: »Wo warst du denn? Ich dachte, du guckst noch zu. Du hast wirklich ein klasse Rennen verpasst.«

»Ach, mir war's zu heiß, in den Motorradklamotten rumzusitzen. Hab' lieber eine Tour gemacht. Ich war ewig unterwegs.« Er nahm einen tiefen Zug, drückte die Zigarette aus, blies den Rauch quer über den Tisch. »Bin auch grad erst zurückgekommen.« Colin stand auf, der Stuhl schabte über den Fliesenboden.

»Freut mich, dass dein Ausflug schön war«, sagte ich. »War ja auch wirklich Traumwetter.«

»Ja, ziemlich. Ich mach mich mal wieder an die blöde Gangschaltung«, verkündete er und war schon an der Tür, um in die Garage zu gehen. »Sollte in ein paar Tagen fertig sein.«

Schön, dich wiederzusehen, dachte ich, und besten Dank für das Interesse. Ich machte den Fernseher aus und ließ mich in den Schaukelstuhl in der Ecke fallen.

Es hatte gut angefangen mit uns beiden. Wir waren uns bei einem MG-Automobilclubtreffen in einem Pub begegnet. Zu meinen Vorsätzen für 1986 gehörte, öfter unter Leute zu gehen, vielleicht wieder jemanden kennen zu lernen, denn ich hatte ziemlich lange keinen Freund mehr gehabt. Schon beim ersten Anlauf traf ich auf Colin. Seine joviale Art tat mir gut, und es gefiel mir, dass er einfach alles reparieren konnte. Wir hatten viel Spaß zusammen – besuchten Oldtimer-Rennen, gingen essen, tourten nach Skandinavien (mein schönster Urlaub bis dahin) und verbrachten Liebeswochenenden im New Forest, in einem Schlösschen auf den Klippen mit Blick zur Isle of Wight.

Nach neun Monaten entdeckten wir am Rand des New Forest ein wunderschönes, zweihundert Jahre altes Haus. Es war weiß gestrichen und rot gekachelt, der alte Kamin war ebenso erhalten wie die Fensterläden und ein alter Ofen in einem der Schlafzimmer mit Bodenfenstern. Während man Stunden in der Badewanne zubrachte, konnte man in die Sterne des Nachthimmels gucken. Der idyllische, üppige Garten bestand aus sanften Wiesen voller Kamillenblüten, es gab einen Kirschbaum mit einer romantischen kleinen Holzbank. Außerdem gehörte eine riesige Garage dazu, von der ein Schotterweg zu einem weißen Gatter führte.

Wir zogen zusammen, und ein halbes Jahr später heirateten wir, fuhren mit unserem MG zur Trauung, einem Vorkriegsmodell, das Colin selbst restauriert hatte. Ich kündigte meinen Job bei der Post und arbeitete mit ihm zusammen, nähte die Verdecke und Sitzbezüge für die Autos, die er wieder auf Vordermann brachte. Als er beschloss, nicht mehr ganze Autos in Stand zu setzen, sondern sich auf Motoren zu spezialisieren, fing ich in der Bibliothek des *National Motor Museum* in Beaulieu an, ein kurzes Stück Landstraße vom New Forest entfernt. Ich musste alles Mögliche über Autos, Menschen, Kleidung oder irgendwelche Veranstaltungen recherchieren, und die Arbeit machte riesigen Spaß.

Colin kaufte sich ein BSA Motorrad aus den Sechzigern, vielleicht um einen Teil seiner Jugend nachzuholen. So gerne ich auch hinter ihm auf der Maschine saß, ich war fest entschlossen, selbst den Motorradführerschein zu machen. Nachdem ich bestanden hatte, traten wir in einen Club ein und gingen mit den Motorradcracks der Gegend zu Rallys und Rennen. Unser Fuhrpark wurde immer größer. Wir besaßen alte und neue Maschinen, große, ausladende für Colin und kleine für meine kurzen Beine. Ich mochte die Biker-Szene, aber nachdem Colin mich überredet hatte, eine dritte Moto Guzzi zu kaufen, begann ich mich zu fragen, was eigentlich los war. Irgendwie musste ich jedes kleine, interessante Motorrad kaufen, aber kaufte ich es wirklich für mich, oder um Colin glücklich zu machen? Es machte mir nichts aus, dasselbe Hobby zu haben wie er, aber mir wurde klar, dass ich überhaupt nicht mehr draußen in der Natur war, so wie früher.

Dabei bin ich eigentlich ein richtiger Naturmensch, was ich meiner Mutter zu verdanken habe. Bei Wind und Wetter stellte sie mich im Kinderwagen vor die Tür unserer Nachkriegsbehausung, bewacht von Buster, unserer Promenadenmischung mit dem seidigen Fell. Außer bei Nebel war ich immer an der frischen Luft, von meinem Kinderwagendach gegen Wind, Schnee und Eis, Regen und Sonne geschützt, durch das Mückennetz abgeschirmt gegen die Katzen der Nachbarschaft. Später liebte ich es, draußen Sport zu treiben, machte Wanderungen, Fahrradtouren, Campingreisen. All das hatte ich mit der Hochzeit aufgegeben, obwohl ich meinen Freundinnen immer geraten hatte, genau das nicht zu tun. Colin war nicht gerade sportlich, er brauchte irgendetwas mit einem Motor, um von A nach B zu kommen. Bisher war das in unserer Beziehung kein Problem gewesen, es hatte sogar Spaß gemacht, mal etwas anderes zu tun, dazuzulernen, den Horizont zu erweitern. Aber jetzt reichte mir das nicht mehr. Ich belegte an der Abendschule Deutsch- und Yogakurse und fing mit dem Rudern an. Wollte ich mich abgrenzen? Hatte ich Angst, mich selbst zu verlieren?

Es waren die Symptome einer an tiefer liegenden Problemen krankenden Beziehung. Wir lebten uns auseinander, unternahmen immer weniger gemeinsam, gingen auch nicht mehr essen oder ins

Kino. Die Harmonie aus der Anfangszeit unserer Ehe war irgendwie verloren gegangen. Ich wollte immer häufiger rudern gehen, anstatt Motorradtouren zu machen. Wir hätten mehr miteinander reden müssen, um zu verhindern, dass es schlimmer wurde, aber stattdessen verfielen wir in ein immer unüberwindbareres Schweigen. Dabei war eigentlich nichts vorgefallen, nichts Gravierendes. Wir schrien uns nicht an, und es gab keinen Streit. Wir waren nett zueinander, Freunde und Nachbarn luden uns zum Tee ein, wenn auch nicht ganz so oft wie früher. Was auch immer es war, es schlich sich unbemerkt ein. Wir flüchteten uns ins Fernsehen, sahen manchmal in verschiedenen Räumen dieselbe Sendung. Grotesk. Ich war traurig und deprimiert, konnte mir nicht vorstellen, dass es Colin viel besser ging, aber auch er machte keine Anstalten, die Notbremse zu ziehen. Ich wünschte mir eine funktionierende Ehe. War sie bereits kaputt? Waren die Schäden irreparabel? Wollte ich sie überhaupt kitten?

Je länger dieser Zustand andauerte und je mehr ich darüber nachdachte, desto unglücklicher und verzweifelter wurde ich. Ich fühlte mich wie ein abgewetzter Ohrensessel, an den man sich gewöhnt hat und den man deswegen nicht wegschmeißen will. Schon der Gedanke, nach der Arbeit zu kochen und sich beim Essen anzuschweigen, war grässlich, und so brachte ich immer häufiger irgendwelches Fastfood mit, um die Sache schnell hinter mich zu bringen. Ich war in einem Leben gefangen, das ich nicht wollte. Ich wollte raus.

Dabei hatte ich alles. Einen netten Mann, nette Nachbarn, Freunde. Keine Geldsorgen, einen Job, der mir Spaß machte, und ein schönes Haus. Das alles aufgeben? Wo sollte ich hingehen? Was tun? Und wie sollte ich es Colin sagen?

Ich war ratlos, zog ein Bein an, stieß mich mit dem anderen Fuß vom kalten Boden ab, schaukelte vor und zurück, vor und zurück ...

Hauke ruckelte sanft an meinem Fuß, und ich öffnete die Augen.
»Aufwachen, Marie. Aufwachen. Gleich gibt es Frühstück. Du musst hungrig sein. Na komm schon, lass uns was essen.«

Ich blinzelte, rieb mir die Augen, gähnte. In der Tat, ich hatte einen Bärenhunger – und es ging mir viel besser. Das flaue Gefühl im Bauch war Magenknurren gewichen. Hauke hatte mir mal gesagt: »Ein guter Seemann isst immer, wenn es ihm gut geht.«

»In fünf Minuten bin ich fertig«, sagte ich, warf die Decke zurück, schwang die Beine aus dem Bett, wobei ich darauf achtete, mir an der niedrigen Decke nicht den Kopf zu stoßen. »Ich könnte ein ganzes Pferd essen!«

Es war eine lange Fahrt, und Kinnvika die Endstation. Wir verbrachten viel Zeit in der Lounge gegenüber dem Speisesaal, tranken Kaffee und plauderten mit den Seeleuten, die gerade keinen Dienst hatten – vorausgesetzt, sie sahen sich nicht irgendwelche neuen Filme auf Video an (gerade lief *Harry Potter*). Ich langweilte mich, hatte keine Lust auf Video, war kribbelig. Hauke erkundigte sich beim Kapitän nach unserer genauen Ankunftszeit und wollte die Entladeprozedur mit ihm abklären. Ein großer, schlanker Seemann sprach mich in gutem Englisch an, er war mit der *Polarsyssel* schon zu allen Inseln der Gruppe gefahren und dabei so manchem Bären begegnet. Unvergesslich war ihm eine große Walrossherde auf der Insel Moffen, ebenfalls knapp über 80° Nord gelegen. Alle noch so abgeschiedenen Küstenregionen hatte er gesehen, wenn auch nicht immer per Landgang. Er bot mir an, mich über das Schiff zu führen und mir die Brücke zu zeigen. Besser als jede Briefmarkensammlung.

Zuerst mussten wir in den Laderaum unter dem Hubschrauberdeck, denn er wollte prüfen, ob alles für den geplanten frühen Start am nächsten Morgen bereit war. Es war kalt und zugig, und überall in dem verwinkelten Raum klapperte es. An der Schiffswand hingen Förderkörbe mit dem Müll der letzten Aufräumarbeiten an einem Strand: zerfetzte blaue Fischernetze füllten den einen Behälter, aus einem anderen quollen runde, bunte Bojen wie Spielzeug. Über den Rand des dritten guckten Plastiktaue, Flaschen, Schläuche und Tüten, während sich unser Schiff durch die raue See seinen Weg bahnte. Zehn dieser Körbe waren bereits nach dem jährlichen Frühjahrsputz eines Küstenstücks von Spitzbergen entsorgt worden, dies waren die letzten, die zum Recycling gebracht werden mussten.

An den grau lackierten Spinden an der gegenüberliegenden Wand hingen orangefarbene Rettungsanzüge, deren rötliche Gummifüße im Rhythmus des Seegangs zu tanzen schienen. Schwimmwesten hingen an schweren Haken, gerippte Gummi- und Leinen-Arbeitshandschuhe lagen in einem Eisenkorb durcheinander wie einzelne Socken in einer Schublade. Rohre schlängelten sich durch den Raum, mit bunten Schildern markiert. Unsere Paletten, einsam und allein am verschrammten grauen Boden festgeschnallt, warteten darauf, dass wir die Vertäuung lösten und sie nach der Ankunft in Kinnvika aus der Folie packten. Unser Schlauchboot wirkte in dem riesigen Raum winzig und irgendwie fehl am Platz. Über uns waren schwere Metallklappen, fest geschlossen stützten sie eines der leichten, aufblasbaren Boote des Gouverneurs. Der riesige Doppelmotor erhob es gegenüber unserem kleinen David zum übermächtigen Goliath.

Ich folgte dem Seemann eine Stahltreppe hinauf, zur Brücke, wo es nach der schneidenden, kalten Luft des Laderaums warm und stickig war. Hauke stand mit dem Kapitän vor der riesigen, dicken Glasscheibe, ließ den Blick über das Deck mit den ordentlich zusammengerollten Tauen und den sicher fixierten Kränen schweifen. Der Gischt spritzte, wenn unser Boot die Wellen durchschnitt, und Hauke erzählte über die Zeit in Mushamna auf der *Mesuf*. Wir lächelten uns an, und mein netter Seemann zeigte mir auf dem Radarschirm die leuchtend grüne Küste vor dem dunkelgrünen, beinahe schwarzen Hintergrund. Rote und grüne Lämpchen blinkten oder leuchteten an den Anzeigen und Schaltern des Armaturenbretts, das sich über die gesamte Fensterbreite erstreckte. Ein kleines, fast bedeutungsloses Holzsteuerrad drehte sich nach rechts und links. Die Erklärungen der einzelnen Geräte waren interessant, auch wenn ich Sinn und Zweck des einen vergessen hatte, sobald das nächste beschrieben wurde. Fasziniert sah ich auf einem weiteren grünen Bildschirm unsere Position, die ständig durch das GPS aktualisiert wurde. Wir befanden uns weit über dem 80. Breitengrad – im Gegensatz zu unserem Schiff war ich das erste Mal so hoch im Norden.

Mein schlaksiger Freund zeigte mir an einer Karte an der Wand, wo er schon überall gewesen war. Mit seinem schmalen Gesicht erinnerte er mich an Edwin, damals, als ich ihn mit 16 kennen gelernt hatte. Edwins rötlichblonde Haare waren über die Jahre dunkler geworden und hatten sich gelichtet, aber in den 18 Jahren seit unserer letzten Begegnung war er nicht dicker geworden. Vielleicht war er heute um die Schultern herum etwas schmaler und insgesamt etwas schlaffer, aber er hatte noch immer seinen knackigen Hintern.

Seit wir das letzte Mal zusammen gewesen waren (das dritte?, das vierte Mal?), hatten wir in unregelmäßigen Abständen Kontakt gehabt. Irgendwie haben wir nie eine längere Beziehung hinbekommen, auch auf Spitzbergen nicht – aber das verzeihe ich ihm, denn ohne ihn wäre ich wohl niemals aus meiner Ehe ausgebrochen.

Ich wurde immer unglücklicher zu Hause, und mir war klar, dass ich Colin verlassen musste, wenn ich nicht meinen Verstand und meine Würde, wenn ich nicht mich selbst verlieren wollte. Aber ich traute mich einfach nicht, den Schlussstrich zu ziehen. Ich war schwach und verschüchtert, hatte Angst davor, mir die Finger zu verbrennen, wenn ich das Eisen anpackte. In einer Mittagspause gab ich ziemlich verzweifelt Edwins Namen in eine der Internet-Suchmaschinen ein. Wir hatten uns aus den Augen verloren, aber irgendwie hatte ich erfahren, dass er in Norwegen lebte. Ich drückte die Enter-Taste, bereute es im selben Moment, aber zu spät. Und da war er schon, eindeutig, mitsamt seinen E-Mail-Adressen. Panisch schaltete ich den Computer ab. Was sollten diese Spielchen bezwecken? Aber das Ganze ließ mich einfach nicht los. Es war wie ein Splitter im Finger: Ich konnte nicht davon lassen, war ständig damit beschäftigt. Ich brauchte ihn, brauchte seinen Trost. Er war immer gut zu mir gewesen, hatte mir seinen Rat gegeben, als Freund. Wieder rief ich seine Daten auf und schrieb ihm schließlich, ein Kosename aus alten Zeiten als Unterschrift. Nervös wartete ich auf eine Antwort. Würde ich überhaupt eine bekommen? Könnte er mir helfen, meinen ganzen Schlamassel zu sortieren? Ich wartete und wartete.

Zu meiner Überraschung – und Erleichterung – antwortete er ein paar Tage später, und langsam, sehr behutsam nahmen wir die Fäden unserer alten Beziehung wieder auf. Dank Edwin verlor ich in den düsteren Tagen der Entscheidungslosigkeit nicht den Verstand. Er ermutigte mich, mir selbst treu zu bleiben, meinen eigenen Wünschen zu folgen. Egoistisch zu sein. Colin zu verlassen und die Konsequenzen zu tragen. Er sprach aus, was ich ohnehin empfand, aber in seinen Worten war es plötzlich schlüssig, und ich konnte es annehmen. Ich versprach ihm, mich von Colin zu trennen – den Mut, es tatsächlich zu tun, konnte mir allerdings auch Edwin nicht geben. Ich hatte Angst, Schuldgefühle, war feige, und es ging mir noch schlechter. Sollte ich wirklich alles hinwerfen? Nach 14 Jahren? Jeden Abend weinte ich länger in mein Kopfkissen, meinen Kuschelelch fest im Arm.

Und dann flog mir eines Tages alles um die Ohren. Es war, als wollte man aus einer Dose etwas Kohlensäure lassen, aber stattdessen schießt einem alles entgegen. Edwin wollte seinen Urlaub in England verbringen und mich besuchen. Ich wollte ihn sehen, aber das konnte ich nicht, so lange ich noch mit Colin lebte. Es mag altmodisch klingen, aber wie mein alter, inzwischen gestorbener Labrador Ben war ich eine treue Seele, und das wollte ich auch bleiben. Einen Menschen zu hintergehen kam für mich einfach nicht in Frage – ich musste es Colin sagen. Jetzt würde ich es ihm tatsächlich sagen müssen, oder? Schöner Scherz. Ich und so ein folgenreiches Geständnis machen. Ich machte mir etwas vor. Ich konnte es nicht tun. Ich konnte einfach nicht.

An jenem Abend war ich auf dem Lymington River rudern gewesen. Colin wartete schon auf mich, drückte sich in der Küche herum, sog an seiner obligatorischen stinkenden Billigzigarette.

»Schon wieder so spät! Darf ich fragen, wo du warst?«

»Das weißt du doch. Rudern. Da komme ich immer erst um die Zeit, weißt du doch genau.«

»Triffst du dich mit jemandem aus dem Club? Du bist ja nie da!«

»Unsinn. Wenn ich nicht gerade für ein paar Stunden rudern bin, hocke ich doch hier. Wann sollte ich da jemanden treffen?«

Keine innere Verbindung mehr zu haben kann sich durchaus so anfühlen, als wäre man nicht zu Hause.

Wie mein merkwürdiges Benehmen zu erklären sei, wollte er wissen, was mit unserer Beziehung eigentlich los sei.

»Nichts«, antwortete ich, erleichtert, dass der Moment endlich gekommen war. »Nichts. Sie ist tot, und ich kann so nicht mehr leben. Ich bin kreuzunglücklich, und ich will mich trennen. Ich werde dich verlassen.«

Jetzt war es raus. Gesagt. Ausgesprochen. Es war gekommen, wie es kommen musste, und ich war froh darüber. Ich hätte es viel früher tun sollen. All diese Monate ... Colin fragte mich, was ich jetzt vorhätte.

»Ich werde wohl ausziehen. Mir ein Zimmer suchen oder so. Keine Ahnung. Hab mir noch keine Gedanken darüber gemacht.« Er versuchte nicht einmal, mich zurückzuhalten.

Da ich nicht meinen Job aufgeben und wieder zu meinen Eltern ziehen wollte, war ein möbliertes Zimmer die einzige Möglichkeit, denn eine Wohnung oder ein Haus konnte ich mir nicht leisten. Um den Umzug zu finanzieren, verkaufte ich meine Motorräder.

Ich durchforstete die Angebote in den Zeitungen und den Schaufenstern der Maklerbüros, und fast jeden Tag nach der Arbeit hatte ich Besichtigungstermine. Es waren fürchterliche Absteigen, die alle gleich aussahen: düstere, verdreckte Löcher in heruntergekommenen Häusern. Ich konnte mich zu keiner durchringen, obwohl ich wusste, dass ich keine andere Wahl hatte.

Julie, meine Nachbarin, brachte schließlich Daves Zimmer ins Gespräch. Es sei nicht weit entfernt von der Arbeit, und sie meine, es sei noch frei. Nervös drückte ich auf die Tasten meines Handys, um ihn anzurufen. Nein, das Zimmer sei noch nicht vermietet, ich solle einfach mal vorbeikommen und es mir ansehen. Also fuhr ich nach New Milton. Dave war ein Arbeitskollege von Julies Mann Si, den ich schon seit Jahren kannte. Zusammen mit seiner Frau hatte er ein ziemlich großes viktorianisches Haus in ein Einfamilienhaus mit einer Wohnung im Erdgeschoss und einem separaten Zimmer im ersten Stock umgewandelt. Das Zimmer war riesig, ging auf die Straße hinaus und war lichtdurchflutet. An einer Wand war eine kleine Küchenzeile mit Kühlschrank, Herd und jeder Menge Stauraum, auf dem Boden lag ein ramponierter hellbrauner Teppich. Es gab ein Badezimmer, und Dave bot mir sogar für 25 Pfund eine alte Waschmaschine an. Wir wurden sofort handelseinig, und ich zog ein.

Ich hatte den Schlussstrich gezogen. Es fühlte sich gut an, ganze Felsbrocken fielen mir vom Herzen. Dass ich nur zur Miete wohnte, war mir egal, denn es war die richtige Entscheidung: alleine, aber dafür frei zu sein. Ich wurde wieder fröhlich, kehrte der Traurigkeit den Rücken, der Enttäuschung, dem Gefühl, eine Lüge zu leben. Jetzt konnte ich ich selbst sein.

Und dann kam Edwin. Jetzt, nachdem ich klare Verhältnisse geschaffen hatte, war es für mich in Ordnung, ihn zu treffen. Es war keine Untreue, kein Ehebruch. Schnell war alles so herzlich wie immer, wir gingen wandern und zelten, genossen die Nähe zwischen uns, als wäre nichts geschehen. Immer wieder sprachen wir in diesen Wochen über sein Leben auf Spitzbergen, wo er als Reiseführer arbeitete und sich für seinen Arbeitgeber um die Expeditionsausrüstung kümmerte. Er erzählte mir alles über das Leben in Longyearbyen, über die Leute und das, was sie taten, über das Wetter und die Natur. Er zeigte mir Broschüren mit Hochglanzfotos von glücklichen Menschen, die für die Touristen und den Kontostand der Firma in die Kamera lächelten.

Irgendwann schlug Edwin vor, ich könne doch ein Jahr bei ihm auf Spitzbergen verbringen, um zur Ruhe zu kommen und wieder Tritt zu fassen. Es wäre ein Abenteuer, ein radikaler Kurswechsel, und vielleicht würde es auch zwischen uns endlich richtig klappen. Und wenn es schief ginge, hätte ich wenigstens eine unvergessliche Erfahrung gemacht – ich würde eine neue Sprache lernen, neuen Leuten begegnen, den Job wechseln, mit dem Schneemobil fahren, Langlauf machen, so viele aufregende Sachen. Eine einmalige Gelegenheit. Aber es war ein großer Schritt, und ich zögerte, nach der Trennung von Colin mit Volldampf gleich die nächste Geschichte zu beginnen. Vom Regen in die Traufe? Nach Trennungen ziehen die meisten Menschen in ein anderes Dorf oder eine andere Stadt in der Nähe, aber ich war anders. Ich brauchte tatsächlich mehr Abstand. In der Stadtbibliothek sah ich im Atlas nach, wo genau Spitzbergen eigentlich war. »Ach du Scheiße«, entfuhr es mir, als ich sah, wie nahe es dem Nordpol war. Ich musste verrückt sein.

»Es ist genau hier«, riss mich der Seemann aus meinen Gedanken und klopfte auf die Karte. Ich folgte seinem Finger, der die Hinlopenstraße entlangfuhr und dann zum von Inseln gespickten Murchisonfjord, wo Kinnvika lag, ein unscheinbarer kleiner Fleck auf der nördlichen Seite, umgeben vom kalten, weißen ewigen Eis. Ich lächelte den Seemann an, gab mich mutiger und zuversichtlicher, als ich eigentlich war.

»Danke für die Führung«, sagte ich und wollte plötzlich alleine sein. »Nett von Ihnen, sich die Zeit zu nehmen.«

Der Seemann verstand den Wink mit dem Zaunpfahl sofort. »Es war mir ein Vergnügen«, erwiderte er und verschwand wieder die Treppe hinunter.

Hauke war inzwischen draußen, ich entdeckte ihn im Heck des noch immer schwankenden Schiffes, kurz vor dem Hubschrauberdeck, wo er Hundedreck über die Reling beförderte. Meine Beziehung mit Edwin hatte sich wenige Wochen nach meiner Ankunft im Sande verlaufen, was ich nur schwer verkraften konnte. Wir hatten uns so auf die gemeinsame Zeit in Spitzbergen gefreut und einander Dutzende romantische Liebes-E-Mails geschickt, Hoffnungen geschürt, Luftschlösser gebaut. Zu schnell, zu viel? Oder einander keine realistische Chance gegeben, keine gehabt. Es hatte jedenfalls nicht funktioniert. Die zweite gescheiterte Beziehung in so kurzer Zeit ... Ich war kreuzunglücklich gewesen, ja völlig zusammengebrochen. Gute Freunde in Longyearbyen hatten mir geholfen, wieder einigermaßen auf die Füße zu kommen. Wenn ich eins nicht wollte, dann eine weitere kaputte Beziehung. Ich hoffte so sehr, dass sich das Verhältnis zwischen Hauke und mir während dieses

Jahres nicht trüben würde. Die *Polarsyssel* dampfte voran, und ich spürte plötzlich in eisiger Klarheit, wie einsam und hilflos ich sein würde, sollte es in Kinnvika schief gehen. Von Katastrophen hatte ich wirklich genug.

Trotz des ungemütlichen Seegangs waren wir zügig um die Nordküste Spitzbergens gefahren und erreichten unser Ziel einen Tag früher als geplant. Zur unchristlichen Uhrzeit von halb sieben nahmen wir ein herzhaftes Frühstück ein. Ich hatte großen Appetit auf Bacon und Eier mit einem Riesenberg Röstkartoffeln, aber das stand heute nicht auf der Speisekarte, und so begnügte ich mich mit gekochten Eiern und Lachs, Brot und Käse sowie dem unausweichlichen schwarzen Kaffee zum Herunterspülen – mein Magen war wieder in Ordnung. Hauke und ich redeten wenig, es waren die letzten Minuten in der Zivilisation, die letzte Möglichkeit, sich mit anderen zu unterhalten. Für Gespräche miteinander würden wir noch genug Zeit haben. Der Koch erschien und überreichte uns eine prall gefüllte Tüte.

»Kleine Wegzehrung«, erklärte er. Es war frisch gebackenes Brot. Ich war überrascht und freute mich über die vorausschauende Geste. Eine Sorge weniger – es würde eine Woche reichen. Nach dem Frühstück nahm ich die Tüte mit in die Kabine und schnallte sie an meinem Rucksack fest.

Ich setzte mich noch einen Moment auf den kleinen Stuhl, genoss das Alleinsein, ließ den Blick durch das Bullauge schweifen, beobachtete von den Wellen geformte blaue und weiße Eisstücke, während wir die Hinlopenstraße hinunterfuhren. Hier sollte Leben entstanden sein? Kaum vorstellbar.

Hauke stürzte herein und schreckte mich aus meinen Gedanken.

»Hol dein Zeug und komm an Deck. Wir sind fast da. Schnell. Na komm schon.«

Das Vibrieren des Schiffes wurde langsamer und sanfter, aber mein Herz klopfte schneller, und Adrenalin schoss mir durch den Körper. Ich sammelte mein Gepäck zusammen, sah nach, ob ich auch nichts vergessen hatte, und folgte Hauke die Treppe hinauf an Deck.

Sako und Balto hüpften bellend an ihren kurzen Leinen herum, ich legte mein Gepäck in eine geschützte Ecke des Decks. Das Schiff neigte sich etwas, als wir links in den Murchisonfjord steuerten, und ich trat zu Hauke, um einen ersten Blick auf Kinnvika zu erhaschen. Die Ansammlung hellbrauner Holzhäuser lag vor uns, durch einen ockerfarbenen Felskamm im Hintergrund gut getarnt. Beigefarbener Schotter zog sich herunter zur Küste und in das seichtere Wasser der Bucht. Rechts versperrte ein schiefer, steiler Berg den Blick auf den Gletscher. Links ragte eine lange, flache Landzunge in unsere Richtung und lockte uns wie ein Finger. Das Schiff kam zum Halten, als die Anker sich im Meeresboden festsetzten. Es hätte nicht karger, nicht öder sein können. Nichts Lebendiges war zu sehen. Es war verwaist. Verlassen.

Eine Mondlandung.

5 Ankunft

Der Mann an der Winde zog und zerrte an seinen Hebeln, um das Schlauchboot mit Andreas, einem Polizeioffizier, an der Backbordseite mit dem Kran über Bord zu hieven, bis es auf Höhe des Decks hing. Andreas vertäute es an der Reling, damit es in Wind und Seegang nicht schwankte. Hauke band Balto und Sako los, und mit einem beherzten Tritt in ihre widerwilligen Hinterteile verfrachtete er sie ins Boot, wo er sie wieder festband. Hauke kletterte hinterher und war plötzlich nicht mehr zu sehen, unter Seilgesurre wurde er mit dem Boot in Richtung Meer hinabgelassen. Ich begriff, raffte meine Sachen zusammen und schoss die Stufen hinunter in den Laderaum. Die große Stahlklappe war schon geöffnet, und ich sah Hauke und die Hunde, wie sie zwischen blauen Abgaswolken, die ungleichmäßig aus den zwei kalten, schweren Außenbordmotoren drangen, auf und ab wankten. Man half mir hinein, mein Rucksack und meine Taschen flogen hinterher, und nachdem noch ein Seemann mit an Bord gesprungen war, machte das Boot einen Satz, der mich beinahe wieder herauskatapultiert hätte. Dann sausten wir in Richtung Kinnvika.

Hauke drehte sich strahlend zu mir um, er war ganz in seinem Element, der Wind wehte den Kragen seiner alten Wachsjacke bis zu seinen Ohren hoch. Das orangefarbene Boot hüpfte und tanzte über die kleinen Wellen, wir kamen immer näher, und mein Herz raste so schnell wie die Motoren. Wie im Traum starrte ich auf die karge Landschaft, die Hütten verschwanden aus dem Blickfeld, während wir uns der sanft ansteigenden Küste näherten. Andreas steuerte das Boot vorsichtig auf die Steine, sprang heraus und band es mit der Fangleine an einem Stück Holz fest, das aus den Kieseln ragte. Ich schleuderte mein Gepäck heraus, band die Hunde los und warf Hauke die Enden ihrer Leinen zu. Balto und Sako hatten die Fahrt mit hoch gereckten Schnauzen und aufgestellten Ohren genossen, waren aber sichtlich froh, wieder festen Boden unter den Füßen zu haben. Ich sprang vom Bug und setzte zum ersten Mal in meinem Leben einen Fuß auf Nordaustland. Wir waren da.

Ich kraxelte die zwei Meter hohe, kiesige Uferböschung hinauf, hatte Mühe, Sako nicht loszulassen, und blickte zurück zur im warmen Sonnenlicht rot leuchtenden *Polarsyssel*. Ein weiteres Schlauchboot wurde mit unseren Habseligkeiten beladen. Ich folgte Hauke und Andreas über die spitzen, rötlichen Steine des flachen Stückes zwischen Ufer und Hütten, vorbei an einer Reihe zusammengetäuter rostfarbener Fässer, der Not-Tankstelle für Hubschrauber. Wie lange meine neuen Stiefel – und die Pfoten der Hunde – den messerscharfen Steinen wohl standhalten würden? Wir kamen zu den Hütten mit ihren schiefen Dächern, alle möglichen Farben und Formen waren vertreten, die fensterlosen Gebäude waren offenbar die Labors. Der steinige Boden verwandelte sich in ein scheckiges Blassorange, wir liefen auf ein kleines Häuschen ganz am Ende zu. Das war ja wohl nicht unsere Hütte, oder? Dieses winzige Häuschen? Es war nicht viel größer als ein Kaninchenstall! Sollte das ein Scherz sein?

»Ziemlich große Hütte«, kommentierte Hauke und sah mich über die Schulter an. »Und scheint gut in Schuss zu sein.«

Wenn du meinst, dachte ich. Aber was wusste ich schon, ich war schließlich noch nie in einer Hütte auf Spitzbergen gewesen. Abgesehen von Revneset, aber das war etwas anderes. Mich erinnerte das Ganze weiterhin an einen Kaninchenstall: gräuliche, längs vernagelte Holzplanken, kleinere Bretter über den Lücken dazwischen. Das Dach war mit sandpapierartigem Material gedeckt, und ein

Die kleine Hütte und unsere Bärenwächter Balto und Sako in der Mitternachtssonne

Der Abschied geht zu Herzen – die Polarsyssel lichtet in Longyearbyen die Anker und nimmt Kurs auf Kinnvika.

Unser gemeinsames Jahr in der Einsamkeit beginnt – zur Feier des Tages gibt es vor dem »Kaninchenstall« Champagner.

Traumwetter im August – Ausflüge zum Berg Russøya mit seinem altem Gipfelkreuz (o.) und nach Florabukta, die Blumenbucht (u.)

Zimmer mit Aussicht – zu unseren Besuchern gehören Küstenseeschwalben und natürlich Eisbären.

Bakterienproben werden gesammelt, und wir untersuchen die Struktur des Eises.

Im Freilichtlabor wird eifrig geforscht, wir treffen sogar auf nistende Eiderenten.

Meine Lieblingsbeschäftigung: Treibholz für den Ofen hacken,
um aus den Vorräten etwas zu kochen

schmaler Schornstein überragte den First. Die Holzfensterläden waren fest verschraubt, hoffentlich hatte Hauke das passende Werkzeug mit dabei. Ein großer Tisch stand an der einen langen Wand direkt vor uns, und ordentlich gestapeltes Holz lagerte neben der Eingangstür. Von den Ecken des Daches waren dicke Drahtseile zum Boden gespannt, um die Hütte zu fixieren. Unweit des Gebäudes war eine runde Betonplatte mit einem Eisenring in den Boden gelassen. Wir banden die Hunde daran fest, denn wir wollten uns gemeinsam drinnen umsehen.

Andreas, als Vertreter des Gouverneurs, zog einen kleinen Schlüssel aus der Tasche, während wir ein paar Stufen aus Palettenholz zur Eingangstür hinaufstiegen. Der Schlüssel drehte sich mühelos im Schloss, die Tür schwang leise auf und ließ etwas frische Luft und Sonnenlicht hinein. Ich folgte den Männern in einen kleinen Vorraum, in dem sich ein Lagerregal, ein alter, klappriger Tisch, ein paar Wandbretter sowie Kleiderhaken befanden. Eine Tür in der Mitte führte in den Hauptraum, aber wegen der geschlossenen Fensterläden war es stockdunkel. Es roch muffig, wir standen zu dritt in der Mitte des Raums vor einem Tisch und Stühlen, die ich gerade so erkennen konnte. Ich fühlte mich eingeengt, hatte Platzangst, bekam die Panik. Ein ganzes Jahr zu zweit hier drin? Unvorstellbar! Wie sollte ich hier überleben? Mit Gockel Hauke als Henne hier eingesperrt. Du wirst es herausfinden, sagte ich mir, für Bedenken ist es jetzt zu spät. Vielleicht war es wie auf der rechten Straßenseite Auto zu fahren: Die Vorstellung war viel schrecklicher, als es tatsächlich zu tun. Also nicht groß nachdenken. *Just do it!*

Die Hütte war uns nun offiziell übergeben worden, und wir schoben uns wieder in das helle, klare Sonnenlicht hinaus. Dann ging es wieder zum Ufer, um unser Zeug zur Hütte zu schaffen. Ein paar Seeleute waren schon fleißig dabei, sie schleppten Kisten und Kästen, die die Boote vom Schiff brachten. Es war gar nicht so einfach, die schweren, sperrigen Pakete nicht fallen zu lassen, während man mit den Füßen im harten Schotter versank. Sobald alles an Land war, versammelte man sich vor unserer Hüttentür, um Fotos zu machen, dann gab es herzliche Umarmungen. Wir begleiteten die Männer noch zum Ufer, winkten ihnen nach, während ihre Boote wie aufgescheuchte Bienen zurück zum Schiff brummten. Den Rest des Tages würden einige von ihnen noch hier herumwuseln, Kontrollgänge machen, alles erledigen, was sie sich vorgenommen hatten, während die *Polarsyssel* wie eine dicke rote Glucke auf die Rückkehr ihrer Küken ins Nest wartete.

Hauke und ich trugen die besonders schweren Kisten gemeinsam, es war ungewöhnlich warm, und wir zogen die Jacken aus und krempelten die Ärmel hoch. Mit Haukes Pulka, dem Plastikschlitten, hievten wir die schweren Batterien zur Hütte, wobei die Unterseite des Schlittens durch die scharfen Steine tiefe Kratzer bekam. Um die Hütte verstreut lagen unordentliche Haufen, die wir sortieren und auf unser künftiges Zuhause sowie das größere, ein paar Meter entfernte Gebäude verteilen mussten, wo früher 14 Wissenschaftler mit dem Komfort einer Zentralheizung gehaust hatten.

Aber zuerst ein Päuschen. Ein kleines Fest.

Hauke wühlte in seinem großen Rucksack und holte eine Flasche Champagner hervor, genau die, die wir auf der *MS Berlin* von einer reizenden Dame geschenkt bekommen hatten. Wir gingen um die Hütte herum und setzten uns mit Blick auf die Bucht auf ein paar dicke Stämme in die Sonne. Hauke ließ den Korken gen Himmel knallen, füllte zwei Becher, die wir drinnen gefunden hatten, mit dem perlenden Gold, und dann stießen wir auf unser Abenteuer an.

Jetzt machte ich mir nicht mehr so viele Sorgen, für ernsthafte Bedenken hatten wir ohnehin keine Zeit gehabt. Über Bären hatte ich beispielsweise noch gar nicht nachgedacht, das wurde mir klar, als Hauke mich daran erinnerte, immer darauf zu achten. Bei so viel

Lärm war es zwar unwahrscheinlich, dass sich einer näherte, aber man weiß ja nie. Wir wetteten, wann wohl der erste auftauchen würde. Der Verlierer würde die erste Runde Bier in Longyearbyen spendieren müssen.

Belebt und erhitzt vom Alkohol, ging es wieder an die Arbeit. Wir verschafften uns einen Überblick über die herumstehenden Kisten, suchten nach denen, für die wir verantwortlich waren: Hauke kümmerte sich um seinen Wissenschaftskram und die Basisausstattung und schaffte alles in das große Hauptgebäude, während ich nach den Haushaltskisten suchte. Lebensmittel, Küchengeräte, Bettzeug ... das meiste nahm ich mit in die Hütte.

Nach etwa einer halben Stunde rief mich Hauke. Er hatte sein Werkzeugsortiment gefunden, so dass wir jetzt die Fensterläden öffnen und uns in unserem neuen Zuhause richtig umsehen konnten. Wir fassten uns in Geduld und gingen erst zusammen in die Hütte, als alle Läden geöffnet waren.

Im Vorraum war im Licht der drei Fenster außer unseren Kisten nichts Neues zu entdecken. Das eigentliche Zimmer war viereckig, die Kiefernholzvertäfelung über die Jahre dunkel geworden. Staubiger, weißer Schimmel kroch über die Pin-up-Girls an den Wänden und der Decke, das Papier zerfiel zu dünnen Flocken und rieselte zu Boden. Schwarzer Schimmel hing wie ungewaschenes Haar in verknoteten feinen Strähnen von der Decke herab. Mir wurde ganz anders. Bloß raus hier, und zwar schnell. Unter dem Zeug wollte ich nicht schlafen, am Ende würde es mitten in der Nacht auf mich herunter segeln. Schlimmer als Spinnen. Widerlich!

Zwei niedrige Betten mit Schaumstoffmatratzen standen hintereinander an der linken Wand, darüber zwei Regalbretter. An der Schmalseite des Zimmers das einzige Fenster, mit Blick auf die Bucht. Davor, gegenüber der Tür, sahen wir jetzt einen relativ großen, nicht allzu breiten, aber langen Tisch, der den Raum in zwei

Hälften teilte. Rechts vom Tisch stand ein drittes Bett, wiederum mit Regalen darüber, und daneben ein kleiner blauer Schrank. Ein schwarzer Jøtul-Holzofen stand in der Ecke, trockene Scheite und Reisig lagen daneben. Über dem Ofen war ein hölzernes Trockengestell für Wäsche befestigt. Auf der einen Seite der Tür befand sich ein Regal, auf der anderen ein großer Schrank. Vier cremefarbene Metallstühle mit rotem Plastikbezug rundeten die Inneneinrichtung ab. Wahrscheinlich waren sie so alt wie die Hütte selbst.

Von Kaninchen keine Spur.

Hauke schaute sich zufrieden um. »Prima, oder?«

»Findest du?«, fragte ich.

»Und wie. Ich habe schon Hütten gesehen, bei denen war man froh, dass es überhaupt eine Tür gab. Die waren einfach nur ein Dach über dem Kopf.«

»Na, wenn du meinst ... Ich werde mich schon daran gewöhnen.« Plötzlich vermisste ich mein Zimmer in Longyearbyen. Die Wärme, den Komfort, das Licht, die Sauberkeit, den Ofen, die Dusche, die Nachbarn. Die Sicherheit. Aber zurück wollte ich auch nicht. Trotz allem wollte ich bleiben, es bis zum Ende durchstehen. Ich konnte und würde es tun, wie verabredet.

Wir gingen raus und machten weiter, wir räumten und rückten, suchten und sortierten. Wenn wir uns zwischen den Hütten trafen, hielten wir inne, um Atem zu schöpfen. Die Sonne stand jetzt tiefer und warf lange Schatten. Wir ließen den Blick über die weite kleine Bucht zur *Polarsyssel* schweifen. Die Schlauchboote waren alle wieder an Bord gezogen worden, dichter Rauch quoll jetzt aus dem Schornstein des Schiffes. Sie bereiteten ihre Abfahrt vor. Wir schlenderten nebeneinander zum Strand, sagten nichts. Es war frisch, was ich vorher nicht bemerkt hatte. Der Himmel verdunkelte sich, und ein paar schmale Wolken zogen auf. Obwohl wir einen halben Kilometer entfernt waren, hörten wir, wie quietschend und rasselnd die Anker hochgezogen wurden. Kaum merklich begann das Schiff seine Fahrt aus der Bucht. Zum Abschied schickte uns die *Polarsyssel* ein schrilles »Tut-tuut-tut-tuut«, dann verschwand sie hinter der Landzunge. Langsam winkten wir mit beiden Armen, bis nichts mehr zu hören und zu sehen war, und gingen wieder zur Hütte.

Ich war erleichtert, dass das Schiff nun weg war. Es war beruhigend, aber auch störend gewesen, wie es in der Bucht auf die Schlauchboote gewartet hatte. Zaungäste, die den Beginn unseres Abenteuers verzögerten. Jetzt, da die Ausläufer der durch sie verursachten Wellen sich am Strand brachen, war ich froh, dass sie weg war. Einsam war ich nicht, denn ich hatte Hauke. Aufgeregt war ich auch nicht, sondern empfand eher ein Gefühl tiefer Zufriedenheit. Merkwürdig. Zum ersten Mal fühlte ich mich erwachsen. Dies war kein Kinderspiel, sondern ernst. Echt. Mein Leben. Zur Hütte zu laufen war schon merkwürdig, aber zugleich das Selbstverständlichste der Welt. Ich war auf eine gelassene, ruhige Art glücklich.

Ich war angekommen.

6 Eingewöhnung

Als die Kisten ausgepackt waren, sah alles ein bisschen größer aus. Auf jeden Fall aufgeräumter. Töpfe und Pfannen, Geschirr, der kleine Ölofen und unsere Vorräte waren ordentlich auf die Regale im Vorraum und in der Kochecke verteilt. In der hinteren Ecke des Vorraums stand vor dem Fenster Haukes Mikroskop. Unsere Anoraks und Überhosen, Stiefel und Schuhe waren in der kleinen Garderobenecke untergebracht. Haukes Gewehr hing griffbereit hinter der Eingangstür an einem Nagel, meines im Hauptraum. Unter meinem Bett (dem linken) hatte ich weitere Kleidung und meine Bastelsachen verstaut, meine Bücher und sonstiger Kleinkram auf den Regalen darüber. Ich schrubbte die Möbel und den Fußboden, die Decke hatte ich einigermaßen von Schimmel befreit, wobei das eine oder andere Nacktfoto hatte dran glauben müssen. Die raffinierten dreiteiligen Fenster, deren Scheiben man so verkanten konnte, dass frische Luft, aber kein Zug hereindrang, strahlten. Selbst nach fast 50 Jahren waren sie noch dicht. Die wenigen Ritzen in den Wänden hatte ich mit Toilettenpapier zugestopft (gut, dass wir so viel mitgenommen hatten) – keine besonders schöne, aber eine effektive Lösung. Ein kleiner Wasserkanister mit Hahn stand ebenfalls in der Küchenecke, darin Wasser aus einem etwa 25 Meter entfernten Teich.

Während ich in den ersten paar Tagen den Haushalt in Schuss brachte, befestigte Hauke an zwei Außenwänden direkt unter dem Dach Solarzellen und verkabelte sie durch einen Abzugsschacht mit zwei Batterien unter seinem Bett. Die Antenne für unser Funkgerät befestigte er an einem alten Fahnenmast auf dem Dach, und auch unsere mobile Wetterstation brachte er dort an, verbunden mit dem Empfänger im Wohnzimmer. Der Ölofen wurde installiert und an den Abzug des Holzofens angeschlossen. Und an einem Bambusstab, etwa 100 Meter von unserer Hütte entfernt, prangte schließlich das erste Datenmessgerät. »Jetzt können die Experimente beginnen«, verkündete Hauke zufrieden.

In der Küche war ich derweil mit Experimenten ganz anderer Art beschäftigt. Brot backen. Das mit der Backmischung war eigentlich einfach, und beim Kneten des Teiges konnte man sich gut abreagieren und entspannen, aber das Backen selbst war ein Albtraum. Ich versuchte es mit Alans 60 Jahre altem Blechofen, aber der blieb nicht lange genug heiß. Ich stellte den Teig auf den Holzofen und dann wieder auf den Ölofen, aber jedes Mal war es entweder nicht heiß genug, so dass das Brot innen roh blieb, oder zu heiß, so dass alles verbrannte. Nach einigem Herumprobieren fand ich heraus, dass es am besten war, die Brotlaibe auf einer Steinplatte in den Holzofen zu schieben. So dauerte die Prozedur nicht mehr vier Stunden ...

Während Hauke im kleinen Raum der Haupthütte sein Labor aufbaute, nutzte ich die Zeit, um mit Hilfe meines Maßbands und eines Stuhls unseren Kaninchenstall auszumessen. Außen maß unsere Hütte 6,53 x 4,26 Meter und hatte bis zum Dach eine Höhe von 2,45 Meter. Der Innenraum hatte eine Grundfläche von 16 Quadratmetern und war zwei Meter hoch, zusätzlich gab es noch den zwei Meter breiten Vorraum an der Schmalseite der Hütte.

Es war also ein großer Stall. Für Kaninchen.

Die anderen Gebäude waren weitläufig über die Ebene von Kinnvika verteilt, denn während des Internationalen Geophysikalischen Jahrs 1957/58 hatte man verhindern wollen, dass es zwischen den Messinstrumenten zu Interferenzen kam. Direkt vor unserer Hütte stand das Maschinenhaus, in dem die Elektrizität für den Komplex erzeugt worden war und das außerdem als Werkstatt und Lagerraum gedient hatte (leider versperrte uns dieses Gebäude etwas den Blick auf die Bucht). Das Haupthaus, hinter uns gelegen, war gespenstisch, denn es war vollkommen leer geräumt. Die einzelnen Zimmer waren winzig, es gab einen Gemeinschaftsraum, eine Küche und ein Esszimmer, außerdem ein paar weitere Räume, die wir als Lagerraum und Labor nutzten. Der alte, grau lackierte Boiler, der diese Hütte warm halten sollte, war noch da. Und auf dem Dachboden fanden wir Restbestände von Mehl und Knäckebrot, die nach 45 Jahren noch genießbar waren.

Ein größeres, quadratisches Gebäude mit einem pyramidenförmigen Dach erklärten wir zu unserem »Fitnesscenter« und bauten aus zwei Türen, die noch Griffe hatten, und vier Stühlen eine Tischtennisplatte. Sodann gab es das »Ballonhaus«, durch dessen Schiebedach Wetterballons gen Himmel geschickt worden waren. Die *»absolute house«* genannte Hütte war mit Nägeln und Beschlägen aus Kupfer gebaut und enthielt noch immer die extrem schweren Fundamente für die Instrumente zur Magnetfeldmessung. Dann gab es noch eine Krankenstation mit einer Liege, einem Tischchen und einem Stuhl. Diverse Besucher hatten sich an den Wänden mit Namen und Datum verewigt, einige ziemlich bekannte Forscher waren darunter, außerdem Stefan, ein Freund von Hauke, der mit dem Kajak bis nach Nordaustland gepaddelt war.

Über allem thronte der Kinnberg, wobei von »thronen« bei diesem 124 Meter hohen Hügel eigentlich keine Rede sein kann, aber wir wollten unbedingt hinauf, um uns von dort aus einen Überblick über die nähere Umgebung zu verschaffen. Sobald wir Zeit hatten und der Himmel klar war, schnappten wir uns die Hunde, legten sie an lange Leinen und zogen los.

Die zwei Energiebündel unter Kontrolle zu halten, nachdem sie so lange nur herumgelegen hatten, war für mich ebenso anstrengend wie den steilen, zerklüfteten Hang aus blassgelbem Gestein zu erklimmen. Rosafarbener Steinbrech sowie ein paar cremefarbene und gelbe Mohnblüten hatten sich zwischen den scharfen Felssplittern hindurchgezwängt, außerdem ein paar andere Pflanzen, die wir noch identifizieren mussten. Ich schwitzte und war außer Atem, meine Beinmuskeln rebellierten, denn ich hatte lange keine Bergwanderung mehr gemacht. Zum Glück zog mich Sako ab und zu ein Stückchen. Hauke hingegen sauste mühelos hinauf und sah sich ungeduldig um, wenn ich mal wieder eine Pause machte. Endlich erreichten wir den Steinhaufen, der kurz vor dem steilen Abhang auf der anderen Seite den Gipfel markierte. Ich stand ganz nahe bei Hauke, und wir ließen den Blick über die Ebene schweifen, die in der sanften Nachmittagssonne warm zu glühen schien.

Die Bucht von Kinnvika erstreckte sich als weiter Bogen unter uns, ein Kreis aus silbrigem Wasser, in dem sich blau funkelnd der Himmel spiegelte. Auf einer Landzunge standen verloren die kleinen Hütten, sie waren auf dem blassen, beigefarbenen Gestein kaum zu sehen. Ungleichmäßig ansteigend streckte sich das Land vor uns aus, um die Bucht schließlich auf der anderen Seite als dünner Landfinger wieder zu umschließen. Zwischen den lang gezogenen, kahlen Inseln, die aussahen wie eine halb untergetauchte, vom Leben und Wetter gegerbte Hand, lag still das Meer, es spannte sich in die Ferne wie blaue Haut und veschmolz am Horizont mit einem dünnen, weißen Wolkenhauch. Westwärts, unter unzähligen Dreizehenmöwen, die von ihren Nestern in den Höhen der Felsen aus umherflogen, sah man ein paar hingeworfene Eilande glänzen, sie bewachten die Mündung des Murchisonfjords sowie ein paar kleinere Inseln. Die braun-schwarzen Gipfel und Kuppen des Festlands sahen winzig aus und schienen zum Celsiusberg zu schauen, der sich hinter uns mit bescheidenen 350 Metern gen Himmel streckte. Jenseits dieses Berges hing scharfkantig eine Wand weißer Wolken wie ein gefrorenes Laken auf der Leine.

»Das sind keine Wolken«, korrigierte Hauke. »Was du da siehst, ist der Vestfonna-Gletscher.«

Wir ließen den Blick wieder zurück nach Kinnvika schweifen, sahen nur Steine und Geröll in allen möglichen Farbschattierungen: Grau, Gelb, Orange, Rot, Grün, Weiß, Braun. Alles war durch den Frost zerborsten, es gab kein bisschen Vegetation, nur hier und da lag noch ein Schneerest. Landeinwärts entdeckten wir zerklüftete, hohe, abgeflachte Klippen aus rotem, weißlich marmoriertem Fels. Sie lagen da wie riesige Fleischbrocken. Glitzernde Bäche flossen an ihnen herab, in runde, blaugrüne Seen, die sich zu ihren Füßen verteilten. Riesige Steinflächen erstreckten sich zwischen den Bergen und der See. Wo das Eis über einen Zeitraum von Jahrtausenden geschmolzen war und das Land sich gehoben hatte, waren sie glatt gewaschen oder zerfurcht. Diese Gesteinsformationen zeigten den Verlauf der früheren Küstenlinien. Ein knochiger Kamm schützte das Land vor der See und hatte eine riesige, kreisrunde Lagune entstehen lassen: Claravågen. Ein Schwarm gemächlich umherfliegender schmutziggelber Möwen hatte dort ein Zuhause gefunden.

Ich hatte noch nie einen so kahlen, öden Ort gesehen. Alles lag offen, nichts war versteckt oder bedeckt, es gab nur die Urgewalten der Natur. Schroff, unwirtlich und abweisend zeigte sich das Land. Es war einfach nur da. Ohne Geheimnis. Mehr gab es nicht, mehr würde es nicht geben.

Die Sonne hatte die Felsen um unsere Hütte in zauberhafte Pfirsichtöne gehüllt. Das änderte nichts an dem Gefühl, vom Rest der Welt völlig abgeschnitten zu sein, und doch vermittelte es Ruhe, ja Wärme. Es war die Einladung zu einem neuen, ursprünglichen Leben. Einem Leben mit der Natur und einem Leben mit Hauke. In

England war ich in einer großen Welt gefangen gewesen wie in einem goldenen Käfig. Ich hatte so viel besessen. Zu viel? Oder zu wenig? In materieller Hinsicht war es zu viel gewesen, aber zu wenig vom Wichtigsten im Leben: Freundschaft. Partnerschaft. Miteinanderreden. Innere Verbindung. Liebe. Hoffnung. Würden die endlosen Weiten, der Wind, das Meer, die langen dunklen Nächte, das Ungemütliche, das Alleinsein mich wieder ausfüllen? Die Einsamkeit sollte verschwinden, die innere Leere. Meine Wunden sollten heilen.

Auf einem Berg oder Hügel zu stehen hat immer etwas Magisches. Es muntert auf, beruhigt – erfüllt einen mit dem Gefühl von Erneuerung. Wenn man mit geschlossenen Augen tief durchatmet, kann man die Energie, die einen plötzlich durchströmt, spüren, und es ist, als würde der Wind alle Sorgen wegtragen und die Seele erfrischen. Das Uhrwerk wird wieder aufgezogen. Die Batterien werden aufs Neue geladen.

Plötzlich erfasste mich ein Kribbeln, zwischen den Schulterblättern zuckte es, Schauer liefen mir über den Rücken. Ich sog die reine, pure Luft tief ein, hielt inne und atmete dann ganz langsam aus, bis ich auch den letzten Rest wieder aus den Lungen gepresst hatte. Eine Pause. Dann holte ich erneut Luft, so tief ich nur konnte, bis ich die Kraft sogar in den Zehen spürte.

Den Kinnberg würde ich wieder besteigen. Er würde auf mich aufpassen, dachte ich dankbar. Schon spürte ich die heilsame Wirkung dieses erhabenen Ortes. Leichtfüßig begann ich den Abstieg, rannte das letzte Stück, Sako immer hinterher.

Wir hatten Glück mit dem Wetter. An den meisten Tagen war es sonnig, ungewöhnlich warm und klar, und es tat gut, viel an der frischen Luft zu sein. Ich wollte gerade Feuerholz holen, als Hauke von der Tür der Haupthütte pfiff.

»Was gibt's?«, fragte ich.

»Bärenalarm.«

»Wo?«, rief ich. Hauke zeigte mit ausgestrecktem Arm in Richtung Bucht, zu dem Stück unterhalb des Kinnbergs. Ach du Scheiße, dachte ich. Jetzt geht es los.

Ich ließ die Holzscheite wieder auf den Stapel fallen und zischte nach drinnen, um Gewehr, Fernglas und Kamera zu holen. Hauke schlenderte ganz gemütlich herüber, und die dösenden Hunde hatten nichts bemerkt.

»Keine Panik«, sagte Hauke ruhig. »Wir haben jede Menge Zeit.«

Er hatte gut reden, immerhin hatte er schon jede Menge Bären gesehen. Ich stellte mein Gewehr draußen neben der Tür an die Hauswand, hängte mir die Kamera mit dem 200-Millimeter-Objektiv um den Hals und richtete das Fernglas auf den Bären, der jetzt auf die Hütten zutrottete. Ich zitterte so heftig, dass ich ihn kaum fokussieren konnte, mein Herz raste, und ich hatte weiche Knie. Der Bär schnüffelte die ganze Zeit, und groteskerweise musterte er immer wieder sein linkes Vorderbein. Hauke baute die Videokamera auf das Stativ und fing an zu filmen. Ich blieb ganz dicht bei meinem Gewehr. Der Bär war 800 Meter weit entfernt und füllte kaum die Mitte des Suchers meiner Kamera, aber mir reichte es. Hauke pirschte sich etwas näher heran, um noch bessere Aufnahmen zu bekommen. Ich blieb wie angewurzelt stehen.

Wir waren dem Bären offensichtlich nicht ganz geheuer. Mit weit ausgreifenden Schritten umrundete er die große, vom Schmelzwasser sumpfige, mit Moos bedeckte Fläche zwischen uns und der Küste. Dabei bewegte er sich parallel zur Haupthütte in Richtung des niedrigen Kamms dahinter. Jetzt wurden Balto und Sako wach, sie sprangen in ihre starken Leinen und bellten angriffslustig. Hauke ging ein paar Schritte auf den Bären zu, was diesen offensichtlich erschreckte. Er rannte los, schoss mühelos den Hang hinauf und war auch schon hinter der Spitze verschwunden. Das Ganze war nach drei Minuten vorbei (weswegen wir ihm den Spitznamen Speedy Gonzalez gaben), aber ich zitterte noch eine Ewigkeit wie Espenlaub. Ich hatte ein paar Aufnahmen gemacht. Wahrscheinlich waren sie nichts geworden, aber dies mein erster Bär in Kinnvika gewesen, und ich musste es einfach dokumentieren, Espenlaub hin oder her. Hauke vermutete, dass der Bär zur Nordküste verschwunden war, um dort auf Robbenjagd zu gehen, und wollte nun ausgerechnet an der Stelle, wo wir ihn zuerst gesehen hatten, ein paar Experimente machen. Es war völlig irrational, aber ich hielt das für gefährlich. Balto und Sako schnupperten noch eine Weile in die Luft und ließen sich dann niedersinken. Ich goss mir eine Tasse Tee mit Rum ein und machte mich dann wieder an das Brennholz.

Unsere ersten Rentiere kamen vorbei, die Hunde konnten sich kaum beruhigen. Sie wären leichte Beute und eine kleine Verfolgungsjagd wert gewesen, aber so begierig Balto und Sako ihnen auch nachstarrten, auf Grund der langen, sicher befestigten Leinen hatten sie keine Chance. Es war ein ausgewachsenes Elternpaar mit einem überaus lebenslustigen Jungen. Unter dem Kamm befand sich eine größere Schneefläche, die hartnäckig der Sonne standhielt, was das Kitz äußerst spannend fand. Es hüpfte darauf herum, raste hin und her, sprang hoch, wobei es sich in der Luft um die eigene Achse drehte, stoppte kurz, um Atem zu holen, und raste dann wieder los. Die Großen wollten nur fressen, taten sich an den mageren Rationen von Moos und Blumen gütlich, knabberten hier ein bisschen und da ein bisschen, ließen in weiser Voraussicht überall etwas für das kommende Jahr zurück. Trotz der kargen Vegetation waren die Tiere wohl genährt, wenn auch nicht ganz so füllig wie die, die wir in Revneset gesehen hatten – da konnte man fast schon von Bierbäuchen sprechen. Nach ein paar Wochen stellten wir fest, dass kleinere Rentiergruppen immer wieder kamen. Manche erschienen jede Woche, manche etwa alle zehn Tage, wieder andere hatten einen längeren Rhythmus. Sie schienen ihre festen Runden zu haben, so wie die Ponys im New Forest, die auch in einer Gegend bleiben. Die Rentiere kamen recht nahe, fast wie im Streichelzoo, was die Hunde völlig verrückt machte. Sie bellten und hüpften und wollten jedes Mal zu ihnen. Sie brauchten Erziehung.

Und die sollten sie kriegen.

Hauke nämlich hatte früher Polizeihunde ausgebildet, er wusste also, was er zu tun hatte, damit sie ihm nicht auf der Nase herumtanzten. In Longyearbyen, unter den Augen der Leute dort, war Hauke nett zu den Hunden gewesen, aber jetzt kam der Schock. Hart und alles andere als herzlich. Das gefiel nicht einmal mir.

Am Anfang ging Hauke allein mit den Hunden los, denn ich regte mich immer über seine Methoden auf und wurde wütend. Wenn die Hunde an ihren kurzen Leinen auch nur eine Pfote falsch setzten, bekamen sie einen Tritt, und zwar so kräftig, dass sie hinfielen. Hauke war der Leithund, ohne Wenn und Aber. Ein menschlicher Leithund, das hatten sie zu akzeptieren, und zwar schnell. Ich war noch weit entfernt davon, auch nur sein Stellvertreter zu sein, mit mir machten sie noch, was sie wollten. Aber ich lernte dazu. Arbeitete mich in der Hierarchie nach oben.

Es gab keine unterschiedlichen Befehle, keine Möglichkeit, »Sitz« und »Platz« und »Fass« und »Lass« zu verwechseln. Es gab bloß »Hey!«.

»Sie haben Gehirne, und die sollen sie benutzen«, beschloss Hauke. Und das taten sie. Nach zehn Tagen durfte Balto frei herumlaufen, während Sako, der Starrköpfigere der beiden, an einer kurzen Leine dicht neben Hauke gehen musste. Es klappte. Sie fügten sich genügsam in ihre Rollen. Sobald wir »Hey« riefen, kam

Balto zu uns zurück, und Sako war ein zufriedener Wachhund, der nun nicht mehr wie ein Wilder an der Leine zog. Ich konnte es nicht fassen, dass Hauke dieses Wunder vollbracht hatte. Schließlich war ich Zeugin geworden, wie die Hunde die völlig hilflosen englischen Studenten hinter sich hergezerrt hatten. Die würden den Unterschied nicht glauben. Es war jetzt viel netter mit den Hunden und weitaus angenehmer, mit ihnen spazieren zu gehen. Hut ab, Hauke. Als der Zeitpunkt gekommen war, beide frei laufen zu lassen, band Hauke lange, blaue Schiffstrosse, die er am Strand gefunden hatte, an ihre Leinen. So kamen sie nicht so schnell vom Fleck und wurden rascher müde. Nach wenigen Wochen waren sie beide unter absoluter Kontrolle und durften auch bei Spaziergängen frei neben uns herlaufen. Wir hielten sie nur fest, wenn Rentiere in der Nähe waren, denn dann zitterten ihre Körper vor Erregung, und ihre Augen blitzten gierig. Wir wollten es lieber nicht darauf ankommen lassen.

Wenn sie nicht gerade trainiert wurden oder mit uns auf Erkundungstour waren, lagen Balto und Sako zusammengerollt da und schliefen, ab und zu zuckten sie mit den Pfoten. Die langen Leinen am fest verankerten Ring verknotet, träumten sie sicher nicht von Kaninchen wie brave englische Hunde – schließlich hatten sie niemals welche gesehen. Sie lebten draußen, durch ihr dickes Fell gegen die Kälte geschützt, tranken recht wenig und bekamen einmal am Tag, morgens, mit warmem Wasser verrührtes Hundefutter.

Die fingerförmige Landzunge, die unsere Bucht schützt, heißt Austre Twillingneset, zu Deutsch »östliche Zwillingsnase«, und dahinter, wie der zweite Finger an einer Hand, befindet sich Vestre Twillingneset, die »westliche Zwillingsnase«. Hier entdeckten wir eine Jagdhütte, die wohl seit dem Verbot der Eisbärenjagd in den Siebzigern nicht mehr genutzt wurde. Über der Tür stand »Ruuds Hytte«. Das viereckige Holzgebäude war mit Dachpappestücken verkleidet, und die Tür war gegen Bären verbarrikadiert. Der Schornstein war längst eingefallen, Schnee und Regen waren in die Hütte gedrungen, so dass der Holzofen vor sich hin rostete. Ein paar Bücher, eine Lampe und Werkzeuge lagen unordentlich vor einem verdreckten Bett. Ich nahm mir die Plastikblumen, die in einer Ecke hingen. Genau solche hatte ich als Kind gehabt, Werbegeschenke, die einem Waschpulver beilagen. Im Vergleich dazu war unsere Hütte eine Luxusunterkunft, schon weil sie doppelt so groß war, aber sogar Ruuds Hütte war zehnmal besser als ein weiterer Unterschlupf, ein Stückchen die Küste hinunter, hinter einem Wasserloch und halb im Boden versunken. Die zeltartige Konstruktion hatte eine dreieckige Vorderfront mit einem kleinen Eingang. Ein dicker Pfahl, lang gestreckt zwischen der Spitze der Vorderfront und dem Boden, diente als Dachfirst. Rechts und links lehnten als Wände dünne Holzplanken dagegen. Das Ganze war von einer dicken Schicht heller, kleiner, scharfer Kiesel bedeckt, durch die die oberen Enden der Planken wie Fingerknöchel heraussstachen. Der Fußboden im Innern war abgesenkt, es war überraschend gemütlich, eine prima Notunterkunft, wenn ich auch kein ganzes Jahr hier verbringen würde.

Zwei Kilometer nördlich von Kinnvika lag Drikkevatnet, die Trinkwasserquelle der schwedischen Expeditionsteilnehmer von 1957/58. Mit einem Amphibienfahrzeug hatten sie das Wasser von dort zur Station geschafft. Hier stießen wir auf eine Schneefläche, die durch Algen, die in der Kälte und der Sonne gewachsen waren, rosa gefärbt war. Hauke hatte immer sterile Behälter in der Tasche, und ganz vorsichtig nahmen wir ein paar Proben. Unter dem Mikroskop sahen die Algen aus wie kleine Punkte. Hauke zeigte mir auch die Flechten, die wir auf den Felsen gefunden hatten und die wie brauner Auswurf aussahen. Widerlich. Das Wasser aus unserem Teich war noch aufregender. Zwischen schleimigen, grünen Fasern flitzten irgendwelche Käfer umher, es gab einen dünnen, roten Egel und etwas, das aussah wie eine Wasserraupe. Zum Glück kochten wir unser Trinkwasser ab.

Als in dem kurzen Sommer das Eis schmolz, konnten wir den Radius unserer Expeditionen mit dem Schlauchboot etwas ausdehnen. Gerne hätten wir die Hunde dabeigehabt, denn es gefiel ihnen gut auf dem Wasser, aber das Boot war einfach zu klein, um sie zusätzlich zu Gewehren, der Filmausrüstung und den wissenschaftlichen Geräten mit an Bord zu nehmen. Sie mussten in Kinnvika auf unsere Rückkehr warten.

An einem milden, windstillen Tag tuckerten wir in die Lagune von Claravågen, um die Formation der Küste genauer zu erforschen. Als wir durch den engen Eingang fuhren, sahen wir Möwenjunge mit gelblich-grünem Flaum auf den Felsen hocken. Ihre Eltern schossen im Sturzflug zu uns herab, bis wir keine Bedrohung mehr darstellten. Als wir an der Nordküste festmachten, an einem hohen, schmalen Stück Land, das Claråvagen von dem kleineren See Junodvatnet trennt, scheuchten wir etwa ein Dutzend Eiderentenweibchen auf. Die einzelnen Schichten der Küste waren erstaunlich deutlich voneinander zu unterscheiden, und jede einzelne von ihnen zeigte die Aufwärtsbewegung der Landmasse. Einige kreuzten sich, aber trotzdem zählte ich 63 verschiedene Lagen. Von hier konnten wir noch mehr pinkfarbene Algen mitnehmen. Anschließend erforschten wir den Strand, wo Tausende kaulquappenartiger Wesen im seichten Wasser herumschwammen. Hauke fand ein Stück eines alten Rettungsrings aus Kork, mit weißem Segeltuch und rotem Wachs überzogen. Ich entdeckte ein halbes Dutzend Tesafilmrollen und den Torso einer Plastikpuppe, der auf der einen Seite ein Arm und auf der anderen ein Bein fehlte. Jede Menge Treibholz lag herum, es hatte sich bestimmt über Jahrhunderte hier angesammelt, denn der Ausgang der großen Lagune war nur etwa

50 Meter breit. Und dann die Schuhe. Überall fanden wir Schuhe, die meisten vom Salzwasser grünlich verfärbt. Warum gab es so viele davon?

Als wir wieder gen Kinnvika tuckerten, lag zu unserer Überraschung ein kleines Kreuzfahrtschiff aus Longyearbyen in unserer Bucht. Bisher hatten wir alles getan, um Touristen aus dem Weg zu gehen, hatten uns aus Kinnvika davongeschlichen und lange Spaziergänge unternommen, bis sie wieder weg waren. Aber diesmal gab es kein Entkommen. Zum Glück wurden unsere ungebetenen Gäste schon wieder zum Mutterschiff zurückgebracht, nur noch eine Gruppe wartete an der Küste auf den Transport durch das Beiboot. Sie freuten sich im Gegensatz zu uns über die Begegnung. Wenigstens lernten wir bei dieser Gelegenheit Lasse und Lars kennen, zwei der Expeditionsmitglieder von 1957/58. Das war schon ein bedeutender Moment für uns. Wir tauschten uns kurz aus, und dann näherte sich das Beiboot ein letztes Mal in respektvoller Langsamkeit, um sie abzuholen. Um die übrigen Besucher der kurzen Reisesaison machten wir einen großen Bogen. So verpassten wir auch unseren alten Freund Jason, den Filmemacher. Er hielt Vorträge an Bord eines Schiffes mit Kurs auf Island, Grönland und Kanada und hinterließ uns, dem »jungen Glück«, ein Briefchen sowie eine Tüte mit frischem Obst und Gemüse. Lecker.

An einem Nachmittag rumpelte ein schwerfälliges Kajütschiff in die Bucht, an Bord eine Horde junger und nicht mehr ganz so junger Männer aus Longyearbyen. Es kam zu einem fairen Tauschgeschäft: ein paar Flaschen Cognac gegen eine Riesentüte mit frischem Fisch. Da Nordaustland unter strengem Naturschutz steht und wir deswegen nicht angeln durften, freuten wir uns über die Abwechslung auf dem Speiseplan. Wir lagerten die Fische mit Salzwasser bedeckt in einem großen Plastikkanister. Das würde für den Winter reichen. Noch leckerer.

Eines Tages erforschten wir mit den Hunden das Treibholz und den Müll, der an einem nahen Küstenstück angespült worden war. Allein die Menge von natürlichem wie bearbeitetem Holz, von herumliegendem Strandgut, das unter den von der Brandung herangespülten Steinen halb begraben lag, war beeindruckend. Wir durchkämmten einen etwa 500 Meter langen Abschnitt, der eine von den Eiderenten bevorzugte kleine Wasserfläche umschloss. Dort fanden wir über 1200 Objekte, rund ein Drittel war moderner Müll wie Flaschen, Schuhe, Fischernetze, Taue. Von den etwa 800 restlichen Fundstücken aus Holz waren nur 100 unbearbeitet, wir hatten erwartet, deutlich mehr davon zu finden. Die Anzahl der Schiffswrackteile war relativ klein, aber dafür waren diese Fundstücke teilweise umso größer und enorm schwer, etwa das Spant eines Schiffes, vielleicht eines Walfängers aus dem 17. Jahrhundert. Wir hatten nicht das Fachwissen, um weitere Schlussfolgerungen zu ziehen, vermuteten aber, die Analyse der Fundstücke könnte ein interessantes Forschungsprojekt sein. Bei anderen Strandspaziergängen hatten wir ebenfalls Teile von Holzbooten gefunden, und selbst unweit von Longyearbyen waren interessante Dinge am Strand verstreut. Am häufigsten stieß man auf Fassdauben in allen Längen und Stärken, teils durch die Jahrhunderte begradigt, teils noch in ihrer ursprünglichen, ge-schwungenen Form. Ich musste an die vielen Fässer denken, die die kleine Dampflok bei der Bass Brewery über die Straße gezogen hatte, wo mein Vater tätig gewesen war. Aus und vorbei: statt Holz Metall, statt der Eisenbahn Fließbänder. Fortschritt.

Sako bellte, schlaftrunken stolperte ich zum Küchenfenster, durch das man die Hunde sehen konnte. Eine riesige Bärin stand bei Balto und beschnüffelte ihn neugierig. Ich schlich zu Hauke und weckte ihn.

»Draußen ist eine Bärin«, sagte ich aufgeregt und fing schon wieder an zu zittern.

»Wo denn?«, fragte Hauke und erwartete wohl, ich würde »unten am Strand« sagen.

»Draußen, bei Balto!«

Hauke sprang aus dem Bett, zog die Jacke über seine langen Unterhosen und griff nach der Videokamera. Ich zog eine Fleecejacke über meinen Schlafanzug und schlüpfte in die Pantoffeln.

Durchs Fenster sahen wir, wie die Bärin so tat, als würde sie die Hunde angreifen, die wie wild bellten und trotz der Leinen alles daransetzten, sie zu verjagen. Die folgende Stunde war ziemlich aufregend. Die Bärin ließ sich von den schnappenden Schnauzen der Hunde nicht vertreiben, und auch die Schüsse aus unserem Schreckschussstift beeindruckten sie wenig. Dünn und ausgemergelt, mit langen Beinen und klitschnass, zog sie sich zur Rückseite der Haupthütte zurück, und als sie sich schüttelte, umgab sie eine wunderschöne Aureole aus von der Mitternachtssonne vergoldeten Tropfen. Hauke ließ die Videokamera mitsamt Stativ zurück und folgte der Bärin. Ich legte ebenfalls meine Kamera ab und schulterte mit zitternden Knien mein Gewehr. Hauke bewarf die Bärin mit Steinen, sprang auf und ab und wedelte mit den Armen. Die Bärin wandte sich ab, um dem Steinhagel auszuweichen. Hauke drehte sich wieder zu mir, wollte zurück. Die Bärin schaute sich um und sah ihn. Hauke stolperte, fiel auf den Schotter. Die Bärin rannte in seine Richtung. Hauke sprang auf, sah dem Tier aus nur zehn Metern Entfernung direkt ins Gesicht. Das Tier hielt inne, die Vorderfüße übereinander gelegt, und Hauke bewegte sich langsam rückwärts. Ich gab ihm Feuerschutz. Er schaffte es.

»Vorsicht, Hauke«, zischte ich beinahe wütend.

Hauke verfolgte erneut die Bärin. Nach ein paar gezielten, aus der Nähe abgefeuerten Schüssen auf den Boden neben ihrem Hinterteil, verschwendete die Bärin keinen Gedanken mehr ans Bleiben und verzog sich unter den wachsamen Blicken der Hunde auf den Hügel hinter der Haupthütte.

Wir gingen wieder ins Bett, aber schon bald riss uns erneut Hundegebell aus dem Schlaf, die Bärin war wieder da. Ein weiteres Mal versuchte Hauke, sie zu verjagen, er ging energischen Schrittes auf sie zu, um zu zeigen, wer der Herr im Haus war, und feuerte Warnschüsse ab, während ich müde und ängstlich in der Tür stand und das Ganze beobachtete. Aber die Bärin gab nicht auf und wollte einfach nicht verschwinden. Sobald wir wieder im Bett lagen und kurz vor dem Einschlafen waren, ging das Theater von vorne los. Mehrmals in der Nacht wurden wir so aus den Betten gerissen. Ich fühlte mich schon wie ein Stehaufmännchen. Aber irgendwann kehrte doch Ruhe ein.

Ich glaube, die Bärin wollte weder uns noch den Hunden etwas tun, sondern war einfach nur neugierig. Irgendwann legte sie sich zum Schlafen neben die Haupthütte. Hatten wir sie schachmatt gesetzt? Jedenfalls wollten wir die Partie beenden. Die Hunde, Hauke und ich legten uns wieder hin und versuchten, unseren Logierbesuch so gut es ging zu ignorieren.

Die Bärin wurde zu unserem Hausbären. Wir nannten sie Lady Franklin, nach der Frau des berühmten englischen Arktisforschers, der bei der Erforschung der Nord-West-Passage verschollen ist und viele Jahre lang von seiner Frau gesucht wurde. Wir tolerierten einander, lebten mit ihrer Gegenwart. Beobachteten einander genau. Die Bärin wurde zutraulicher und erschien zu einem weiteren Hausbesuch. Sako war außer sich, zerrte an seiner Leine, sprang nach vorn, obwohl das Halsband ihn fast erwürgte. Balto wollte auch hinterher, aber Sako schnappte an seiner Leine und zerrte ihn zurück. »Ich bin hier der Anführer«, schien er sagen zu wollen, »die Bärin gehört mir.« Wir filmten die Begegnung zwischen Bär und

Hunden. Während ich Hauke Feuerschutz gab, näherte er sich den Tieren – die Bärin war nah, zu nah.

Plötzlich sah ich etwas Schwarzes durch die Luft fliegen. Es war Sako, der Lady Franklin ansprang, sie angriff, ihr an die Gurgel wollte. Ich kreischte, Hauke schrie ihn an, nannte ihn dabei aus Versehen Svarten, nach einem der Hunde, die ihn nach Mushamna begleitet hatten. Hauke filmte, ich stand einfach nur wie angewurzelt da und brüllte Sako an, dass er aufhören solle. Aber Sako amüsierte sich prächtig, rannte um die Bärin herum, versuchte immer wieder, sie am Hals zu erwischen. Irgendwann sprang die Bärin herum, schlug mit ihrer riesigen Tatze nach dem Hund, zwang ihn zu Boden, biss ihm in den Rücken. Ich schoss in die Luft. Alle sprangen wir vor Schreck über den Knall auf. Sako war frei, von der Leine los. Jetzt schnappte er nach den Tatzen der Bärin (er hatte seine Lektion gelernt), jagte sie hinunter zur Küste und auf eine Eisscholle, die in der Bucht trieb. Hier war Lady Franklin sicher, denn Sako war es auf dem Eis nicht geheuer, und er kam zurück zur Hütte – allein.

Der Wind hatte gedreht, und ein Hauch von Herbst lag in der Luft. Der Himmel wurde grau, Eis wurde vom Süden nach Kinnvika gespült oder vor dem Eingang der Bucht mit Ebbe und Flut hin und her geschwemmt. Eis aus dem Süden? Wir vermuteten, dass es ursprünglich von Norden kam, die Ostküste Nordaustlands hinunter, westwärts und dann die Hinlopenstraße wieder hoch getrieben war. Eis! Darauf hatten wir gewartet. Experimente! Wissenschaft! Nichts wie ins Boot und los.

Das Problem war nur: Kaum hatten wir die Bucht verlassen, musste ich lenken, den Motor drosseln, nahe ans Eis heranfahren, ohne dass die scharfen Kanten unser Boot einritzten. Stress, Stress, Stress! Immer wieder würgte ich den Motor ab, obwohl ich nur etwas verlangsamen wollte, und wenn ich nicht genug Gas gab, drifteten wir ab, und ich verlor die Kontrolle über die Lenkung. Wir waren entweder zu weit weg oder viel zu nahe dran. Fürchterlich! Aber irgendwann hatte ich es raus, und Hauke konnte filmen und jede Menge Eisproben entnehmen. Nach getaner »Arbeit« konnten wir entspannt durch das schillernde blaugraue Farbenspiel des Eises gondeln. Meerwasser platschte von unten gegen das Eis oder sprudelte über die grünliche, gewellte Oberfläche. Türkisfarbene Brocken drehten und wendeten sich langsam und präsentierten verführerische Spitzenmuster wie ein Unterwäsche-Model.

Auf einer kleinen runden Insel machten wir Pause und beobachteten die Dreizehenmöwen über uns. Hauke war ein bisschen beunruhigt. Am Strand hatte er Bärenspuren gesehen. Von einer Mutter und einem halbwüchsigen Jungen. »Lass uns lieber gehen«, schlug er vor. Ich ließ mich nicht lange bitten.

Hauke steuerte uns heimwärts, ich ließ den Blick über das Ufer schweifen. War das ein Fels, ein Holzhaufen oder ein Bär? O nein. Es war Lady Franklin. Sie stand oben auf dem Schotterhang und erwartete uns offenbar schon. Wir gondelten hin, den Motor im Leerlauf, ließen uns von der Strömung treiben und filmten die Bärin, die parallel zu uns die Küste entlang lief. Irgendwann bewegte sie sich landeinwärts, in Richtung der Hütten. Wir hievten das Boot an Land, machten es fest und watschelten in unseren schweren, wasserdichten Schutzanzügen in Richtung Hütte, Lady Franklin immer fest im Blick. Aber die war nur neugierig, wollte um jeden Preis ergründen, was wir im Schilde führten. Den Hunden ging es gut, offensichtlich hatte es keinen Ärger gegeben. Sie lagen mittlerweile an langen Ketten und konnten nicht fliehen. Wir entspannten uns alle und gingen zur Tagesordnung über.

Irgendwann weckte mich Hauke nachts um halb zwei. Es war kein Hundegebell zu hören. Was war los? Die Hunde schliefen fest, aber Lady Franklin stöberte in der Feuerstelle vor unserer Hütte herum. Doch es gab dort nichts Interessantes, es war gut heruntergebrannt. Mucksmäuschenstill beobachteten wir das Geschehen. Lady Franklin wusste, dass wir ihr zuschauten, aber es war ihr egal. Nach etwa einer Viertelstunde drang die Witterung der Bärin in die Träume der Hunde. Sie sprangen auf und bellten, überrascht, weil die Bärin unbemerkt so nahe gekommen war. Lady Franklin sah sie an, beschloss, genug zu haben und schlenderte fort in Richtung Hang. Hauke überlegte, ob er einen Warnschuss abgeben sollte, entschied sich aber dagegen, da die Bärin weiterhin auf dem Rückzug war. Sie entfernte sich immer mehr, nicht schnell, aber etwas zügiger als sonst, es ging die niedrigeren Hänge der Bergkette hinauf, und immer weiter nach oben, denselben Weg, den schon zuvor zwei Bären in Richtung Norden genommen hatten. Durften wir unseren Augen trauen? Plötzlich, nach einem kurzen Moment des Innehaltens, überquerte sie die Bergkuppe und war verschwunden. Einfach so. Nach acht Tagen, fast auf die Minute genau, ging Lady Franklin ohne besonderen Anlass einfach auf leisen Tatzen davon.

Hauke und ich sahen uns an und waren uns einig. Lady Franklin hatte uns verlassen. Wir gingen wieder ins Bett und schliefen wie die Murmeltiere.

Und in der Tat, wir sahen sie nicht wieder.

7 Ordnungen

Das Eis drängte sich in der Bucht wie ein vom Wind zusammengetriebenes Seerosenfeld am äußersten Rand eines Gartenteichs. Zwischen blauweißen Blättern, von Wind und Wasser verdreht und zermahlen, sprossen weiße und türkisfarbene Brocken wie bizarre Blüten hervor. Ein paar Klumpen hatte die Ebbe an der Küste zurückgelassen, und Hauke wollte Proben entnehmen, um sie in seinem Labor zu analysieren. Videokamera und Instrumente waren im Rucksack verstaut, er zog mit den Hunden los in Richtung Küste, und ich widmete mich dem Haushalt.

Ich räumte ein bisschen auf – ohne es zu übertreiben. Denn Hausarbeit war nicht gerade meine Lieblingsbeschäftigung. Seit jeher lebte ich eigentlich im Chaos, obwohl ich es lieber mochte, wenn alles sauber und aufgeräumt war. Oft verbrachte ich den ganzen Tag mit Sortieren, Wegpacken und Putzen, aber in null Komma nichts sah alles wieder aus, als hätte eine Bombe eingeschlagen. Zumindest in Gegenwart anderer oder bei der Arbeit gelang es mir, alles einigermaßen in Schuss zu halten – aber sobald ich alleine war, drohte ich zwischen herumliegendem Zeug zu ersticken. Und zwar aus reiner Faulheit.

Ich trug die Müslitüte, das Milchpulver und die klebrige Dose mit Aprikosenkompott in die Küchenecke und wischte den Tisch ab. Mit einem präzisen Kugelschreiberstrich hatte Hauke unseren Tisch in zwei genau gleich große Hälften geteilt. Dieser »Kaiserschnitt«, wie wir ihn nannten, sorgte für Gerechtigkeit: seine Seite, meine Seite. Erst war ich eher skeptisch gewesen – es war schließlich eine ziemlich rigide Maßnahme –, aber die Aufteilung bewährte sich. Auf meiner Seite konnte ich so viel herumliegen lassen, wie ich wollte (und wehe, etwas geriet auf seine Seite!), und damit es keinen Streit gab, standen Tee, Thermosflaschen mit heißem Wasser sowie Knabberzeug für beide gleichermaßen gut erreichbar mitten auf der blauen Linie.

Das Ende des Tisches, auf dem ich den Brotteig knetete, schrubbte ich regelmäßig mit heißer Seifenlauge (weitaus öfter als den Rest der Hütte, die im Grunde nur ganz am Anfang so sorgfältig gewischt worden war). In den Dreißigerjahren hatte Christiane Ritter, eine Deutsche, mit ihrem Mann und einem weiteren Trapper hier auf Spitzbergen überwintert (na, das war bestimmt eine interessante Erfahrung gewesen!). Wenn sie wütend war oder sie irgendetwas umtrieb, putzte sie von oben bis unten die gesamte Hütte. Mir war das zu viel Arbeit und Stress. Ein paarmal in der Woche den Boden fegen und die Arbeitsflächen abwischen, das reichte vollkommen.

Das Bettzeug wusch ich wochenlang nicht, denn Dank der reinen Luft wurden weder wir noch unsere Laken und Bettbezüge richtig schmutzig. Außerdem war es gar nicht so einfach, ein voluminöses Laken in einer kleinen Schüssel oder einem Eimer mit der Hand zu waschen. Irgendwie passten entweder nur Wasser oder das Wäschestück hinein, aber nicht beides zusammen. Ich betrachtete unsere Bettwäsche wie Schlafsäcke, und die wusch man schließlich auch nicht ständig. Ich schüttelte meine Decke aus, legte den Schlafanzug zusammen und stopfte ihn unter das Daunenkissen. Die meisten meiner Kleidungsstücke lagerten in der Haupthütte (wo sie ungenutzt bis zum Ende des Jahres bleiben sollten), und was ich regelmäßig trug, verstaute ich in Kisten unter dem Bett. Hauke hatte wegen der Batterien unter seinem Bett und des Funkgeräts auf seinem Regal wenig Platz für Kleidung und andere Habseligkeiten. Ihm war das egal, und mich hätte es auch nicht gestört, auch wenn man als Frau natürlich immer ein bisschen mehr Platz braucht.

In einer kleinen Pfütze schäumenden Wassers wusch ich das Frühstücksgeschirr. Während ich die Brühe wegschüttete, bemerkte ich auf dem Eis in unserer Bucht einen Bären. Ob Hauke ihn auch entdeckt hatte? Weit und breit war nichts mehr von ihm oder den Hunden zu sehen. Plötzlich fühlte ich mich sehr einsam und verletzlich. Und nervös, auch wenn ich nicht mehr so zitterte wie bei meinem ersten Bären. Immerhin ein kleiner Fortschritt. Ruhe bewahren, keine Panik!, sagte ich mir. Bisher war nichts passiert, ich durfte mich nicht verrückt machen. Rechtzeitig planen, statt Entscheidungen in letzter Minute zu treffen, riet Hauke. Ich wusste, dass ich die Nerven behalten würde. Alles andere entsprach nicht meinem Naturell, und diese Charaktereigenschaft würde sich doch hoffentlich nicht plötzlich ändern? Ich atmete tief durch und versuchte, die Situation realistisch einzuschätzen.

Im Moment schien der Bär an einem Besuch bei mir gar kein Interesse zu haben, sondern wollte lieber auf dem Eis bleiben. Mein Leibwächter war nicht verfügbar, ich musste also auf mich selbst aufpassen, sollte der Bär sich nähern. Es gab zwei Möglichkeiten: ihn verjagen, wenn es ein eher freundlicher Bär war, oder mich einschließen, wenn es sich um ein aggressives Exemplar handelte.

Auf jeden Fall würde ich mich möglicherweise irgendwie verteidigen müssen. Ich hatte die Hundenäpfe, den Schreckschussstift, drinnen mein Gewehr und außerdem das Notgewehr im Klohäuschen. Munition gab es genug, allerdings hatte ich mir vorgenommen, nur in der allergrößten Not einen Bären zu erschießen.

Vom Dach der Hütte aus konnte ich den Bären durch mein Fernglas am besten beobachten. Ich packte mich warm ein, legte mir das Gewehr um, kletterte die Leiter hinauf und setzte mich, um das Ganze aus einem gewissen Sicherheitsabstand zu beobachten. Von meiner Aussichtsplattform aus sah ich drei Bären, so viele hatte ich noch nie auf einmal gesehen.

Auf dem Eis entdeckte ich die Überreste einer Robbe, Lieblingsspeise der Eisbären. Das übel zugerichtete, blutrote Gerippe war das Einzige, was noch übrig war. Vielleicht lagen aber doch noch ein paar verzehrbare Fleischfetzen herum, denn immer wieder trottete einer der Bären heran, um das Gerippe noch einmal zu begutachten. Irgendwann legten sie sich hin, um das gigantische Mahl zu verdauen.

Ein paar Stunden lang beobachtete ich das Treiben, zählte immer wieder die Bären, die über das Treibeis zogen. Waren es jetzt sieben? Nein, acht sogar. Nicht zu fassen, acht Eisbären! Sie umschwirrten den Robbenkadaver wie Motten das Licht. Bloß nicht zu nahe kommen ...

Aber ich blieb auf dem Dach ganz entspannt, denn die Bären befanden sich weiterhin in sicherer Entfernung. Ich versuchte zu sehen, ob sich nicht vielleicht von hinten weitere Bären heranschlichen, denn Aasgeruch wittern sie über Kilometer. Aber stattdessen schreckten mich Hauke und die Hunde auf und beendeten viel zu früh meine Bärenstudien.

»Hast du die Bären gesehen?«, rief ich.

»Was für Bären?«, antwortete Hauke überrascht. »Ich war drüben an der Hinlopenstraße, da war kein einziger!«

»Kein Wunder, sie sind alle hier«, sagte ich, »acht Stück!«

»Wie bitte?«, fragte Hauke und lachte erstaunt auf. »Wo denn?«

»Komm hoch, ich zeig's dir!«

Ein paar Minuten später hatten wir die Hunde fest angebunden, grinsten uns an und machten uns auf zur Küste, um das Bärengrüppchen zu filmen.

Die Bucht war weiterhin voller Eis, obwohl die Temperatur meistens über dem Gefrierpunkt lag. Nachdem so lange düsterer, grauer Nebel alles umwabert hatte, klarte es auf, und der Himmel leuchtete wieder. Merkwürdig, überall hörte ich Donner grollen, und die Felsküste verstärkte das Rumoren durch ein dumpfes Echo. Aber Hauke belehrte mich: Quatsch, das sei kein Donner, sondern die fernen Gletscher, die in der Wärme kalbten; das Grummeln komme von den gigantischen, mehrere Tonnen schweren Eisbrocken, die vom Hauptgletscher abbrächen und krachend ins Meer stürzten, wobei sie sogar kleinere Flutwellen auslösten. Die Natur gebot Respekt.

Wir hörten fast ständig das Dröhnen des Eises von der Hinlopenstraße – wie das Rauschen einer unweit verlaufenden Autobahn. Eisbrocken drängelten und quetschten sich aneinander vorbei; quietschend, grunzend und knarzend wie rostige Autoscooter bewegten sie sich mit der Flut, rasten gegeneinander, wobei Stückchen abbrachen, so dass sie einen eisigen Brei hinter sich herzogen. Unmöglich, unter diesen Bedingungen mit dem Schlauchboot hinauszufahren, wir ließen es lieber am Kieselufer, festgezurrt an im Boden steckenden Pfählen. Noch schien es uns zu früh, es für den Winter wegzupacken.

Ende August, ich war gerade dabei, ein Rührei mit viel Pfeffer zum Frühstück zuzubereiten, bellten plötzlich die Hunde. Bärenalarm. Schnell die Kamera. Unten an der Küste war eine ziemlich kleine Bärenmama, und ein Junges, flauschig wie eine Pusteblume, trottete fröhlich hinterher. Mama schaute nach, ob es sich bei unserem Boot vielleicht um einen unförmigen Seehund handelte. Das gefiel uns überhaupt nicht, und Hauke feuerte einen Warnschuss ab, woraufhin die beiden ziemlich schnell auf uns zurasten.

»Keine Sorge«, beruhigte Hauke mich. »Muttertiere mit Jungen sind nicht gefährlich.«

Sein Wort in Gottes Ohr.

Die beiden hatten das Maschinenhaus erreicht, die Mutter sauste vor, drehte plötzlich ab und wollte die Hunde angreifen. Ich schnappte mir die Hundenäpfe, und während die Bärin auf die

Hunde zustürzte, hämmerte ich die Näpfe gegeneinander, so laut und heftig ich nur konnte. Die Bärin hielt inne, ihre Schnauze nur Millimeter von denen der Hunde – und zehn Meter von mir – entfernt. Hauke raste zu meiner Seite der Hütte und schoss in die Luft. Der Bärin wurde das Ganze nun doch zu riskant, sie ergriff die Flucht und eilte ihrem Jungen hinterher, das schon wieder halb an der Küste war. Neben den Hunden waren die Näpfe mein einziger Schutz gewesen, denn Hauke hatte bis zum Schluss nur seine Aufnahmen im Kopf gehabt. Obwohl es eine sehr heikle Situation gewesen war, hatte für keinen von uns ernsthafte Gefahr bestanden.

Vielleicht hatten wir aber auch nur Glück gehabt. Unser Boot hatte es stärker mitgenommen. Wir hatten etwas Flickzeug dabei, darunter diverse runde Flicken für kleinere Risse, aber nichts, was es mit den Spuren der scharfen Krallen und Zähne unserer »*teenage mum*«, wie wir sie nannten, aufnehmen konnte. Ob mit oder ohne Eis, die Zeit des Bootfahrens war vorbei. Es sei denn …

Wir durchstöberten die anderen Hütten, suchten Holzstücke und eine alte Tür zusammen. Bootsbau ist »Männersache«, und ich überließ das Ganze Hauke. Die Tür wurde zum Boden, die alten Bretter bildeten schon bald Bug, Heck und die Seitenwände, wobei die Heckseite stabil genug war, um unseren kleinen Außenbordmotor daran zu befestigen. Von früheren Dachdeckerarbeiten war noch jede Menge Teer da, und als das Boot fertig war (es dauerte dann doch etwas länger als nur »ein paar Stunden«, wie Hauke vermutet hatte), überzogen wir die Außenseite mit der erhitzen, schwarzen Masse, um das Boot abzudichten. Als der Teer trocken war, zogen wir unser neues Gefährt auf einer klapperigen Leiter, unter die wir alte Skier montiert hatten, ans Wasser. Wir nannten das Boot *Lady Franklin*. Da nicht Sonntag war, ließen wir sie ohne Sekt vom Stapel, aber Hauke kletterte in seinem Schutzanzug an Bord und paddelte in dem einzigen kleinen eisfreien Stück nahe dem Ufer eine Ehrenrunde. Das Boot schaukelte und schunkelte, ich würde nicht einmal in der größten Not hineinsteigen, ob mit oder ohne Motor. Aber die Aktion hatte Spaß gemacht, auch wenn wir in Sachen Transportwesen wieder beim Nullpunkt angekommen waren.

Winter lag in der Luft. Am 5. September, eine Woche nach dem Ende der Mitternachtssonne, fiel der erste Schnee – bis zu zehn Zentimeter. Unsere zweite Ladung war angekommen, ein Helikopter hatte alles von der *Polarsyssel* an die Küste geschafft. Das hektische Gerenne, um alles zu verstauen, bevor es Bären anlockte, war vorbei. Unsere Briefe und die Proben waren unterwegs zu ihren jeweiligen Zielen, und wir konnten wieder entspannen. Für uns beide und auch für die Hunde war es schön gewesen, eine Weile unter Menschen zu sein, aber jetzt waren wir froh, wieder unsere Ruhe zu haben und zum Alltag zurückzukehren.

Aus einem Teil der neuen Vorräte packte ich eine »Notkiste«, mit der wir ein paar Wochen würden überleben können, und stellte sie beiseite, damit wir nicht in Versuchung kamen, etwas herauszunehmen. In der Haupthütte stellte ich Dreimonatsrationen zusammen, um einen besseren Überblick zu haben, und um mir keine Sorgen machen zu müssen, dass irgendwas nicht reichte. Die trockenen, voluminösen Vorräte wie Mehl, Müsli, Konservendosen und Pasta lagerte ich auf Paletten am Boden, in die Regale kamen die leichteren Sachen. Kekse und Schokolade befanden sich in einer großen Kiste, aus der wir uns bedienten, wann immer wir Appetit hatten. Sobald eine neue Dreimonatsration angebrochen werden musste, drittelte ich sie und hievte die Vorräte für einen Monat mit Hilfe des Pulka-Schlittens hinunter zur Hütte. Unser gesamter Vorrat an Eiern lagerte in der Küche, weit oben, wo es vergleichsweise warm war. Ich drehte die Schachteln einmal in der Woche um, damit die Eier länger frisch blieben, ein Tipp von Karin. Auch Kohl und Kartoffeln bewahrten wir in der Küche auf, bis die Außentemperatur unter null Grad gesunken war. Dann brachte ich sie draußen an der Hüttenwand unter, in einer Kiste aus Palettenholz mit Aluminiumdeckel. Die gefrorenen Kartoffeln kamen direkt ins kochende Wasser und schmeckten ausgezeichnet.

Unser eingeschweißter Bacon schimmelte nach ein paar Wochen, obwohl er steinhart gefroren war. Hauke war das in Mushamna auch passiert. Er packte den Speck aus, kratzte die grünliche Schicht ab und ließ das Fleisch an der Luft trocknen. Es war noch in Ordnung und schmeckte nicht einmal muffig. Gewöhnlich aßen wir Müsli zum Frühstück. Karin hatte mir geraten, das Milchpulver am Vortag aufzugießen, weil die Milch dann besser schmeckte, aber im Winter gefror sie natürlich über Nacht, und so trat Plan B in Kraft: zwei Löffel Pulver auf das Müsli, heißes Wasser drauf und umrühren. Dazu Dosenobst oder vorgefertigtes Fruchtdessert (außerdem Kakaopulver und Honig für Hauke), und natürlich jede Menge Tee und Kaffee. Eine Thermosflasche war immer mit Tee gefüllt, eine zweite mit heißem Wasser, und wir achteten darauf, dass beide voll waren, wenn wir zu einem Spaziergang aufbrachen oder arbeiteten.

Brot buk ich nach den Gebrauchsanweisungen auf den Backmischungen, aber oft gab ich noch Rosinen oder Nüsse aus dem Müsli hinzu. Den Bananen bekam die Kälte nicht so gut, sie wurden über Nacht braun, und so wagte ich mich einmal an einen Bananen-Walnuss-Kuchen, der wunderbar gelang. Mit Hilfe von kleinen Dosen, von denen ich Deckel und Boden abgesägt hatte, machte ich Crumpets. Hauke verkündete, es seien die besten, die er jemals gegessen habe – ein zweifelhaftes Kompliment, denn er kannte sie bis dahin nicht. Das dünne, knusprige norwegische Brot, das ich auf dem Ölofen buk, wurde ebenfalls köstlich, die Kuchen aus Alans kleinem Ofen weniger. Aber wir warfen nichts weg – Balto war unser wandelnder Mülleimer.

Unser Mittagessen bestand aus Käse- und Marmeladenbroten oder irgendeinem Nudelgericht, aber am Abend versuchte ich, aus denselben langweiligen Zutaten etwas Leckeres, Überraschendes zuzubereiten. Wir lebten fast vegetarisch, es gab pro Tag nur eine kleine Ration Schinken oder Salami, und die mischte ich dann mit Dosengemüse, Pasta, Reis oder Kartoffeln. Nicht alle Gerichte gelangen, und manchmal schmeckte ein Rezept, dass sich fürchterlich anhörte, ausgezeichnet: Fusilli mit Salami, Sauerkraut, getrockneten Zwiebeln, Chili und dem Rest einer Pilz-Tütensauce zum Beispiel. Schokoladenpudding war ein beliebter Nachtisch, ob mit oder ohne Rum beziehungsweise Obst, ebenso Milchreis mit Marmelade oder Dosenpfirsichen. Auch Birnen in Rotwein mit Zimt mochten wir, aber meistens begnügten wir uns mit dem Hauptgang. Wir hatten keine exotischen Ingredienzien dabei, aber wir lebten gut. Kochen ist nicht gerade mein Lieblingsthema, und so gab es keine Gourmet-Menüs, aber auch keine Lebensmittelvergiftungen. Nicht einmal nach dem Verzehr von einst grün schillerndem Bacon.

Sako und Balto bellten. Wir gingen rasch hinaus und folgten den Blicken der Hunde hinunter zur Bucht. »Schnell, da müssen wir hin!«, sagte Hauke, der ahnte, was los war: Wir hatten Besuch von einem kleinen Schwarm Weißwale. Schwer zu sagen, wie viele da herumschwammen, ich sah immer nur drei der glänzenden, glatten Rücken, aber bestimmt waren es mehr. Ihre gelblichweißen Leiber stachen in der Abendsonne deutlich aus dem Schiefergrau des Meeres hervor, graziös durchbrachen sie in flachen Bögen das Wasser. Sie schwammen in den Untiefen direkt vor der Küste herum, waren im Eis immer wieder zu sehen, wenn sie sich Krabben und Krebse vom Meeresboden geholt hatten. Weißwale werden bis zu fünf Meter lang und wiegen bis zu 1500 Kilogramm. Weil sie so viel pfeifen und quieken, nennt man sie auch Kanarienvögel des Meeres. Ich hörte allerdings nichts, wahrscheinlich haben ihre Laute eine zu hohe Frequenz. Die wundervollen Kreaturen der Arktis kamen noch zwei- oder dreimal in unsere Bucht und verschwanden nach kurzer Zeit so schnell, wie sie aufgetaucht waren. Mit *whale-watching* in Kinnvika hatte ich nun wirklich nicht gerechnet ...

Walrosse waren auf Spitzbergen beinahe schon ausgestorben, aber jetzt, da sie unter Artenschutz stehen, kehren sie langsam, aber sicher zurück. Noch immer gibt es nicht mehr als 2000 Exemplare. Ganz selten sieht man welche auf Moffen Island vor der Nordküste Spitzbergens. Umso größer war die Überraschung, als wir eines Tages am Ufer der Hinlopenstraße eine Walrossleiche entdeckten. Wir wollten uns das Tier genauer ansehen, und Hauke war schon dabei, die Hunde loszubinden, als ich sah, wie es sich bewegte.

»Der lebt noch!«, schrie ich gerade noch rechtzeitig. Und in der Tat, das Tier schlief nur fest. Von hinten sah es aus wie ein abgerundeter, brauner Fels oder wie ein unförmiger, unappetitlicher Fleischberg. Von vorne war es auch nicht gerade eine Schönheit, aber was für Stoßzähne! Wir schossen ein paar Fotos und beschlossen, auch die Videokamera zu holen. Etwa eineinhalb Stunden später döste das Walross immer noch vor sich hin und nahm kaum von uns Notiz. Unförmig und schwer, wie es war, hatte es offenbar keine Angst vor Eisbären (und vor uns schon gar nicht), und wenn doch ein Bär aufgetaucht wäre, hätte es sich als Einzelkämpfer einfach im Meer in Sicherheit gebracht.

Das Tier lag auf der Seite, die zwei langen, gefurchten Stoßzähne ragten aus einem hellen Stoppelbart hervor. Die Nase war flach, zum Schutz gegen Wasser befanden sich Hautlappen darin, die sich wie ein Ventil nur beim Ausatmen öffneten; die runden Augen waren zu Schlitzen zusammengekniffen wie bei einem kurzsichtigen

Chinesen, ein Wunder, dass der Koloss uns überhaupt sehen konnte. Schwer zu sagen, wo der Kopf endete und der Rest des Körpers begann. In den riesigen Fettrollen der dicken, mit rosa Knubbeln übersäten Haut über Nacken und Brust war der Kopf kaum auszumachen und wirkte wie nachträglich aufgesetzt. Eine Vorderflosse war seitlich von seinem speckigen Körper abgespreizt, die andere lag faul über seinem runzeligen, blassbraunen Bauch und zuckte nur ab und zu. Er rollte sich auf seine fette Plauze, rückte sich auf dem Hinterteil zurecht, wobei er sich auf eine Flosse stützte und uns ansah, als wollte er fragen: Ist es jetzt vielleicht mal genug?

Nein, noch nicht ganz. Ein paar Aufnahmen mussten wir noch machen. Ich und das Walross, Hauke mit dem Walross. Jetzt reicht es aber, dachte das Walross, und mit unglaublicher Wendigkeit für so einen ausladenden Fettbrocken schnappte es nach Hauke, der schreckensbleich zur Seite sprang. Ist ja gut, wir haben verstanden. Es war Zeit zu gehen.

Die Hunde freuten sich, als wir wieder in Kinnvika ankamen, sie sprangen auf den Hinterläufen umher und boxten dabei mit den Vorderpfoten wie Kängurus. Plötzlich jaulte Sako vor Schmerzen, wir rannten besorgt hin. Hatte er sich einen Muskel gezerrt, sich eine Schulter verrenkt? War er in einen spitzen Stein getreten oder von einem Bären gebissen worden? Wir untersuchten ihn von Kopf bis Fuß, konnten aber nichts entdecken. Merkwürdig. Er lief ganz normal, ohne auch nur ein bisschen zu hinken. Alles in Ordnung – wir dachten nicht weiter darüber nach.

In meinem Kopf brummte es wie feuchte Hochspannungsleitungen nach einem Regenschauer. Irgendetwas braute sich in mir zusammen, drohte zu explodieren – ein einziges Chaos undefinierbarer Gefühle, die hinauswollten und von innen gegen meinen Schädel hämmerten. Keine Ahnung, was das war und woher es kam.

Ich hatte nicht mit Hauke gestritten, langweilte mich auch nicht mit ihm. Aber vielleicht hockten wir doch zu eng aufeinander? Wurde mir unser Leben zu eintönig? Brauchte ich Abwechslung? Ging mir die Enge allmählich auf die Nerven? Hatte ich Platzangst? Einen Hüttenkoller? Oder hatte ich das ewige Braun und Beige satt, vermisste ich leuchtende Farben? Pflanzen? Bäume? Vielleicht... Ich wusste nicht, was ich tun sollte, wollte nur raus. Weg von Hauke, den Hunden, der Hütte, weg von allem.

Vielleicht würde ich an der frischen Luft wieder klarer sehen, mich entspannen, auf den Boden der Tatsachen zurückkehren. Also sagte ich Hauke, dass ich einen Spaziergang machen wolle. Er fand die Idee gar nicht gut, ohne ihn und die Hunde war ich noch nie losgezogen.

»Nimm wenigstens einen Hund mit«, riet er mir.

Ich überlegte kurz, aber nein, zu umständlich. Ich wollte schließlich nicht weit gehen, nur ein Stückchen in Richtung Küste. Und ich musste allein sein, ganz allein. Hauke ließ sich nicht aus der Ruhe bringen, er akzeptierte meine Entscheidung, auch wenn er nicht gerade glücklich darüber war. Ich lief am Maschinenhäuschen vorbei und bog dann links ab, zu dem Teil der Bucht unterhalb des Kinnbergs. Mir war unheimlich zu Mute – es war schon komisch, niemanden in meiner Nähe zu wissen. Das Gewehr war lebenswichtig, aber meine Augen als Warnsystem waren fast noch wichtiger. Ich fühlte mich ein bisschen wie ein englischer Soldat in Nordirland früher, immer auf der Hut, immer wachsam. Ein merkwürdiges Gefühl. Gruselig. War ich leichtsinnig? Masochistisch? Ich glaube kaum. Wollte ich mir beweisen, dass ich auch ohne Hauke gut zurechtkam? Vielleicht. Vielleicht auch nicht. Ich vermutete, dass er mich aus der Ferne ohnehin genau beobachtete.

Aber ich nahm mir Zeit, schlenderte am Ufer entlang. Sanfte Wellen brachen sich plätschernd in den Steinen. Ich warf ein paar ins

Meer, stöberte im Treibholz, ließ meine Gedanken schweifen, fühlte mich schon freier. Quallenartige Wesen verendeten im feuchten Sand des Strandes, sie zerfielen zu schleimigen Streifen. Es gab zeppelinförmige Tiere, jetzt zusammengefallen und flach, und kleine Quallen, die leblos hin und her gespült wurden, ihre schlaffen, verknoteten Tentakel von den Strudeln umhergewirbelt. Ich war äußerst wachsam, was Bären betraf. »Wenn du denkst, es ist ein Bär, ist es ein Bär«, sagte ich immer wieder vor mich hin. »Wenn du denkst, es ist ein Bär, ist es ein Bär.« Aber es war keiner zu sehen. Nicht einmal ein Rentier.

Ich schlenderte weiter den Strand entlang, hatte keine Lust, schon wieder zur Hütte zu gehen, drehte noch eine Runde, folgte erst dann meinen eigenen Fußstapfen zurück. Der Spaziergang hatte dieselbe Wirkung wie das Sicherheitsventil eines Drucktopfs, und als ich die Hütte wieder erreichte, ging es mir etwas besser. Ich war nicht mehr so angespannt, fühlte mich weniger zerbrechlich, hatte wenigstens nicht mehr das Gefühl, gleich platzen zu müssen, auch wenn in mir noch ein ziemliches Durcheinander herrschte. Vielleicht meisterte ich das Leben in Kinnvika doch nicht so gut, wie ich gedacht hatte. Vielleicht machte ich Hauke zu Liebe gute Miene zum bösen Spiel, vielleicht bildete ich mir nur ein, glücklich zu sein. Möglicherweise kamen jetzt meine wahren Gefühle an die Oberfläche. Das meiste, was ich bislang getan hatte, war irgendwie nicht normal gewesen, besonders hier. Nichts in meiner Vergangenheit gab mir Orientierung, wie ich mit diesen neuen Erfahrungen, mit diesen unglaublichen Abenteuern fertig werden sollte. Es bewegte sich alles jenseits dessen, was ich erwartet hatte. So fremd. Irgendwie so ... verrückt. Aber der Spaziergang hatte mir gut getan. Ich war ganz unten gewesen, aber jetzt ging es wieder aufwärts. Ich würde das Normale in diesem Leben entdecken, denn weg wollte ich auf keinen Fall. Dieser Entschluss half, die Dinge wieder positiv zu sehen.

Tagsüber blieb ich von solchen Stimmungsschwankungen verschont, aber in der Nacht holte mich vieles ein. Unbewusst sehnte ich mich offensichtlich nach Gras und Bäumen. In einem Traum arbeitete ich für die Grünenpolizei. Es war Winter, und die Menschen wurden krank, weil sie kein Grün mehr zu sehen bekamen. In einem riesigen, ungenutzten Stadion entdeckte ich ein Stückchen Rasen, das der Platzwart von Schnee freihielt, um sich dort in Ruhe hinzusetzen und Kraft zu schöpfen. Irgendwie erfuhr ich, dass das Stadion eine Bodenheizung hatte, und ich schlug ihm vor, sie anzuschalten, damit die anderen Menschen auch wieder Gras sehen und gesund werden könnten. In diesem Moment wachte ich auf und war wieder in der Wirklichkeit. In der Hütte. Im ewigen Eis.

In einem anderen Traum wollte ich ein etwa 100 Jahre altes Backsteinhaus kaufen. Es hatte gelbe Ecken und war nicht wirklich schön, aber gemütlich. Innen wirkte es gigantisch. Es war I-förmig, die Flügel an den Seiten dreistöckig. Im rechten Flügel befand sich im zweiten Stockwerk eine riesige Emaillebadewanne mit dicken Rohren, durch die Wasser zu- oder abfloss, das war nicht ganz klar, jedenfalls musste man Stufen erklimmen, um hineinzuklettern, weil die Wanne auf einer Art Podest stand. Direkt darunter, im ersten Stock, war ein Swimmingpool. Merkwürdig, dass das Becken sich nicht im Erdgeschoss befand, irgendwie war so zu viel Gewicht an der falschen Stelle. Das Zimmer oben im linken Flügel war, das wusste ich, mit glänzenden weißen Ziegelsteinen anstatt mit Fliesen und Kacheln ausgekleidet. Sie bedeckten sogar die Türen und Fenster, ich kam aber nicht herein. Draußen im Park standen dunkle, verwohnte Ferienchalets, die ich in verschiedenen Farben streichen lassen und vermieten konnte, allerdings waren alle von ihrer Existenz überrascht, vorher hatte man sie offenbar nicht bemerkt. Sehr merkwürdig. Vielleicht wollte ich Menschen um mich haben und hatte doch ein bisschen Platzangst in Kinnvika.

Am 21. September herrscht Tag-und-Nacht-Gleiche. Für uns bedeutete das den Anfang des Winters. Das Wetter veränderte sich, es wurde kälter, das Licht war plötzlich anders, sanfter, und der Wind wurde stärker. Manchmal mussten wir die Hunde auf die andere Seite der Hütte führen, damit sie vor den Böen geschützt waren. Dank Haukes Wetterstation konnten wir die steigende Windgeschwindigkeit genau verfolgen. Selbst wenn es draußen eigentlich gar nicht so kalt war, die gefühlte Temperatur sank mit steigender Windstärke. -8 °C konnten sich bei Wind leicht wie -30 °C anfühlen. Manchmal nahm die Windstärke rapide zu, und in der Geborgenheit unserer Hütte verfolgten wir, wie stark ein Wind wurde: 12,8 Meter pro Sekunde, dann 13,4, 14,7, 17,7 bis hin zu 20,2! Der Wind hatte den Schnee um unsere Hütte herum zu einer kompakten Masse zusammengedrückt, der Eisenring, an dem wir die Hunde ursprünglich festgeleint hatten, war unter einer meterdicken Schneeschicht verborgen. Merkwürdigerweise hielt der Wind einen anderthalb Meter breiten Streifen direkt um die Hütte vom Schnee frei, so dass wir bequem hinausgehen konnten. Am späten Nachmittag war der Himmel in atemberaubendes Licht getaucht: eine ganze Palette von sanften Grün-, Lila- und Blautönen bis hin zu ungewöhnlichen Schattierungen von Bernstein und Rot. Die Wolken waren plötzlich aprikosenfarben oder von gedeckten Pfirsichtönen. An anderen Tagen war der Himmel ganz Lavendel, Braunrot und Blaugrau wie Taubengefieder. Der 22. Oktober war der erste Tag ohne Sonne: Das sanfte Wildrosen- und Lachsrot des Sonnenaufgangs ging beinahe übergangslos in das Orange und Korallenrot des Sonnenuntergangs über. Tagsüber sahen die Wolken oft aus wie walisischer Schiefer, ein dunkles Bleigrau, von feinen Malven- und matten Grüntönen durchzogen, wie ein regennasses Dach, auf dem die Sonne funkelte. Das mal subtile, mal dramatische Spiel von Farbe und Licht gab ein grandioses Finale, bevor es sich ganz verzog und uns in der Polarnacht mit ihrem ganz eigenen, unglaublichen Lichtspektakel zurückließ.

Bei unseren Spaziergängen an den Ufern der Gegend fanden wir zwischen Felsen und Geröll immer interessantere Objekte. Mit scharfem Blick entdeckten wir zwischen wertlosem Krempel ein außergewöhnliches Stück nach dem anderen – schon bald waren es genügend Exponate für ein kleines Museum. Die Tischtennissaison war zu Ende, es war viel zu dunkel zum Spielen, und so verwandelten wir unser Fitnessstudio ins »nördlichste Museum der Welt«.

Wir dokumentierten genau, wo wir die einzelnen Stücke entdeckt hatten, und fotografierten sie am Fundort, bevor wir sie nach Kinnvika brachten. Die meisten Objekte waren aus Holz: gigantische Spanten und Planken jahrhundertealter Segelschiffe; Skistöcke; Netzkorken aus Metall, Kork oder Holz; Überreste von Fässern (Böden, Deckel und Dauben); ein Ölfass der Firma Mauser, möglicherweise von der Wetterstation Haudegen rund hundert Kilometer östlich von uns auf Nordaustland; Ruder; die Hälfte eines fünfeinhalb Meter langen Schlittens, die wir von einer Eisscholle gerettet hatten, die in unsere Bucht getrieben war; Jagdgerät; Knochen von Walen und Bären; und jede Menge nicht identifizierbare, aber trotzdem interessante Gegenstände. Das Museum in Longyearbyen legt den Schwerpunkt auf Kohleabbau und wilde Tiere, ich konnte mich jedoch nicht an Exponate zur Geschichte des Walfangs und der Expeditionen auf Spitzbergen erinnern. Diese Lücke könnte geschlossen werden, wenn unser Museum erst sein neues Zuhause in der Stadt gefunden hätte. Unsere Stücke würden die Menschen zum Nachdenken anregen. Die große Sammlung von Holzobjekten wäre außerdem bestimmt ein lohnendes Forschungsprojekt für Studenten und Wissenschaftler, besonders für diejenigen, die sich für Schiffswracks interessierten.

Die Objekte zu sammeln und aus teils großer Entfernung zur Hütte zu schaffen war anstrengend, aber es sollte sich lohnen. Hauke hatte seine eigenen Vorstellungen davon, wie alles präsentiert werden sollte und machte sich daran, die Exponate zu verteilen. Da ich das Museum bis auf Weiteres nicht mehr betreten sollte, setzte ich mich an die Infobroschüre. Hauke leistete ganze Arbeit. Als ich endlich hineindurfte, konnte ich nicht fassen, wie unsere Objekte wirkten – erst jetzt begriff man ihre Einzigartigkeit. Die Anordnung war chronologisch, es begann in der linken Ecke mit den Fassfragmenten. Die Dauben hingen in einem Kreis von der Decke, die Böden waren wie Regalbretter an der Wand befestigt. Zwischen den Schiffsrelikten hatte Hauke Seile gespannt, so dass man sich vorstellen konnte, welchem Zweck sie möglicherweise einmal gedient hatten; die zusammengebundenen Ruder standen wie ein riesiger Blumenstrauß in der hinteren linken Ecke; weitere Schiffsstücke schmückten die hintere Wand, hier war auch unser riesiger Spant durch ein Abzugsrohr hindurch am Dach befestigt, damit er niemandem auf den Kopf fallen konnte. Einige der Schiffsfragmente waren in regelmäßigen Abständen durchbohrt, Dübel aus Holz steckten teilweise noch in den Löchern. Wollte man mit dieser Technik verhindern, dass das Holz splitterte? Manche der Teile waren so sorgfältig geformt, dass die Kanten genau aufeinander passten und kein Licht durch die Ritzen drang. Und das nach Hunderten von Jahren! Die Schlittenkufe (vielleicht ein Überbleibsel einer der Expeditionen von Nansen) passte genau an die rechte Wand und hing über den vermeintlichen Resten eines leichten Bootes, vielleicht aus der Zeit Nordenskjölds. Davor war eine Jagdhütte aufgebaut, komplett eingerichtet mit Geschirr, Besteck, Lampe, Buch und der Wirbelsäule eines Bären. Auf unserer jetzt mit einem alten Segeltuch bedeckten Tischtennisplatte in der Mitte des Raums lagen all unsere anderen kleinen Trouvaillen, inklusive Zapfen, Kork- und Holzschnitzereien und Griffe. Es hatte alles eine frappierende Wirkung, und ich war völlig fasziniert, obwohl ich die Exponate ja schon gesehen hatte. Wir nannten unsere Sammlung das »Strand Kant Museum« und feierten die Eröffnung an einem Sonntag, also einem Champagnertag. Das schien uns nur zu angemessen.

Sako machte sein Bein zu schaffen, immer wieder jaulte er plötzlich vor Schmerzen und fing an zu humpeln. Dann wieder war alles in Ordnung. Ob er simulierte, weil er zu faul war, den Schlitten zu ziehen? Wir waren unsicher, ob konsequente Ruhe oder leichte Bewegung besser waren, um die Muskeln geschmeidig und beweglich zu halten. Wenn er Balto nicht beim Ziehen des Schlittens half, würden wir kein Treibholz mehr von der Küste holen können, also hofften wir sehr, dass es ihm bald besser ging. Vorerst jedenfalls gab es keine langen Spaziergänge mehr.

Wir verbrachten viel Zeit damit, am Strand der Bucht Treibholz zu pyramidenförmigen Stapeln aufzuschichten, denn im Winter würden die Holzstücke am Boden festgefroren und von Schnee bedeckt sein, und wir mussten unsere Vorräte in der Dunkelheit genau sehen können. Wir beluden den kleinen, leichten Schlitten und halfen den Hunden, ihn zur Hütte zurückzuziehen. Dort entluden wir alles neben dem Sägebock und zogen wieder los, um die nächste Ladung zu holen. Bald hatten wir genug für die langen Wintermonate zusammen – jetzt musste das Holz nur noch zerkleinert werden.

Hauke hatte eine Kettensäge mitgebracht, aber ich konnte nicht mit ansehen, wenn er damit arbeitete. Eine Freundin in Longyearbyen hatte durch so eine Säge fast ein Bein verloren, folglich war ich nicht sonderlich erpicht darauf, den reißenden, rotierenden Zähnen zu nahe zu kommen. Ich blieb lieber drinnen und schaute weg, was auch Hauke angenehmer war, weil ich ihn so nicht nervös machte. Die Stämme in handhabbare Stücke zu zersägen war dank der Säge ein Kinderspiel, und ich bot an zu spalten. Ich hatte jahrelang keine Axt mehr in den Händen gehalten, und es dauerte eine Weile, bis ich wieder den richtigen Schwung heraushatte, aber es war äußerst befriedigend. Das rhythmische Schwingen und Hacken, Schwingen und Hacken mochte ich, das Bücken weniger, das war die eigentliche Arbeit. Es war eine schweißtreibende Tätigkeit, richtige Knochenarbeit, und selbst an besonders kalten Tagen musste ich Schicht um Schicht meiner Kleidung ablegen, bis ich nur noch ein Hemd anhatte. Wir stapelten das Holz in drei oder vier Reihen an der Hüttenwand, gleich neben der Tür. Hier würden wir uns auch in der Dunkelheit schnell zurechtfinden. Einige Scheite lagerten wir in der Küche, direkt neben dem Herd. Sobald der Schnee die Scheite festgepackt hatte, setzte sich Balto mit Vorliebe auf die Haufen draußen, um uns durchs Küchenfenster zu beobachten. Er drückte sich im wahrsten Sinne des Wortes die Nase platt.

Ich mochte diese gemeinsame Arbeit. Sie brachte uns noch näher zusammen. In Gesellschaft machte es viel mehr Spaß – Holz sammeln, den Schlitten beladen, alles sicher zur Hütte transportieren. Man arbeitete für sich und trotzdem Hand in Hand. Beim Filmen war es genauso. Hauke überlegte sich meistens die Reihenfolge der Szenen, den Spannungsbogen, und dann filmten wir abwechselnd. Wenn ich die Kamera halte, will ich bestimmen, will über Winkel und Einstellung entscheiden. Mit dem Zoom kann man sich prima vergnügen, oft ist es allerdings besser, ohne Spielereien bei einer Einstellung zu bleiben. Wenn wir Passagen drehten, in denen Hauke auf Deutsch seine Experimente beschrieb, unterbrach ich ihn manchmal plötzlich, um den Winkel zu verändern. Er wurde dann stinksauer, vor allem, wenn er fast fertig gewesen war. Wir mussten jedes Mal von vorne anfangen und entwickelten schließlich die simple Methode, dass ich den Arm in die Luft streckte, wenn ich die Perspektive wechseln wollte.

Hauke wurde richtig wütend, wenn ich in meiner »kackbraunen Jacke« statt der knallroten zu Filmaufnahmen erschien. Diese Jacke sehe im Film einfach schrecklich aus, ob ich mir nicht mal was anderes anziehen könne. Manchmal ist das Leben einfacher, wenn man vorausschauend denkt und so Problemen vorbeugt. Je genauer wir uns kennen lernten, je besser wir einschätzen konnten, wo die Empfindlichkeiten des anderen lagen, desto seltener gerieten wir aneinander. Das Wichtigste war Toleranz. Jeder hat irgendwelche Macken, aber wenn man zulässt, dass die Macken des anderen einem den letzten Nerv rauben, wird es immer schlimmer, und möglicherweise zerbricht daran eine ansonsten wunderbare Beziehung. Besser, die Macken zu ignorieren und einfach mit ihnen zu leben. Und die Spielregeln zu akzeptieren.

Hauke arbeitete hart an seinen Experimenten, und das unter extremen Bedingungen. Ich konnte ihm dabei nicht helfen, und das wollte er auch gar nicht. Aber ich konnte mit anpacken, wenn er seine Geräte von A nach B tragen musste, oder mit dem Gewehr in der Hand Wache schieben, damit er sich auf seine Arbeit konzentrieren konnte. Wenn es dunkel war, leuchtete ich mit der Taschenlampe, damit er beide Hände frei hatte und mit seinen eiskalten Fingern schneller wieder in die warme Hütte konnte. Zugegeben, ich verstand nicht immer alles, wenn Hauke von seinen Experimenten erzählte, das heißt, manchmal verstand ich es in dem Moment des Erzählens, hätte es allerdings niemals einem Dritten erklären können.

Aber wie er konnte ich mich begeistern, wenn ich die faszinierenden Proben unter dem Mikroskop betrachtete: Eiskristalle, die sich auf einem Glasplättchen ausbreiteten; Schneeflocken, von Hunderten CO_2-Bläschen besetzt; Bakterien, die im leuchtenden Rot und Grün polarisierten Lichts blitzschnell durch kleine Kanäle hüpften; transparente Mikroorganismen, die in der magischen Flüssigkeit im Eis mit ihren unzähligen Beinchen wackelten; ein eiförmiges Wesen, das in regelmäßigen Abständen Armbündel ausstieß und wieder einzog; eine blau fluoreszierende Krabbe. Es war fantastisch. Das Eis lebte, und es war unmöglich, darüber nicht in Verzückung zu geraten.

Es gefiel mir, dass Hauke so aufmerksam war und sich für alles interessierte, was ich tat – ob meine Handarbeiten, meine Lektüre oder das, was ich zum Abendessen kochte (klar, da war das Interesse nicht ganz uneigennützig). Manchmal bereiteten wir das Essen zusammen vor, aber das eigentliche Kochen war meine Aufgabe, während Hauke darauf bestand, den Abwasch zu machen, und nach ein paar entsprechenden Kommentaren gewöhnte ich mir an, mit möglichst wenigen Töpfen und Pfannen auszukommen. Eines Abends, Hauke hatte den ganzen Tag intensiv experimentiert, wollte ich ihm eine Pause gönnen und begann mit dem Abwasch, während er sich noch seine Notizen zum Tag machte. Ein großer Fehler! Hauke wurde richtig wütend. Der Abwasch sei seine Aufgabe, ich solle sofort damit aufhören und mich hinsetzen und nicht alles an mich reißen, das würde alles durcheinander bringen, er werde den Abwasch machen, sobald er fertig sei, und so weit komme es noch ... Ich hatte es nur gut gemeint, er hatte so kaputt und müde ausgesehen, aber ich kam nicht zu Wort. Darüber reden konnten wir erst später, als er sich wieder beruhigt hatte und alles wieder normal war. Ich beschloss, ihn in Zukunft zu fragen, wenn ich seinen Abwasch machen wollte. Wenn ich einmal aus irgendwelchen Gründen erschöpft war, bot Hauke immer an, eine seiner wunderbaren, sämigen, sättigenden, köstlich verfeinerten Instantsuppen zuzubereiten. Aber er fragte vorher. Und ich konnte natürlich nicht anders, als Ja zu sagen. Es waren die kleinen, alltäglichen Dinge, die manchmal Probleme bereiteten.

Aber die meisten dieser Aufgaben erledigten wir gemeinsam. Wenn ich eine Monatsration an Vorräten zusammengestellt hatte, belud Hauke den Pulka, und wir zogen den Schlitten zusammen zur Hütte. Den Wassertank reinigten wir grundsätzlich zu zweit. Hauke füllte das Paraffinöl aus den 200-Liter-Fässern (die wir zusammen von der Not-Tankstation ins Maschinenhaus hochgerollt hatten) in 25-Liter-Kanister, die wir dann gemeinsam in unsere Hütte schafften. Jeder schlug mal Stufen in den Schnee vor unserer Hütte, damit wir einen sicheren Tritt hatten. Viele Dinge machten wir zusammen, ohne es überhaupt zu merken. Wir folgten der Logik, die sich ergab, einer Logik, die das Zusammmenleben und das Überleben sicherte, weil sie dem gesunden Menschenverstand entsprach. Ich fühlte mich nicht »ausgebeutet«, weil ich kochte und putzte. Das System der Aufgabenverteilung war so effektiv wie flexibel, und mir kamen weder Unabhängigkeit noch Entscheidungsfreiheit abhanden. Arbeit und Zeit wurden nicht penibel zwischen uns aufgerechnet, und wenn der eine bei einer Aufgabe mehr machte, fügte es sich von selbst, dass bei einer anderen der andere aktiver war. Es herrschte Balance, und deswegen konnten wir die Dinge entspannt sehen.

Hauke drängte mich immer wieder, mehr über meine Gefühle zu sprechen. Aber obwohl es mir zunehmend leichter fiel – einfach war es für mich noch immer nicht auszusprechen, was ich sagen wollte, überhaupt über Persönliches zu reden. Hauke ließ nicht locker, und ich merkte, dass ich mich schon anders ausdrückte, aber es würde noch dauern, bis ich frei von der Leber weg plaudern würde. Ich freute mich, dass er nicht aufgab, ich schätzte seine Bemühungen, wusste ja auch, dass ich davon profitierte. Er wollte mich auch zum Streiten bringen, wünschte sich, dass ich meine eigene Meinung selbstbewusster vertreten, mich nicht zu schnell den Einschätzungen anderer fügen würde. Fasse dich kurz, komm auf den Punkt, rede nicht um den heißen Brei herum. Ich versuchte es, nicht immer mit Erfolg, aber mit ihm konnte ich üben, sicherer aufzutreten. Es war schön, jemanden zu haben, der mir zuhörte. Vielleicht war es für grundlegende Wandlungen ja selbst bei mir noch nicht zu spät ...

Der Wind drehte, und dank der Gezeiten wurde ein Großteil des Eises in unserer Bucht irgendwann in die Hinlopenstraße gespült und verschwand. Das Meer war wieder grau wie Stahl. Die Temperatur sank deutlich, manchmal waren es um -18 °C. Für Hauke war natürlich die Wassertemperatur am wichtigsten, ungeduldig wartete er darauf, dass sie sich bei etwa -2 °C einpendelte und es gefror. Am Rand der Bucht, wo die Flut kam und ging, bildete sich bereits eine schmale Eiskruste. Jenseits davon sah die Wasseroberfläche seifig aus, wie Öl, ein sicheres Anzeichen dafür, dass es gefror. Der Film glättete die Wellen, legte sich darüber wie ein Bügeleisen auf ein zerknittertes Laken. Irgendwann Anfang November kam Hauke von seinem morgendlichen Spaziergang mit den Hunden zum Frühstück zurück und berichtete, dass jetzt eine Eisschicht das Meer bedeckte. Die Seifenschicht war inzwischen fünf Zentimeter dick, allerdings noch weich und flexibel, man sah, wie sich die Wellen darunter bewegten. Vom Strand aus wurde die feste Fläche nun täglich größer.

Hauke zog mit Balto los in Richtung Bucht, um Eisproben zu entnehmen und Messinstrumente zu platzieren, die an bestimmten Stellen einfrieren und dort überwintern sollten. Sako blieb bei mir. Er humpelte inzwischen recht stark und jaulte immer öfter vor Schmerzen auf. Wir gaben ihm Schmerzmittel und Entzündungshemmer, aber die Medikamente schienen nichts zu nützen. Manchmal bandagierte ich sein Bein, um die Gelenke zu stützen, aber der Verband wurde nass und gefror dann zu einem festen Eisgips, so dass wir diese Behandlungsmethode bald aufgaben. Wenn er besser lief und die Schmerzen nicht so stark waren, nahmen wir ihn auf längere Spaziergänge mit, gingen aber nie zu weit. Uns war auch nicht wohl dabei, ihn alleine zurückzulassen. Ein paar Tage lang fraß er nicht, trank nur Wasser. Wir richteten ihm ein warmes Lager zum Schlafen, aber das zerfetzte er. Er wollte oft ungestört sein, gab ein tiefes, warnendes Knurren von sich, damit man ihn nicht streichelte. Manchmal hockte er auf seinem Hinterteil und klapperte mit den Zähnen, als hätte er Schüttelfrost. Sein Bein schwoll immer wieder an, besonders an der Schulter, das Kniegelenk hingegen wurde ganz heiß. Hauke hatte die Idee, es mit Rotlicht zu versuchen. Erst gefiel es Sako gar nicht, in die Nähe unserer Hütte gezerrt zu werden, aber wir beruhigten ihn, stellten den Generator an, und irgendwann gewöhnte er sich an die Prozedur. Es schien zu helfen, und so wiederholten wir die Bestrahlung zweimal am Tag für jeweils zehn Minuten. Auch Balto setzte sich manchmal dazu, um ein paar wärmende Strahlen abzubekommen. Wir wussten nicht, was Sako hatte, und waren ziemlich hilflos, wollten unbedingt mit Berit und Karl Kontakt aufnehmen. Vielleicht hatten sie eine Idee. Hoffentlich.

Das letzte Licht im Oktober, bevor die Polarnacht beginnt

Kreativität in der Küche – frisch gebackenes Brot (o.) und eine mit viel Pfeffer gewürzte Sauce aus Salami und Zwiebeln (u.)

Unser gemütliches Zuhause: Holzbretter vor den Fenstern schützen das Wohn-, Schlaf-, Ess-, und Arbeitszimmer gegen Eisbären.

Der Tag geht zu Ende. Entspannende Lektüre bei Rotwein und Pfeife (o.),
alle Erlebnisse werden aufgeschrieben (u.)

Langeweile? Keine Chance! Es entstehen unter anderem ein Adventskalender aus Stoff (o.) und ein Quilt, den sogar Balto bewundert (u.).

Langlauf im Juni (o.), Bärenpirsch bei −25°C im April (u.)

Überall Spuren – im Königreich der Bären sind wir nur zu Gast.

Es war das schönste Jahr unseres Lebens.

8 Wendepunkte

Die Dinger sahen ziemlich bescheuert aus, und ich fühlte mich ein bisschen wie im Superman-Kostüm. Eigentlich trug man sie unter der Hose, aber das war zu eng, und so zog ich sie drüber. Draußen waren es nur -13 °C, aber der Wind heulte unerbittlich um meine Ecke der Hütte, so dass nachts sogar drinnen -8 °C herrschten. Tagsüber wurde es dann etwas wärmer, aber ich fror trotzdem die ganze Zeit. Diese grünen gesteppten Innenhosen waren Gold wert. Sie bildeten eine extra Wärmeschicht und waren außerdem windfest, sahen allerdings ziemlich albern aus, weil sie nur bis zur Wade reichten. Zwischen meinen dicken Filzpantoffeln und den zu kurzen Hosenbeinen sah man also noch eine weitere Hose. Aber mir war es egal, wie ich aussah, Hauptsache warm.

Kaum gehörten die Stepphosen zu meiner Standardausrüstung, spielte das Wetter verrückt, plötzlich war es auch mal +7 °C. Man konnte fast vergessen, wo man sich befand. In der Eisschicht auf der Bucht bildeten sich Risse, strömender Regen füllte trübe, milchige Pfützen, die im kreischenden Wind bebten. Der Schnee verzog sich fließend vor der Wärme, hinterließ kahle, braune Flecken, wie Schokotaler auf dem Zuckerguss einer Geburtstagstorte. Weich gewordener Hundekot glitschte unter den Füßen.

Anfang Dezember war die wohl dunkelste Zeit unseres Aufenthalts in Kinnvika. Nicht einmal der Mond hellte die Nächte ein wenig auf, stattdessen war ostwärts ein merkwürdiges Leuchten zu sehen. Der wolkenlose Himmel glühte in einem überirdischen Scharlachrot, es war, als würden die Lüfte elektrisch aufgeheizt und der Schnee und die Gletscher sollten das wenige Licht spiegelnd verteilen. Um unsere gut gewärmten Füße lagen bleiche Schatten – Hauke erklärte, dies sei auf den tiefen Stand der Sonne zurückzuführen. Das Licht schlüpfe sozusagen unter dem Horizont hervor, und in der ungewöhnlich warmen, klaren und feuchten Luft würden die Wassertropfen das Licht verteilen und die Leinwand hinter den dunklen Zacken der Berge purpurn tünchen. Er illustrierte das, indem er sich heißen Tee einschenkte und den Strahl seiner Taschenlampe dabei in den Dampf hielt. Im Spiegel war das Licht ungeheuer hell und verschwand, sobald er die Taschenlampe ausschaltete. Reine Physik.

Egal bei welchem Wetter, Hauke stand nach dem Klingeln des Weckers immer als Erster auf. Er machte Feuer, setzte Wasser auf und legte sich noch einmal ins Bett, bis es kochte. Die erste Portion Wasser verwendete er, um sich selbst, seine Unterhosen oder Socken zu waschen, und während danach das Teewasser heiß wurde, machte er den Hunden Frühstück. Er wärmte die Näpfe und würzte ihre erste Mahlzeit mit etwas getautem Spülwasser von unserem Abendessensgeschirr. Ich verschlief all diese Handgriffe, aber sobald der Tee und sein Kaffee fertig waren, weckte er mich sanft, stellte meinen Becher auf das Tischchen und zündete mir eine Kerze an. Sehr romantisch! Sobald ich einigermaßen wach war, ging er mit den Hunden und seinem Kaffee hinunter zum Strand. So hatten wir beide am Morgen erst einmal ein bisschen Zeit für uns und konnten den Tag in unserem eigenen Tempo beginnen. Manchmal versuchte ich, rechtzeitig fertig zu sein, um Hauke bei seiner Rückkehr draußen zu erwarten, aber das gelang mir selten. So fütterte Hauke die Hunde und machte ein bisschen Gymnastik, um sich fit zu halten und aufzuwärmen und sich die Wartezeit zu vertreiben. Manchmal quälte ich ihn unabsichtlich, und er musste ziemlich lange bei scharfem Wind in der Eiseskälte frieren. Mein Getrödel fand er nicht besonders lustig, kam aber nie herein, bevor ich nicht so weit war.

Ab und zu bekam ich mehr als meine Tasse Tee und die Kerze. Wenn ich meine fürchterlichen Kopfschmerzen hatte (meistens frühmorgens, bevor ich meine Tage bekam, wie Hauke messerscharf feststellte), weckte er mich besonders liebevoll und fragte, wie es mir gehe. Wahrscheinlich hatte er kein Auge zugetan, weil ich mich im Bett herumgewälzt hatte, aber anstatt zu schimpfen, legte er mir kleine Geschenke neben meinen Becher (ich habe nie herausgefunden, wo das Versteck war). Ich bekam eine schöne Gesichtscreme, ein Seidentuch und irgendwann eines meiner Lieblingsgeschenke: eine Sammlung von acht Modebildchen aus acht Jahrzehnten einer Kopenhagener Firma mit dem Titel »Soloman Davidsen 1841–1911«. Auf dem ersten Bild waren zwei junge Mädchen in Rüschenkleidern und Spitzenhosen zu sehen, auf dem nächsten folgten Krinolinen mit Volants und am Ende eine Mode, die fast schon an die Zwanzigerjahre erinnerte. Ich freute mich wahnsinnig über diese kleinen Geschenke. Was für ein netter Mann.

Die Frühstücke am Sonntag waren immer etwas Besonderes. Solange der Vorrat reichte, gab es dicke Scheiben durchwachsenen Bacons, Eier, dazu manchmal Bratkartoffeln und immer eine Flasche Sekt oder Champagner. Wir hatten genug für ein ganzes Jahr und mussten nur darauf achten, dass er nicht gefror. Insgesamt war unser Sekt nur dreimal ein bisschen schal, weil die Korken sich ein wenig gelockert hatten. Ab und zu war der Sekt leer, bis das Essen auf dem Tisch stand. Dann ging es besonders lustig zu. Das opulente Sonntagsfrühstück beendete jeweils eine weitere Woche in Kinnvika, es hielt uns bei Laune, besonders während der langen, dunklen Polarnacht, einer Phase, in der wir ganz besonders dafür sorgen mussten, dass uns der optimistische Blick nach vorn nicht abhanden kam.

Draußen im Dunkeln hatte ich Angst, besonders allein. Ohne Hauke oder die Hunde blieb ich immer nahe bei der Hütte, denn oft herrschte Schneegestöber, und man konnte nicht weit sehen. Aber zweimal am Tag, vor dem Frühstück und dann am Nachmittag, zwangen wir uns, hinauszugehen und uns zu bewegen. Anfang November, als ausgiebige Spaziergänge nicht mehr möglich waren, fingen wir an zu joggen. Wir rannten immer wieder um die Hütte herum, wovon uns ganz schwindelig wurde. Irgendwann beschlossen wir deshalb, nach zehn Runden die Richtung zu wechseln. Ich hielt bei diesen Dauerläufen eine Taschenlampe in der Hand und rannte auf der Seite ohne Hunde grundsätzlich etwas schneller. Zum Abschluss dehnten und streckten wir uns, wir kreisten mit den Armen, hüpften große Holzbalken rauf und runter, wir machten Kniebeugen, und manchmal gehörten sogar ein paar Yogaübungen dazu. Es war uns beiden wichtig, Sport zu treiben und nicht nur faul herumzusitzen. So blieb der Kopf klar und heiter, und düstere Gedanken wurden vertrieben. In der Hütte tanzten wir sogar manchmal zu der Musik, die gerade im Radio oder CD-Spieler lief. Und es konnte passieren, dass wir bei den Nachrichten oder dem Wetterbericht knutschten. So wurde mir schön warm. Meine Füße blieben allerdings auch in der Hütte immer kalt, denn der nackte Holzfußboden war nicht isoliert. Um die Körperwärme zu halten, hatte ich außerdem stets eine Mütze auf, was jedoch meiner Frisur nicht besonders zuträglich war.

An den dunklen Herbstabenden und in der Polarnacht, als es 24 Stunden lang dunkel war, saß ich ziemlich viel in der Hütte herum, aber das immer in Aktion. Drei Kreuzstichbilder, die ich Jahre zuvor angefangen hatte, wurden fertig, und jetzt, da Weihnachten vor der Tür stand, machte ich mich an weitere Geschenke. Ich holte die Fotos hervor, die ich vor der Abreise aus Longyearbyen von Elses,

Anne-Mettes und Randis Häusern gemacht hatte. Schnell waren die Umrisse fertig, und nun stickte und stickte ich, damit der Weihnachtshelikopter für die »Überwinterer« sie mitnehmen konnte. Ich las viel und strickte an Haukes Weihnachtspullover. Er lebte in dem Glauben, der Pulli wäre für mich. Obwohl ich schon Anfang Oktober damit losgelegt hatte, schien es aussichtslos, ihn rechtzeitig fertig zu bekommen, und so war heimlich Plan B in Kraft getreten: Ein weiteres Kreuzstichbild von Haukes *naust* in Longyearbyen war in Arbeit. Gebäude sind ja nicht wirklich spannende Motive, und so fügte ich noch Berits und Karls Holzboot hinzu. Kaum verließ Hauke für ein paar Minuten unsere Hütte, zog ich das Bild hervor und arbeitete daran. Seit ein paar Wochen war er manchmal etwas verärgert, weil ich morgens scheinbar nicht aus den Federn kam, aber in Wirklichkeit arbeitete ich immer an dem Bild.

Seit Anfang Dezember waren wir damit beschäftigt, Briefe zu schreiben. Sie wurden alle ziemlich lang, und wir verwendeten viel Zeit und Mühe darauf. Ein paar Selbstauslöserfotos hatten wir als Briefköpfe eingescannt und das Papier dann zum Schreiben ausgedruckt. Nach den ersten fünf oder sechs Briefen, in denen wir dieselben Abenteuergeschichten wieder und wieder erzählt hatten, fiel es schwer, einen frischen Ton beizubehalten. Ich fing an, meine Bögen mit weihnachtlichen Motiven zu verzieren, und konzentrierte mich darauf, so viele wie möglich zu malen: Weihnachtsbäume, Päckchen, Sherry, Sternsinger und sogar Mince Pie.

Der Überraschungsbesuch eines Helikopters Ende November hatte uns Post und eine Kiste mit frischen Lebensmitteln von Randi beschert. Kleine Kinder der Buriton School, wo meine Schwester arbeitet, hatten im Rahmen eines Projekts zur Arktis jede Menge glitzernder Karten für uns gebastelt, die ich über meinem Bett aufhing, wobei ein silberner Schauer darüber niederging. Die Schüler stellten viele interessante Fragen zu unserem Leben hier, und ich machte mich daran, allen zu antworten. Viele dachten, wir lebten in einem Iglu und wollten wissen, wie man eine solche Behausung baut. Sie fragten, ob wir Eisbären gesehen hätten. Und ob es im Eis auch Schmetterlinge gebe.

Aufgeregt kramte ich in der Haupthütte in einer Schachtel herum, bis ich die Weihnachtsdekoration gefunden hatte. Schon bald schmückten Papierschlangen die Decke unserer Hütte, und kleine Weihnachtsstrümpfe hingen an den Regalen. Ein Weihnachtsmann auf Skiern, den obligatorischen Rucksack auf dem Rücken, sowie ein Hase, den ich versehentlich mitgenommen hatte, saßen auf dem Tisch; die Kerzenständer hatte ich mit kleinen Stechpalmenblättern dekoriert, und im Fenster schwebte ein Engel in weißem Gewand.

Sako ging es immer schlechter. Einmal weckte er uns um drei Uhr morgens, er heulte vor Schmerzen und hatte seine Leine an mehreren Stellen durchgenagt. Wir nahmen ihn mit herein, aber er kam nicht zur Ruhe, und so ließen wir ihn eine gute Stunde später wieder hinaus. Am Nachmittag desselben Tages blickte ich durchs Fenster in die bedrückende Dunkelheit und sah, dass Balto nicht mehr an der Leine war. Ich zog mir eine dicke Jacke über, sah, dass er an der Haupthütte herumtollte, und rief ihn zurück. Er kam auf mich zu, ich leinte ihn an, aber hinter der Hütte tauchte ein großer Bär auf. Ich ging rein, um Hauke Bescheid zu sagen und eine helle Lampe aus der Küche zu holen. Hauke musste keinen Warnschuss abgeben, der starke Lichtstrahl verscheuchte den Bären sofort. Anhand der Fußspuren im Schnee konnten wir sehen, dass er ziemlich nahe an den Hunden gewesen war, aber Sako hatte den Bären entweder nicht gesehen, oder er war ihm gleichgültig gewesen, er war jedenfalls einfach liegen geblieben.

Sein Bein schwoll immer stärker an, es gelang ihm nur noch unter Mühen, es unter den Körper zu ziehen, um es zu wärmen. Jetzt wurden auch die Zehen dicker und spreizten sich unnatürlich. Hauke hatte Berit kontaktiert, die mit dem Weihnachtshelikopter Medikamente schicken wollte, und außerdem mit dem Tierarzt in Tromsø gesprochen, der aus den Symptomen schlussfolgerte, Sako hätte ein Problem mit den Lymphdrüsen, was gar nicht gut war. Die Therapie war teuer und wenig aussichtsreich. Obwohl Sako gut aß, verlor er Gewicht, und ich konnte schon seine Knochen durch das Fell spüren, wenn ich ihn streichelte. Es sah wirklich nicht gut aus, aber wir wollten auf jeden Fall Berits Medikamente abwarten.

18. Dezember 2002, -26 °C. Da verweigerte selbst der Ölofen den Dienst, sogar das Petroleum im Kanister oben an der Außenwand drohte zu gefrieren. Hauke entzündete ein üppiges Feuer aus Holz und Kohle, aber es dauerte ewig, bis es in der Hütte auch nur annähernd warm wurde. Wir waren früh auf den Beinen. Der Weihnachtshelikopter war unterwegs. Vorausgesetzt, das Wetter spielte mit. Es war kalt, aber da es nicht schneite und auch kein Wind den vorhandenen Schnee aufwirbelte, war die Sicht gut. Alle unsere Thermosflaschen waren mit heißem Wasser gefüllt, und ein Topf Glögg, Glühwein ohne Alkohol, simmerte auf dem Herd. Auf dem Tisch standen Teller mit Keksen bereit. Der Computer war hochgefahren, damit wir dem Gouverneur den bisherigen Verlauf der Experimente sowie unsere anderen Beobachtungen präsentieren konnten; ein erster, vorläufiger Bericht lag für ihn zum Mitnehmen bereit (das Dokument war unter viel Schweiß und Tränen rechtzeitig fertig geworden). Wir hatten die Betten gemacht und zu Sitzgelegenheiten umfunktioniert, zusätzliche Stühle standen am hinteren Tischende. Die Ausgangspost war schon in einem Sack, Etikett und Schnur daneben, Hauke musste nur noch seine sicher verpackten Proben hineinbefördern, die bis zur letzten Sekunde in der Haupthütte in der Kälte lagerten.

Vielleicht würde der Helikopter gar nicht kommen? Wenn hier gutes Wetter war, musste das in Longyearbyen nicht unbedingt genauso sein. War das das Geräusch der Rotoren? Nein, nur der Wind in den Halteseilen der Hütte. Falscher Alarm. Und dieses Geräusch da? Könnte sein. Hörte sich jedenfalls ganz so an. Wir steckten die Köpfe durch die Tür. Ja, eindeutig der Helikopter. Wir zogen unsere warmen Jacken an, um die Landung zu beobachten. Der große, dicke Helikopter senkte sich in einer Aura aus weißem Licht beim Maschinenhäuschen zu Boden. Die Rotoren wurden langsamer, eine Seitentür öffnete sich und entließ die Passagiere. Sie hatten alle Päckchen und Kisten in den Händen und bewegten sich wie eine Ameisenkolonie in einer langen Reihe hoch zu unserer Hütte. Wir wussten, dass auch Longyearbyens Pastor Svein Raddum an Bord war, aber da sie alle in ihren Kapuzen eingemummt waren, konnten wir erst erkennen, wer wer war, als alle drinnen waren. Die Küchenecke war sofort voller Kisten, Geschenke und Lebensmittel, Briefe ergossen sich auf den Boden und unter den Tisch.

Ein paar der Besucher zogen los, um die Forschungsstation zu besichtigen, während der Gouverneur, der Pfarrer und die anderen sich auf den Stühlen niederließen. Ich servierte Getränke, war überrascht, dass der Glögg so gut ankam, dass ich ihn noch etwas verlängern musste. Während Hauke die Begrüßungsworte sprach, öffnete ich auf dem Laptop die richtige Datei, damit die Präsentation losgehen konnte. Alle waren beeindruckt von Haukes kurzer Rede, und er dankte noch einmal dem Team des Gouverneurs für die vielfältige Unterstützung der Expedition. Ein Dokument machte die Runde, wurde unterzeichnet und gegengezeichnet: der Vertrag für die Hütte. Ein bisschen spät, dachte ich.

Svein hielt einen kleinen Weihnachtsgottesdienst für uns ab. Er verteilte Blätter mit Weihnachtsliedern, und nach einer kleinen Predigt zum Thema Licht und Dunkel, bei der eine eigens mitgebrachte grüne Kerze entzündet wurde, sangen wir zusammen »Stille Nacht, heilige Nacht«. Von der Kirche in Longyearbyen bekamen wir einen Weihnachtsbaumkuchen, kleine Kekse und norwegische Flaggen geschenkt. Trond, der Mann meiner Freundin Anne-Mette, war der Pilot des Hubschraubers; an einer langen Kinnsträhne in seinem ansonsten kurzen Bart funkelte eine ihrer handgemachten Perlen, und er sah äußerst vornehm aus.

Während Trond und sein Kopilot an der Benzinpumpe nachtankten, zeigten wir den anderen im Licht der Taschenlampe unser Museum. Der Gouverneur war von unseren Fundstücken ziemlich beeindruckt und stimmte zu, dass es sich um ein spannendes Forschungsprojekt handeln könnte. Er wollte uns Bescheid geben, ob wir die Sammlung als Dauerausstellung hier lassen könnten oder einige der Exponate ins Museum von Longyearbyen geschafft werden sollten. Hauke versicherte, wenn wir mit der nächsten Post in drei Monaten nichts hörten, würden wir alle Objekte wieder an die jeweiligen Fundorte zurückbringen.

Wir schlossen die Tür und zogen zum Landeplatz. Bei -30 °C umarmten wir uns herzlich und wünschten uns gegenseitig schöne Weihnachten, dann quetschten sich unsere Besucher wieder in den Helikopter, die Rotoren wurden schneller und schneller und hoben den Hubschrauber schließlich in einer blendenden Wolke funkelnder Schneeflocken aufwärts. Er drehte nach links ab und düste in die Nacht, während wir, unsichtbar, unten enthusiastisch winkten.

Es dauerte eine Weile, bis wir nach der Hektik des Besuchs wieder zu Atem kamen. Wir räumten die Hütte auf, wuschen Tassen, Becher und Gläser ab und widmeten uns dann den chaotischen Haufen auf dem Küchenfußboden. Ich sortierte die Lebensmittel, rettete die frischen Sachen vor den Minustemperaturen und kühlte, was gekühlt werden musste. Eine Riesendose mit neapolitanischer Eiscreme von Haukes Patentochter Andrea verstauten wir besonders sorgfältig. Hauke sortierte die Unmengen von Post in zwei wankende Haufen, einen für mich und einen für ihn. Wir brachten System in die Pakete, bildeten auch hier einen »Er«- und einen »Sie«-Haufen, und da die gemeinsame Post auf meinen Haufen kam, waren sie beide in etwa gleich groß.

Als alles sortiert war, machten wir uns den Rest Glögg warm, setzten uns hin und machten uns an unsere Briefe und Karten. Ich griff als Erstes nach einem Umschlag von meinem Anwalt in England. Meine Scheidungsunterlagen. Ich war also wieder Single. Ein gefallenes Mädchen, wie Hauke mich nannte. Ich musste lachen. Es fühlte sich überhaupt nicht anders an. Schließlich war es schon seit so langer Zeit vorbei. Die gemeinsamen Jahre würde ich nie vergessen – immerhin hatten Colin und ich auf unseren Reisen und Ausflügen viel zusammen gesehen und auch gemeinsam Freundschaften geschlossen. Meine Vergangenheit konnte ich ebensowenig ignorieren wie Haukes – immerhin waren wir durch unsere bisherigen Erfahrungen zu den Menschen geworden, die wir waren –, aber es kam mir vor, als wäre all das einer anderen Person widerfahren. Und in gewisser Weise stimmte das ja auch.

Wir widerstanden der Versuchung, in den nächsten Tagen sämtliche Pakete zu öffnen, nur den riesigen und sehr schweren Präsentkorb von Haukes Freund Dietmar Wolter aus Deutschland mussten wir aufreißen und uns genauer ansehen. Alles war nach dem Lustprinzip ausgewählt worden, ohne Rücksicht auf Gewicht oder Transportkosten, und wir freuten uns besonders über den außergewöhnlich guten Wein und den Champagner, die die Reise wundersamerweise überlebt hatten. Ein weiteres wichtiges Paket, das keinen Aufschub duldete, kam von Berit. Neben köstlichen selbst gebackenen Keksen und selbst gestrickten Handschuhen enthielt es die Medikamente für Sako, starke Antibiotika. Wir seufzten. Unseren Vorrat hatten wir bereits an ihn verfüttert.

Drei Tage später gab es einen weiteren Motivationsschub, um uns durch den langen Winter zu bringen: den kürzesten Tag – oder die längste Nacht, je nach Sichtweise. Ab morgen würde die Sonne jeden Tag ein bisschen näher, ein bisschen weniger entfernt sein. Uns wurde gleich ein klitzekleines bisschen wärmer. Allerdings lag die gefühlte Temperatur auf Grund starken Windes nachts bei -53 °C. Brrrr! Das war eindeutig zu kalt für Sakos Bein. Wieder versuchten wir, ihn hereinzuholen, bemühten uns, sein Gewinsel zu ignorieren und nicht darauf zu achten, dass es ihn unruhig machte, wenn Balto alleine draußen blieb. Aber wir kapitulierten und ließen ihn am Ende unangeleint draußen, damit er es bequemer hatte.

In der Nacht vom 22. Dezember war er drinnen. Um vier Uhr wurden wir durch ein ohrenbetäubendes Krachen geweckt. Wir sprangen aus den Betten und griffen beide nach unseren Waffen. Sako lag im Vorraum und machte keinen Mucks. Vorsichtig und klopfenden Herzens öffnete Hauke einen Spaltbreit die Tür, dann riss er sie ganz auf. Glassplitter lagen auf dem Boden, und eiskalter Wind drang herein, und uns gefror das Blut in den Adern. Hauke näherte sich dem schwarzen Loch und linste hinaus. Und da, ganz in der Nähe, stand Balto und wackelte freudig mit dem Schwanz. Hauke war außer sich und warf ihm die wüstesten Schimpfworte an den Kopf. Ich griff nach Mülleimer, Kehrbesen und Handschaufel und fing an, das Chaos zu beseitigen. Balto ahnte, dass eine heftige Tracht Prügel drohte, und verzog sich lieber. Hauke blickte durch das zertrümmerte Fenster herein und überlegte, wie man das Loch schließen könnte. Er prüfte, wie viele Scherben draußen gelandet und beseitigt werden mussten. Aber was war das? Blut! Und das war eindeutig keine Hundespur, sondern die Spur eines Bären! Wo war er abgeblieben? Bärenalarm! Offenbar hatte der ohrenbetäubende Lärm zersplitternden Glases in Kombination mit den plötzlichen Schmerzen an seiner Tatze ihn auf der Stelle verjagt, und nichts war mehr von ihm zu sehen. Er hatte zu Tode erschrocken das Weite gesucht. Balto hatte das Ganze offenbar für einen Scherz gehalten. Alarm hatte er jedenfalls nicht geschlagen, sondern offensichtlich mit dem Bären gespielt. Wir sahen es ihm nach. Versuchten es jedenfalls.

Hauke schloss die Läden vor allen Fenstern. Es war wie im Gefängnis. Als alles weggeräumt war, legten wir uns endlich wieder ins Bett, unruhig, weil wir nicht abschätzen konnten, ob der Bär wieder versuchen würde einzubrechen. Das Ganze hatte uns beide ziemlich aus der Fassung gebracht.

Am nächsten Morgen holte Hauke aus der Haupthütte ein paar kleinere und ein größeres Stück Pressholz, eine Schachtel Nägel und ein dickes Stück Noppenfolie. Nach einer halben Stunde war das Loch von innen mit dem großen Holzstück und einer Lage Noppenfolie bedeckt und mit den kleinen Holzstücken vernagelt. Es war winddichter als das Originalfenster. Ausgezeichnete Arbeit! Wir konnten zwar nicht hinausschauen, aber was gab es in der Polarnacht schon zu sehen? Wir öffneten die Fensterläden wieder, um über jedes Fenster diagonal eine Bodenplanke zu nageln. Ein hundertprozentiger Schutz gegen Bären war das nicht, aber wir konnten noch hinaussehen und im Fall eines Angriffs würden wir wenigstens Zeit gewinnen.

Wir beschlossen, Weihnachten nach deutscher Tradition zu feiern, für mich also einen Tag früher als sonst. Nachdem Hauke wie üblich Feuer gemacht und die Hunde gefüttert hatte, gab es Tee im Bett. Nach einem normalen Müslifrühstück mit Litern von Tee holten wir die Weihnachtstischdecke, Weingläser, rote Kerzen und einen richtigen Weihnachtskuchen von meinen Eltern hervor, außerdem den von der Kirche. Dann hingen wir ein paar Tannenzweige aus einem unserer Geschenkpakete auf. Wir redeten, lasen unsere Weihnachtspost noch einmal und machten es uns in der richtig ans Herz gehenden Weihnachtsstimmung gemütlich. Zum Mittagessen probierten wir von den Köstlichkeiten in unserem Präsentkorb: dünne Scheiben der fetten Salami, Käse mit von mir frisch gebackenem Brot und zum Abschluss köstliche Pralinen. Am Nachmittag öffneten wir ein paar Geschenke, Hauke hob zur späteren Lektüre die Zeitung auf, die als Verpackungsmaterial verwendet worden war. Plötzlich standen wir beide auf und fingen an, zur sanften Musik aus dem Radio zu tanzen. Fast reglos wiegten wir uns hin und her, vergruben den Kopf an der Schulter des anderen, unsere Füße bewegten sich kaum über die nackten Bodenplanken. Nur wir beide, alleine, an diesem so besonderen Tag. Ich grub die Finger in Haukes Pullover, ganz fest. Hauke lehnte den Kopf zurück und sah zu mir herunter, stille Tränen kullerten über meine Wangen, tropften von Nase und Kinn.

»Bist du traurig?«, fragte Hauke sanft, besorgt. »Vermisst du deine Familie?«

»Nein, ich bin so glücklich«, flüsterte ich. »Richtig glücklich. Es ist ein wunderschönes Weihnachten.«

Ich wollte nirgendwo anders sein als hier. Ich war zu Hause, geborgen. Und das war für mich selbst überraschend, oder vielleicht auch nicht. Es war einfach perfekt. Wir kuschelten uns auf dem Bett zusammen, lagen einfach da und spürten einander. Ich legte eine CD auf. Mark Knopfler sang »*Something is going to happen to make your whole life better, your whole life better one day*«. Wie wahr!

Draußen war es wieder windig, und so machte es uns nichts aus, den Tag drinnen zu verbringen. Mit dem Abendessen begannen wir ziemlich spät, erst gegen neun Uhr. Hauke sah kurz nach den Hunden und wollte gerade zum Klohäuschen gehen, als er meinte, auf der Hinlopenstraße die roten Lichter eines Fischerboots zu sehen. Es wäre nicht das erste Mal gewesen, aber irgendetwas war anders.

Was war das bloß? Funken! Und zwar ein fauchender Funkenstrom, der aus unserem Schornstein in die Nacht stob. Großartig! Ausgerechnet jetzt, da das Essen fertig war. Aber so war es nun einmal. Ich stellte sämtliche Töpfe auf den Tisch und nahm die Wäsche ab, die über den Öfen trocknete, Hauke schloss den Belüftungsschacht des Holzofens und entfernte den Kanister von der Außenwand. Dicke, blassrot glühende Funken sprangen aus dem Schornstein und flogen mit unsichtbaren Rauchflügeln davon. Irgendwann wurden es weniger und immer noch weniger, und dann war nichts mehr zu sehen. Wir beobachteten den Schornstein noch eine Weile, um ganz sicher zu sein, dass das Feuer im Schornstein erloschen war, und aßen dann unser verkochtes, inzwischen fast kaltes Weihnachtsessen. Hinterher stieg Hauke auf die Leiter, um die Schornsteinkappe abzuschrauben. Wegen des starken Windes musste er sich fest an den Schornstein klammern. Der war von innen fingerdick mit einer schwarzen Schicht verkrustet. Hauke sagte, im September habe er ihn noch säubern wollen, aber dann habe er es wieder vergessen. Das bereute er jetzt. Er kletterte vom Dach, holte die heiße Asche aus dem Holzofen, überlegte, wie man den Schornstein nun reinigen könnte. Gar nicht so einfach, ohne Bürsten. Hauke wäre beinahe weggeweht worden, als er die Tür der Haupthütte öffnete. Hier fand er eine vier Meter lange Holzlatte, mit der er dann von innen versuchte, die Schicht im Schornstein abzukratzen. Die Kruste löste sich relativ leicht, schwieriger war es, auf dem Dach nicht den Halt zu verlieren. Der Wind saugte Asche und Dreck heraus, direkt in Haukes Gesicht und seine Augen. Ich bekam einzelne Rußpartikel in die Augen, und das tat schon höllisch weh, für Hauke, der zehn Minuten da oben war, musste es die reinste Tortur sein. Er warf die Latte hinunter und setzte erleichtert wieder die Füße auf den Boden. Dann rieb er sich die roten, brennenden Augen und beseitigte den herabgefallenen Schmutz aus dem Holzofen. Während ich den

Rest sauber machte, stellte er sich noch einmal heldenhaft dem tosenden Wind, um Schornsteinkappe und Kanister wieder festzuschrauben. Ich erhitzte jede Menge Wasser, und als der Ölofen brannte und es im völlig ausgekühlten Zimmer wieder einigermaßen warm war, gab es eine wohlverdiente Waschung, denn Hauke war von Kopf bis Fuß schwarz wie ein Schornsteinfeger. Die Aktion hätte nicht bis zum nächsten Morgen warten können, es war viel besser gewesen, es sofort zu erledigen, während in der Hütte noch annehmbare Temperaturen herrschten. Zum Glück gab es danach keine Probleme mehr mit dem Schornstein. Gute Arbeit. Fröhliche Weihnachten!

Der Wind ließ nicht nach und zerrte jedwede Wärme aus der Hütte, sobald wir sie mühsam hergestellt hatten. Die Hunde verschwanden unter den Schneewehen. Sakos armer Fuß war immens angeschwollen, und wo die Haut zwischen den Zehen aufgesprungen war, blutete es. Das wird wohl nicht mehr, dachte ich.

Jeden Tag öffneten wir ein paar Familien- und Freundesgeschenke: Trockenfisch und Zeitschriften von Mark und Marina auf ihrer eingefrorenen Yacht; Zigarren und Tabak für Hauke; für jeden von uns zwei Paar selbst gestrickte Wollsocken; selbst gemachte Köstlichkeiten vom »Fanclub«, die auf der Zunge zergingen, so genannte »Rentierkötel« aus Schokolade; duftendes Massageöl; Kendal Mint Cake; Bücher; Wurst. Es war so gemütlich und entspannt in unserer vom Wind umtosten Hütte! Wir verbrachten ein paar Stunden im Bett, um uns aufzuwärmen, und plauderten über den schwer beladenen Tisch hinweg miteinander.

Hauke war begeistert von dem Bild, das ich ihm gestickt hatte – er hatte tatsächlich nicht gemerkt, wie ich es immer schnell unter meiner Decke versteckt hatte, wenn er einmal unerwartet hereingeplatzt war. Ich entschuldigte mich, weil ich ihn morgens so oft hatte warten lassen, jetzt wisse er ja, warum. Außerdem bekam er ein weiteres Paar Socken – es war eindeutig das Weihnachten der Socken – sowie ein Buch über chinesische Entdeckungsreisen. Hauke schenkte mir eine Perlenkette – genau die richtige Länge für eine kleine Frau wie mich. Dann musste ich zehn Minuten im eiskalten Vorflur warten, während er ein weiteres Geschenk fertig machte. Als ich endlich wieder hereindurfte, glänzte im Licht von einem Dutzend Kerzen ein antiker schwedischer, weiß lackierter, schwenkbarer Kosmetikspiegel auf dem Tisch. Die zwei kleinen Schubladen waren voller Schokolade. Es war so schön, mir fehlten die Worte. Ich war dermaßen gerührt, dass ich fast wieder angefangen hätte zu weinen. Wie würde es weitergehen, wenn dieses Abenteuer vorbei war? Die Zeit war begrenzt, wir würden getrennte Wege gehen. Aber wohin? Longyearbyen? Zurück nach England? Ich hatte keine Ahnung. Was für ein Glück, Hauke begegnet zu sein, was für ein Privileg, dass er mich nach Kinnvika mitgenommen hatte, wo es uns so gut miteinander ging. Ich hatte es mir immer erhofft, aber dass es so schön, so beglückend werden würde, hatte ich nicht zu träumen gewagt. Sollte er der Mann sein, nach dem ich immer gesucht hatte? Schwer zu sagen. Wir lebten in der unwirklichen Welt der Arktis.

Der Tag fing ganz normal an. Ich ging hinaus, um den Hunden Guten Morgen zu sagen. Sako war nicht interessiert an Streicheleinheiten, er lag nur da und leckte sein krankes Bein. Es war Blut im Schnee, mehr als je zuvor. Ich ging zum Frühstück wieder hinein, es gab warmes Müsli, wie immer. Hauke verschwand in Richtung Klohäuschen, und ich wusch ab. Dabei hörte ich Balto winseln, und als Hauke wieder da war, sagte ich es ihm.

»Ich weiß«, sagte er nur. »Ich habe eben den Hund erschossen.«

Wegen des Windes hatte ich nichts gehört. Ich umarmte ihn fest. »Danke.« Ich weinte. Aber es war besser so.

Hauke war aufgelöst. Er entschuldigte sich, weil er mir vorher nicht Bescheid gesagt hatte, aber das war in Ordnung. Es war eine schwere Aufgabe – ich hätte es nicht tun können. Hauke kann gut schießen, außerdem hatte er Sako am Vorabend und am Morgen zusätzliche Schmerzmittel gegeben. Beim letzten Spaziergang, erzählte Hauke, sei Sako so schwach gewesen, dass der Wind ihn fast umgepustet hätte. Er nahm einen Schluck Cognac und ging wieder raus, um den Hund auf den Schlitten zu laden, er wollte das alleine tun, und auch das war in Ordnung. Nach fünf Minuten holte er mich, um in die Mondberge zu fahren, wie wir sie nannten. Hier sollte Sako seinen allerletzten Weg antreten, im fantastischen blauvioletten Licht eines wolkenlosen Vollmondhimmels. Der Schlitten stand auf halber Strecke zwischen der Hütte und dem Klohäuschen, Sako lag auf der Seite im Schlitten, ganz friedlich, die Vorderbeine übereinander. Ich kraulte ihn liebevoll, hielt ihm die Pfoten. Hauke holte Balto, und ich legte ihm das Geschirr an. Es war nicht ganz einfach, er lehnte sich fest gegen mich, und immer wenn Hauke näher kam, zog er sich ein Stück zurück, als ahnte er, worum es ging. Schließlich war der Schlitten festgebunden, und wir brachen auf, über den Schnee und durch den Sturm, in Richtung Felsen.

Hauke suchte eine Stelle aus, ziemlich weit oben im Windschutz eines großen Felsens, mit einem wunderschönen Blick über Kinnvika und die Bucht, dahinter der Kinnberg. Hauke scharrte Steine zur Seite und grub ein Loch in den Schnee. Dann hievten wir den Schlitten an die Grube, er war unglaublich schwer, obwohl Sako so abgemagert war. Offenbar wog er sogar zum Schluss noch mehr als ich. Hauke kippte den Schlitten, und Sako landete sanft in der Grube, als hätte er sich selbst hierher zurückgezogen und in sich zusammengerollt. Hauke rückte ihn noch etwas zurecht, ich streichelte ihn noch einmal, spürte ganz deutlich seine Wirbelsäule, kniff ihn noch einmal in die Ohren und die Pfoten. Dann schaufelten wir den Schnee und das Geröll wieder in die Grube, klopften die Oberfläche fest und fuhren schnell zurück zur Hütte, auf direktem Weg und ohne Licht. Wir banden Balto fest, Hauke kredenzte ihm etwas Besonderes zu fressen, eine Art Leichenschmaus für Sako, und dann ließen wir ihn allein und gingen hinein.

Wie Balto wohl ohne Sako zurechtkommen würde? Würde er Bären anbellen oder mit dem Schwanz wedeln, um zu spielen? Und wird das für ihn von Nachteil sein?

Am Mittag hatten wir keinen Appetit, aber zum Abendessen gab es Schinken und Kartoffeln mit viel Butter. Etwas Nettes, Kleines.

Denn das Leben geht trotz allem weiter.

9 Licht

»Hier spricht Kinnvika. Hören Sie mich? *Godt nytt år!*«
Wir warteten. Keine Antwort. Hauke versuchte es noch mal. Immer noch nichts.

»Vielleicht sind wir ein bisschen zu früh dran. Wahrscheinlich knallen noch die Champagnerkorken«, sagte ich und nahm einen kleinen Schluck aus meinem Glas, wobei mir die eiskalten goldenen Bläschen in die Nase stiegen.

Wir hatten es nicht abwarten können, unser Champagner war schon seit halb zwölf auf, und ein paar Minuten vor Mitternacht waren wir in die kalte Nacht getreten. Die *Deutsche Welle* plärrte aus dem Radio, aber auf das bevorstehende neue Jahr wurde nicht besonders eingegangen. Kein Glockengeläut von Big Ben, keine Menge auf dem Trafalgar Square, die im Countdown das alte Jahr verabschiedete und jubelnd das neue begrüßte. So veranstalteten wir unseren eigenen Countdown, zählten zwei- oder dreimal, bis wir beschlossen, jetzt sei auf Nordaustland Mitternacht. Wir jubelten und stießen an: *Skål! Prost! Cheers!* Balto war begeistert, und bald jubelten wir alle drei den Sternen zu.

Jetzt warteten wir auf die große Konferenzschaltung zwischen den Forschungsstationen und Überwinterern Spitzbergens, die ein gewisser Erwin von Hopen Island aus organisierte, einem kleinen Stückchen Land im äußersten Südosten der Hauptinsel.

Das Prickeln in meinem Glas wurde plötzlich von Marek aus Hornsund übertönt, der polnischen Forschungsstation, die im selben Jahr errichtet wurde wie Kinnvika und seither konstant in Benutzung war. Auf Englisch kontaktierte er Marina auf der *Jonathan*, dann kam Svalsat von außerhalb Longyearbyeans kurz auf den Äther, gefolgt von Svein, der, glaube ich, gerade auf Bjørnøya war, und schließlich konnten wir uns auch noch hineindrängeln, wobei Haukes Name ein bisschen Verwirrung stiftete, und alle ihn plötzlich Hakon nannten. Trond, Haukes ehemaliger Student, loggte sich aus Norwegen ein. Stein und seine drei Mädels, die kleine Sechsjährige eingeschlossen, schrien aufgeregt ins Funkgerät. Mit Stein sprachen wir ziemlich lange. Nach 20 Minuten, als wir schon hofften, um das Thema herumgekommen zu sein, erkundigte er sich nach Sako. Von der Wetterstation auf Jan Mayen Island ganz im Westen leider kein Signal, auch nicht von Eero. Vielleicht kam er auf Grund ungünstiger Wetterverhältnisse nicht durch.

Ein paar Wochen später hatten wir immer noch nichts von Eero gehört. Per Funk fragten wir, ob irgendwer etwas wisse. Nichts. Wir beschlossen, noch ein paar Tage zu warten und dann den Gouverneur zu beauftragen, sich darum zu kümmern. Diese Sorge umeinander war einer der Gründe, warum wir Verbindung hielten, auch wenn es nicht jeder unbedingt wollte. Vielleicht fühlten sich einige gerade durch diesen Kontakt plötzlich von der Welt abgeschnitten und einsam. Für uns hingegen waren die Termine am Montag- und Donnerstagabend um neun Uhr, wenn wir mit den anderen Überwinterern Marina, Eero und Familie Aasheim sprachen, sehr wichtig. Es war beruhigend zu hören, dass es ihnen gut ging und sie alles im Griff hatten. Wir gaben einander Tipps und Ratschläge, sprachen über das Eis und natürlich das Wetter, erzählten uns Jagderlebnisse, heiterten einander auf, soweit das möglich war, vor allem in der dunklen Zeit. Irgendwann erfuhren wir, dass es Eero gut ging, nur war sein Wach- und Schlafrhythmus durcheinander geraten: Er ging schon um sieben Uhr abends ins Bett und stand nachts um zwei wieder auf. Bald hatte sich das wieder eingependelt, und wir brauchten uns keine Sorgen mehr zu machen.

Konferenzschaltungen außer der Reihe gab es nicht nur zu Silvester, sondern auch, wenn jemand Geburtstag hatte. Über das *Svalbard Radio* konnten wir, wenn wir wollten, sogar zu Hause anrufen, aber das war recht teuer, und so hoben wir uns diese Anrufe ebenfalls für besondere Gelegenheiten auf. Der Empfang war manchmal miserabel, man konnte kaum etwas verstehen. Dann brachen wir das Gespräch ab und verschoben es. Dank Haukes langer Antenne hatten wir einen besseren Empfang als manch andere, aber je nach Wetterlage nützte uns dieser technische Vorsprung auch nichts. Wenn es viele Nordlichter gegeben hatte, beruhigte sich nach etwa einer Woche das Geknister und Gekratze, die Luft war nicht mehr so stark elektrisch aufgeladen, und wenn sie wieder klar und sauber war, klappte es auch besser mit der Kommunikation.

Es lohnte sich immer, sich warm anzuziehen und das Nordlicht zu beobachten. Der Nachthimmel leuchtete. Myriaden von Diamanten funkelten hell oder flackerten tiefrot, und die Milchstraße schlängelte sich darüber wie ein in sich verdrehtes Samtband. Satelliten fuhren in ihren Bahnen blinkend über den tintenschwarzen Himmel, an den Planeten und der Deichsel des Großen Wagens vorbei. Meteoriten kratzten an der Verkleidung des schwarzen Himmelsgewölbes.

Die Nordlichter zu sehen war eine Frage geschickten Timings. Sie erschienen plötzlich, ohne Vorzeichen, und ebenso schnell war alles wieder vorbei. Manchmal waren es blasse, bleiche, durchscheinende Strahlen, die wie aus einer Taschenlampe über den Horizont sausten, himmelwärts schießende Lichtsäulen, gigantische Gasflammen, die waberten und wogten und dann erstarben. Wir sahen blassgraue Medusenzöpfe, die sich über unseren Köpfen miteinander verflochten. Malachitgrüne Spiralen ergossen sich als gigantische Palmwedel über den Himmel. Senkrechte, grüne Lichtstränge flossen träge flackernd vorbei wie Algen in einem behäbigen Strom.

Knäule und Spindeln seidig smaragdgrünen Lichts entrollten sich über uns, Flammen mit lila und weißen Spitzen tanzten wie die Bänder an den Tamburinen der Heilsarmee. Eine Rolle aus rotem Licht zerfloss in einer immer kleiner werdenden Spirale, die irgendwann grün wurde und dann verschwand. Eine Explosion leuchtenden Staubs verstreute regenschirmartige Bögen über den Hütten; erbsgrüne Lava schoss aus dem Kinnberg, und die dicke Suppe ergoss sich träge über die tiefschwarze Tischdecke der Nacht.

Hauke erzählte mir von einem Jäger, der die Entladungen der *aurora borealis* hören konnte, obwohl sie kilometerweit entfernt waren. War das wirklich möglich? Man fand heraus, dass er in Wirklichkeit das Blut in seinen eigenen Ohren gehört hatte. Tatsächlich ist es manchmal so leise, ich habe es selbst erlebt.

Mitten in der Polarnacht, während wir mit schmerzendem Nacken nach oben starrten, wurde uns dann doch kalt. Glücklicherweise waren die magischen Spektakel von kurzer Dauer, und bevor uns die Finger abfroren, verzogen wir uns lieber wieder in die Hütte, um uns aufzuwärmen.

Ich war überrascht, wie gut Balto ohne seinen Bruder klarkam. Ein paar Tage lang winselte er öfters, aber dann beruhigte er sich wieder. Ohne Konkurrenz aß er deutlich langsamer, verschmähte sogar einen Rest Milchreis. Bis wir ihm die Köstlichkeit wieder wegnahmen. Das änderte seine Haltung natürlich. Ab und zu ließen wir ihn für ein Stündchen hinein, damit er nicht gar so alleine war, denn in dieser Jahreszeit verließen wir nur selten die Hütte. Balto ist entweder sehr neugierig oder sehr eitel, jedenfalls beobachtete er sich selbst stundenlang in meinem neuen Spiegel. Wenn ich am Tisch saß und las, schob er seine Nase unter meinem Arm hindurch und tat, als würde er auch lesen, so dass wir ihm irgendwann zum Spaß eine Brille aufsetzten, damit er ein bisschen gescheiter aussah.

Wenn wir draußen unser Fitnessprogramm absolvierten, setzte er sich, während ich mich dehnte, auf meine Füße. Prima Heizung. Wenn wir an mondhellen Abenden einen kurzen Spaziergang zum Strand unternahmen, zischte er herum und rollte sich im Schnee, er sprang und hüpfte und raste umher, den Schwanz in die Höhe gestreckt, froh, einmal nicht angeleint zu sein und sich ein bisschen die Beine vertreten zu können.

Nicht zu glauben, wie anders ich mich ein knappes Jahr nach der ersten Begegnung mit Hauke fühlte. Ich war voller Optimismus und Tatendrang, voller Lebensfreude. Oder war das jetzt der Sekt? So lange war es noch gar nicht her gewesen, da hatte ich einer traurigen Zukunft allein entgegengesehen; ich hatte nicht gewusst, was ich genau empfand und was ich eigentlich machen wollte. Jetzt, seit acht Monaten, war ich geistig und körperlich aktiv, das Leben machte Spaß, trotz vergangener Tragödien und Dramen, und ich überlegte, was ich nach Kinnvika machen würde. Ich könnte mir ein Haus kaufen, vielleicht etwas abgelegener als bisher geplant, irgendwo auf dem Land und in Seenähe. Ich überlegte, was ich arbeiten könnte und ob ich meine Kinnvika-Erfahrungen irgendwie würde einsetzen können. Beschützerinnen gegen Bären waren in England ja nicht gerade gesucht (obwohl sich diese Berufsbezeichnung in meinem Lebenslauf gut machen würde), aber vielleicht könnte ich ja auf Kreuzfahrtschiffen Vorträge halten, wie Hauke es getan hatte. Vor solchen Spielchen jedoch musste ich einen richtigen Job finden. Ich war flexibel, Hauptsache ich konnte meine Miete und die Rechnungen bezahlen. Seit der Schule hatte ich keine Vorstellung davon, wie meine berufliche Zukunft aussehen sollte. Doch genau dadurch war ich auch frei gewesen, erst England und dann Longyearbyen den Rücken zu kehren, um irgendwann hier in Kinnvika zu landen. Ich wollte immer Handarbeitslehrerin werden, aber in diesen modernen Zeiten besteht in dieser Richtung kein großer Bedarf. Was also tun? Filme machen? Kostümbildnerin werden? Zur Navy gehen?

Aber Karriere war nicht alles. Einigermaßen glücklich und zufrieden zu sein zählte viel mehr, und einen Partner zu haben, mit dem man alles teilen könnte, wäre auch schön. Hier in der Wildnis, fernab der Zivilisation, wurde mir klar, wie wenig man eigentlich zum Überleben brauchte. Das Aktuellste, Trendigste, Größte, Kleinste, Beste, Neueste oder Angesagteste zählte hier nicht. Hier entlarvte sich all das als Fassade, als Glitter und Tand. Unser geflügeltes Wort wurde »Weniger ist mehr«. Hoffentlich würde es mir gelingen, diese Haltung in England beizubehalten. Ich würde es versuchen. Würde meine Nische schon finden.

Inzwischen hatten wir uns nach Sakos Tod wieder gefangen. Die Anspannung der vergangenen Wochen ließ nach, wir fühlten uns, als wäre uns ein schweres Gewicht von der Seele genommen worden. Zwar mussten wir noch den Rest der Polarnacht überstehen, aber wir stellten uns dem jetzt gefasster, überzeugt, dass Schlimmste überstanden zu haben.

Wir saßen wieder länger beim Frühstück, wie es eigentlich unsere Gewohnheit war, diskutierten über Gott und die Welt, sprachen über Politik, das Leben hier, unsere Familien, Segeln, Bücher und Philosophie. Immer wieder fragten wir uns, woher bestimmte Wörter kamen. Es machte Spaß, in unseren Englisch-, Deutsch-, Norwegisch- und Spanischwörterbüchern nachzuschauen, und dank Haukes zusätzlichen Latein-, Französisch- und Schwedischkenntnissen entdeckten wir jede Menge Parallelen und Unterschiede. Das englische Wort *bunting* für Schneeammer beispielsweise bedeutet auch »Flaggentuch«, ist unbekannten Ursprungs, kommt aus dem 18. Jahrhundert und könnte doch mit dem deutschen Adjektiv »bunt« zu tun haben? Häufig biss sich Hauke beim Frühstück an einem

Thema fest, ich lauschte gebannt seinen Ausführungen, sagte kaum ein Wort, und plötzlich waren zwei Stunden vergangen. Ich nannte diese Monologe »Haukevision« oder »Hauke-TV« – es war viel interessanter als der Mist, den man im Fernsehen geboten bekam. Vieles, was er sagte, war alles andere als politisch korrekt (wobei ich in einer alten Zeitschrift las, dass 88 Prozent aller Abgeordneten *political correctness* für sinnlose Zeitverschwendung hielten), aber bei aller Provokation, entsprach das meiste dem gesunden Menschenverstand, und ich war fast immer seiner Meinung.

So oft ich konnte (und in der Hoffnung, mir dabei nicht die Augen zu verderben) strickte ich an Haukes Pullover, inzwischen waren die Ärmel an der Reihe. Zu seinem runden Geburtstag sollte er auf jeden Fall fertig sein – er wurde 60, und ein anderes Geschenk hatte ich nicht. Das Strickzeug auf den Knien wärmte mich und hielt auch meine kalten Finger in Bewegung.

Der Sturm der Weihnachtstage dauerte bis in den Januar hinein an. Die Hütte, vom Wind gebeutelt, knarzte und quietschte, bis in die rostigen Halteseile hinein, von denen ich inständig hoffte, dass sie hielten. Manchmal, wenn ich auf meinem Bett lag, ließ der Wind ein wenig nach, aber dann bretterte er wieder heran und krachte wie eine Abrissbirne in die Holzwände. Der Monitor zeigte bis zu 30 Meter pro Sekunde an. Auch die Wissenschaftler von 1957/58 hatten geklagt, dass Kinnvika offenbar an der windigsten Stelle des Globus errichtet war. Bei -28°C und Windstärke 10 betrug die gefühlte Temperatur -60°C! Wir versuchten, die Hütte mit beiden Öfen gleichzeitig zu heizen, aber der Wind saugte die Wärme durch den Schornstein, und wir mussten uns bibbernd in die Betten legen. Wenn kein Wind ging, hatten wir es dafür immer warm und gemütlich. Bei -30°C und kälter froren mein Laken und die Decke an der Außenwand fest, und die Nägel der Holzverkleidung des Bettes waren am Boden von dicken Frostflocken umhüllt. Aus Sicherheitsgründen stellten wir beide Öfen ab, bevor wir ins Bett kletterten. Die Temperatur sackte in den Keller, einmal auf -15 °C, und wir waren heilfroh, jetzt nicht mehr unter Decken, sondern in arktistauglichen Schlafsäcken zu schlafen, obwohl ich oft davon aufwachte, weil mir darin wiederum zu warm war.

Die Kälte saugte auch die Batterien aus, so dass wir öfter den Generator einsetzen mussten. Er funktionierte in der schrecklichen Kälte überraschend gut, nur einmal, bei -35 °C, hätte er fast gestreikt. Als wir das Lufteinzugsrohr aber wärmten, indem wir es locker mit Haukes Schneeanzug bedeckten, kam das Gerät wieder in Gang und lief wie geschmiert, so lange der Ölpegel genau richtig eingestellt war.

Der Wind drang selbst durch die kleinsten Risse in den Wänden und Fensterrahmen, und ich entdeckte, dass auch die langen Hüttenwände aus zwei Teilen bestanden, als ein eiskalter Luftzug sich durch die Naht mit kalten Fingern in meinen Rücken grub. Also wieder her mit dem Toilettenpapier. Großartiges Zeug.

Ich hätte schwören können, dass es in der ganzen Zeit in Kinnvika eigentlich nie schneite, der Wind blies ihn sofort durch die Gegend und verstreute ihn. In Wirklichkeit schneite es natürlich ziemlich oft, aber nie so stark, wie es Hauke in Mushamna erlebt hatte. Auf dem Boden lag meistens nur eine dünne Schicht, so dass wir uns gut be-wegen konnten. Hauke musste sich damals bei seinen Gängen hingegen durch knietiefe Schneewehen kämpfen. Bei der hinteren Tür blieb der Schnee zwischen dem Sägebock und dem Holzstapel liegen, bis zu anderthalb Meter hoch. Es war unmöglich, hier nach Bären zu sehen (es sei denn, sie standen obendrauf und linsten auf einen herab). Täglich mussten wir hier eine neue Spur legen, denn unsere Fußstapfen verwehten über Nacht.

Wasser für den täglichen Gebrauch zu gewinnen war im Prinzip einfach. Drei Eimer Schnee ergaben einen Eimer Wasser. Tagsüber schmolz der Schnee im Tank, aber nachts fror er wieder, sogar im Wasserhahn. Hauke bereitete deswegen abends einige Thermoskannen heißen Wassers vor, damit wir uns morgens waschen und Tee und Kaffee trinken konnten.

In den Klauen des heulenden Windes das Klohäuschen aufzusuchen war ein Abenteuer für sich. In der Dunkelheit bestand Hauke darauf, mich als persönliche Toilettenpatrouille zu begleiten. Ich sagte ihm immer erst in letzter Sekunde, dass ich musste. Blitzschnell zwängten wir uns in die warmen Kleider und stapften zügig zum 80 Meter entfernten Häuschen. Ich schob mit dem Fuß den Schnee beiseite, der die Tür blockierte, verschanzte mich drinnen gegen die eisigen Böen, wurschtelte mich aus meinem Schneeanzug, und dann runter mit den Hosen, den langen und kurzen Unterhosen und rauf auf den Holzbalken, bevor es zu spät war. Dank dieser Methode bekam der bewaffnete Hauke, der draußen mit Balto Wache schob, keine Frostbeulen. Jedenfalls hatte man hier keine Lust auf ausgiebigere Sitzungen. Für die Nächte bekam ich meinen persönlichen Eimer, den Hauke aber auch benutzen durfte. Nur zum Pinkeln, wohlgemerkt! Es gab nur einen dunklen Tag während unseres ganzen Aufenthaltes, an dem ich nicht zum Klohäuschen gehen konnte. Draußen blies es wie wild, in messerscharfen Böen, die kreischend durch die Dunkelheit tobten. Über Nacht war das Barometer wie ein Stein gefallen, von 1002 Millibar auf 978 um sieben Uhr morgens, gegen elf Uhr stand es auf 985 und pegelte sich bei 999 ein, als wir ins Bett gingen. Der Windmesser verriet uns, dass die Windstärke knapp unter der eines Hurrikans lag, aber so sehr wir es uns auch wünschten, diesen zusätzlichen halben Meter pro Sekunde wollte er nicht zulegen. Hauke beschloss, alleine zum Klo zu gehen. Balto blieb zusammengerollt liegen, er drohte unter der weißen Schneedecke völlig zu verschwinden. Hauke blieb ewig weg, und ich fing schon an, mir Sorgen zu machen. Draußen sah ich nur Weiß und Schwarz, und der Wind hätte mich von Kinnvika zum Nordpol gepustet – nach Hauke zu suchen kam also nicht in Frage. Nach einer quälenden Ewigkeit stapfte er endlich herein, wobei er mit dem Wind um die Gewalt über die Tür zu kämpfen hatte. Ich war so erleichtert, dass er wieder da war. Er sah ziemlich blass aus unter seinen windgepeitschten roten Wangen und erzählte, was passiert war. Er war in einer Flaute zum Klo gedüst, aber als er anschließend die Tür wieder verschließen wollte, stellte er fest, dass *whiteout* herrschte. Erde und Himmel flossen ineinander, er konnte nichts mehr sehen, war vollkommen orientierungslos. Außerdem konnte er sich bei Windstärke 11 kaum auf den Beinen halten. Was tun? Im Klohäuschen bleiben und erfrieren oder versuchen, zur Hütte zurückzugehen? Er entschied sich für Letzteres. Die Längsseite der Haupthütte erstreckte sich zirka 25 Meter entfernt vom Klo. Er drückte den Rücken flach gegen die Tür des Häuschens, ließ sich auf alle viere fallen und krabbelte vollkommen blind in den Sturm hinein. In wahnsinniger Angst schob er sich mühsam die Schneewehe hinauf und war unendlich erleichtert, als er tatsächlich mit dem Kopf gegen die Holzwand der Haupthütte stieß. Dann tastete er sich an der Wand entlang zur Vorderseite der Hütte. Er sah noch immer nichts, und wenn er jetzt die falsche Richtung einschlug, würde er im Nichts aus Schnee, Eis und dem tödlichen Sturm enden. Er riskierte es, nutzte die Richtung, aus der der Sturm blies, als eine Art Kompass, und gelangte krabbelnd so nahe an die Hütte, dass er das schwache Leuchten des Küchenfensters ausmachen konnte und sicher zu Hause ankam.

»Das nächste Mal nimmst du den Eimer«, beschwor ich ihn.

Über Nacht gefroren die Wasservorräte in der Hütte, doch nicht nur das. Meine Zahncreme wurde so hart, dass ich sie kaum aus der

Tube bekam. Ich ließ immer einen Schluck heißes Wasser im Kessel, um mir den Mund zu spülen, denn das Eiswasser aus dem Kanister war einfach zu kalt. Meine Monatsblutungen gingen ganz normal weiter, man konnte die Uhr danach stellen, und im Holzofen konnte ich alles entsorgen. Wie Hauke wusch ich meine Kleidung in dem Wasser, mit dem ich mich vorher selbst abgeseift hatte. Dann hing ich die Sachen draußen auf, wo sie in der Kälte sofort steinhart wurden. Nach ein paar Tagen (in denen man hoffte, dass die Bären die Sachen in Ruhe ließen), war alles gefriergetrocknet, und drinnen dauerte es nur ein paar Minuten, bis der Stoff wieder weich war. Der Rest Klammheit verschwand auf den Wäscheleinen über den Öfen. Bügelwäsche hatten wir natürlich nicht.

Zum Haarewaschen gönnte ich mir zwei Wasserkessel. Die Prozedur war nicht oft nötig, weil die Luft so sauber war. Ich brauchte zwei Kessel mit heißem Wasser: einen zum Waschen, einen zum Spülen und für eine kleine Handwäsche. Unsere arme Waschschüssel war wirklich ständig im Einsatz. Das gesamte Schmutzwasser kam dann in den Pinkeleimer, um den auch mal zu reinigen, und dann schütteten wir alles in einiger Entfernung zur Hütte in den Schnee. Obwohl mein Haar lang ist, trocknet es ziemlich schnell, und so war es auch in Kinnvika. Ein, zwei Stunden wickelte ich es in einen Turban aus einem Handtuch, und die trockene Luft erledigte dann den Rest. Ein paarmal ging ich, ein hinreißendes gelbes Handtuch um meine tropfende Mähne gewickelt, auf Bärenjagd. Alles und jedes hätte ich in diesem Aufzug in die Flucht schlagen können.

Hauke ließ sich in Kinnvika einen Bart wachsen. Das war wärmer und bequemer. Es war meine Aufgabe, seine Haarpracht zu pflegen. Mit einem kurzen Bart sah er noch ziemlich gut aus, aber mit der Zeit wurde es dann doch wüst. Er murrte, weil ich ihm das Haar zu kurz schnitt, aber ich beherrschte nur eine Schnitttechnik: Strähne für Strähne zwischen zwei Finger zu legen und alles in einer Länge abzuschneiden. Es sah ordentlich aus. Was wollte er mehr?

Der östliche Horizont lag in weiter Ferne, wir sahen die ersten Schimmer orangefarbenen Lichts, gesäumt von blassestem Blau, hinter den noch unsichtbaren Bergen. Die See war zugefroren, und die Eisdecke war so massiv, dass wir über die Bucht nach Twillingneset kamen und die Strecke zur Hinlopenstraße dahinter abkürzen konnten. Der Vollmond warf lange, magere, blassgraue Schatten über den verkrusteten Schnee, der übersät war von riesigen regenbogenfarbenen Edelsteinen. Der Schnee knarzte unter unseren Schritten, als liefen wir mit Kreppsohlen über einen lackierten Fußboden, oder es quietschte, als ginge es über Styropor – die Haare standen einem zu Berge. Das Eis surrte wie ein geschnipptes Gummiband, dann wieder dröhnte es wie ein startendes Flugzeug oder rumpelte wie eine einfahrende U-Bahn. Ende Januar konnten wir die Eisberge erahnen. Wir wussten, dass die Hinlopenstraße fast eisfrei war, das meiste Eis befand sich um Bjørnøja, wo die Bären Robben jagten. Die Temperatur stieg und fiel wie ein Jojo, und wir hörten das Eis im Murchisonfjord krachen. Am Ende der ersten Februarwoche konnte man die verschiedenen Farben von Land, Wasser und Himmel wieder erkennen, und am Mittag überstrahlte ein sanftes, pudriges Blau den Schimmer der Sterne. Das Licht kam zurück, und das in unglaublichem Tempo. An einem wolkenlosen Tag standen wir auf der Spitze des Kinnbergs. Der Horizont war eine dunkelorangefarbene Linie, die himmelwärts zu einem intensiven Gelb changierte und sich dann zu Taubengrau, Türkis und Kornblumenblau verdunkelte. Für den Ausblick hätten Touristen ein Vermögen hingeblättert. Wir konnten die Magie des Spektakels kaum fassen. Es ging uns richtig ans Herz.

In der zweiten Februarwoche konnte Hauke zum ersten Mal seit dem Vorjahr wieder Lichteinstrahlung messen. Eines Abends war er ganz überrascht, weil das Eis in unserer Bucht völlig verschwunden war und wir überall nur sanft geriffeltes Wasser entdeckten. Am nächsten Morgen gingen wir hin – das Eis war noch da. Eine starke, durch den Wind verursachte Strömung hatte, wie Hauke vermutete, mit unglaublichem Druck das Wasser durch die Risse im Eis gedrückt, und einige dieser Pfützen waren sofort wieder gefroren. Am Strand fanden wir Algen und anderes lebendes Material und nahmen Proben, um uns alles unter dem Mikroskop näher anzusehen.

Das blaue Februarlicht warf sanfte, samtige Tupfen auf Hütten, Himmel und die Landschaft. Wir schirrten Balto vor den Pulka; das erste Mal, seit wir Sakos Leichnam damit transportiert hatten. Während Hauke am Strand seine Experimente machte, banden wir ihn los. Er zischte über das Eis und entdeckte das Luftloch einer Robbe. Es hatte einen Durchmesser von nur fünf Zentimetern, aber Hauke warnte mich. Darunter verbreitere es sich wie ein Flaschenhals, ich solle aufpassen, da könne man leicht einbrechen. Auf dem Rückweg entdeckten wir an einer Stelle im Schnee kirschrote Sprenkel: die ersten Schneealgen des Jahres. Es tat gut, Anzeichen zurückkehrenden Lebens zu sehen, aber die dunkle Zeit würde erst vorbei sein, wenn die Sonne wieder über dem Horizont erschien. Schon bald sollte es so weit sein.

Tee im Bett wie üblich, und dann raus, bis der Kaffee durchgelaufen und die Müslischalen warm waren. Hauke kam schon nach ein paar Minuten wieder herein. Ich rannte ein bisschen herum, joggte auf der Stelle, brachte meinen Kreislauf in Schwung, ruderte mit den Armen, um mich warm zu halten. Ich blieb draußen, so lange ich konnte, und machte mich deutlich bemerkbar, als ich wieder hineinging. Als ich die Tür unserer kleinen Hütte aufschob, gab es eine Explosion, und ein Sektkorken flog mir um die Ohren. Ich wäre vor Schreck fast umgefallen.

»Herzlichen Glückwunsch zum Geburtstag, Verehrteste«, scherzte Hauke und schenkte zwei Gläser des perlenden Goldes ein. Ich sah ein Meer von brennenden Kerzen und Unmengen von Geschenken auf meinem Bett: Parfum und Bodylotion in eisblauer Verpackung, ein Seidentuch, noch mehr Schokolade, eine leichte Windjacke (leuchtend rot und somit für Filmaufnahmen geeignet), außerdem lag meine kleine Videokamera dazwischen, um mich daran zu erinnern, dass sie wirklich mir gehörte und nicht nur geliehen war. Einfach hinreißend! Hauke ist hundertmal romantischer als ich ... Außerdem hatte ich Geschenke von meinen Eltern und meiner Schwester und ihrer Familie, sie waren in der Weihnachtspost dabei gewesen. Es wurde ein wunderschöner, fauler Tag, wir machten es uns gemütlich, machten einen kleinen Spaziergang, tranken Rotwein. Obwohl Sonntag war, riefen Mark und Marina übers Radio an, es war gewöhnungsbedürftig, wieder einen Hörer in der Hand zu halten. Marina und ich sprachen über unsere Handarbeiten und darüber, wie gut sich »unsere Männer« um uns kümmerten – ein richtiges Mädelsgespräch. Sogar Eero rief an – das war wirklich eine Überraschung. Wirklich, ein guter Tag.

Es war gar nicht so einfach, ernst zu bleiben und unter der Decke keine anzüglichen Geräusche entstehen zu lassen. Hauke wusch sich im kalten Vorraum, und ich war dabei, heimlich Luftballons aufzublasen. Ich stopfte mir die Ballons unter die Knie, drückte immer fest darauf, damit sie nicht rechts und links herausrutschten. Wenn Hauke ahnte, dass irgendwas im Busch war, war er höflich genug, es nicht zu sagen, aber ich glaube, er bekam wirklich nichts mit. Kaum dass er mit Balto zum Morgenspaziergang aufgebrochen war, hüpfte ich aus dem Bett, warf mir meine Kleider über und verteilte in Windeseile Ballons mit dem Aufdruck 60 über die ganze Hütte. Ich verpackte sein Geschenk in einem Rest Weihnachtspapier, band eine riesige goldene Schleife darum und schob eine Zierrosette mit einer 60 darunter.

Als Hauke von seinem Spaziergang zurückkam, lachte er vor Freude. Mein Geschenk wollte er später aufmachen – er ahnte wohl schon auf Grund der Form, was es war.

»Ich habe ja die ganze Zeit gehofft, dass der für mich ist«, sagte er und nahm das Päckchen liebevoll in den Arm.

»Na klar«, erwiderte ich, »aber das konnte ich dir doch vorher nicht verraten, oder?«

Unser Spaziergang an dem Tag war sehr kurz, denn in dem teuflisch starken Wind kamen wir kaum voran. Ich wäre buchstäblich fast weggeflogen, und dass ich lachen musste, änderte auch nichts daran. Am Nachmittag schlug ich vor, eine schöne Tasse Tee zu trinken und Kuchen zu essen. Hauke sah mich verwundert an, denn das war ziemlich untypisch für mich. Meine Freundin Marianne hatte mir zu Weihnachten selbst gebackenen Fruit Cake geschickt, aber da wir schon zwei hatten, beträufelte ich ihn regelmäßig mit Whisky, damit er nicht schlecht wurde. Als der Tee fertig war, schlich ich mich in den Vorraum. Nach ein paar Minuten schaltete ich im Wohnzimmer die batteriebetriebene Elektrolampe aus und holte »*Happy Birthday*« singend den mit brennenden Geburtstagskerzen dekorierten Kuchen. Auch zu Haukes Geburtstag riefen Mark und Marina an, und während sie ihm ein Ständchen sang, entzündete ich Wunderkerzen in Form einer 6 und einer 0. Diese letzte Geburtstagsüberraschung zischte und knisterte funkelnd, während wir Marina begeistert applaudierten.

Samstag war eigentlich Saunatag in Kinnvika. 14 Männer hatten auf den aufsteigenden Holzbänken des kleinen rechteckigen Raums gemeinsam geschwitzt. Damals waren die Türen natürlich noch nicht durch das Wetter verzogen und schief gewesen, sie hatten richtig geschlossen und Hitze und Dampf nicht herausgelassen. Aber wir wollten es trotzdem versuchen. Eine zweieinhalb Meter hohe Schneewehe umgab die Hütte und schützte gegen den leichten Zugwind. Die innen mit einer Schmuckleiste verzierte Eingangstür an einer Längsseite der Hütte führte in einen Garderobenraum mit einer inzwischen schmuddeligen Umkleide. Eine zweite Tür führte in die Sauna, die die gesamte linke Hälfte der Hütte einnahm, mit Bänken am hinteren Ende. Im Laufe des Vormittags schleppten wir riesige Armladungen Holz hinein und entzündeten getrocknete Birkenrinde, die wir am Strand gefunden hatten. Es sollte ein paar Stunden dauern, bis die Hütte und die vom Meer geglätteten Steine in einem alten Topf auf dem Ofen warm waren. Aus unserer Hütte behielten wir den weißen Rauch im Auge, der aus dem schiefen Schornstein drang, und legten Holz nach, sobald der Rauch weniger wurde. Es war nicht möglich, die Sauna richtig heiß zu bekommen, aber schon ein kleines bisschen Wärme war für uns der pure Luxus.

Nach dem Mittagessen zogen wir uns dann aus, warfen unsere Sachen auf die klapperige Bank in der Umkleide und flitzten in die Sauna, wobei wir darauf achteten, dass nicht zu viel Hitze herausdrang. Wir tröpfelten etwas Wasser auf die Steine, streckten uns auf unseren Handtüchern aus und taten, als befänden wir uns in einer perfekt funktionierenden Dampfsauna. Das erforderte etwas Fantasie, aber in jedem Fall war es sehr entspannend, einmal nackt daliegen zu können, ohne zu befürchten, innerhalb weniger Minuten zu erfrieren.

Ich hätte stundenlang einfach herumdösen können, aber Hauke bestand darauf, dass ich bei -20 °C fünf Minuten draußen mit ihm herumlief. Balto traute seinen Augen nicht, als wir plötzlich unter großem Radau im Schnee herumsprangen, nur unsere riesigen gut isolierten Stiefel am Leib. Hauke übertrieb es ein bisschen, schlug im Schnee Purzelbäume, wobei Balto versuchte, an dem plötzlich sichtbaren nackten Fleisch herumzuschnüffeln. Als die Kälte richtiggehend in meine Haut biss, kapitulierte ich und rannte wieder in die Wärme der Sauna, wenn man die Temperatur wirklich so nennen wollte. Nach einer halben Stunde gestanden wir uns ein, dass es wohl in unserer Hütte doch wärmer sei. Das machen wir wieder, nahmen wir uns vor, aber es blieb bei dem Vorsatz.

So weit hatten wir dieses Jahr noch nie gesehen. Die Unterseiten der flauschigen, dunkelgrauen Wolken waren plötzlich mit schimmerndem, perlmuttenem Pink bestäubt – die Sonne kroch in Richtung Horizont. Der Himmel färbte sich langsam im Goldorange der sich vorankämpfenden Lichtscheibe.

»Ich glaube, heute Morgen ist es so weit«, sagte ich gähnend, noch unter meiner Decke und die Teetasse in der Hand.

»Weiß nicht«, sagte Hauke nachdenklich. »Ich glaube, eher nicht.«

Das Frühstück verlief entspannt wie immer. Hauke hatte sein mit Honig und Schokolade getränktes Müsli verspeist, und ich trank noch einen Becher Tee. Plötzlich lehnte sich Hauke über den Tisch und sah aus dem Fenster. Dann sprang er auf, als hätte er einen Bären gesehen. Aber nein, es war die Sonne! Wie von der Tarantel gestochen streiften wir uns dicke Pullover, Jacken, Stiefel, Mützen und Handschuhe über, nahmen all unsere Kameras und gingen hinaus vor die Hütte, um das große Ereignis, auf das wir so lange gewartet hatten, nicht zu verpassen.

Eine halbe Stunde standen wir herum, die Videokameras auf den Horizont gerichtet, die Objektive eingestellt. Wir hofften und beteten, aber über dem Horizont, wo der Gletscher die See und den Himmel voneinander trennte, hing eine schmale Wolkenschicht, die alles verdeckte. Langsam, geradezu schmerzhaft langsam wurde die Schicht dünner und verzog sich nach rechts, Millimeter um

Millimeter. Ein kleines, silbernes Stück Himmel wurde über dem Gletscher sichtbar. Kamera ab. Die Sonne spannte uns auf die Folter, sie schien sich zu zieren – aber dann schickte sie einen kurzen, gezackten Strahl bernsteinfarbenen Lichts nach oben, und noch einen, und dann streckte sich uns ein zarter Finger puren Goldes entgegen und brachte das erste Mal seit Oktober Licht in unser Leben. Die Wolken um uns herum strahlten in rauchigen Rosatönen, und vor uns sahen wir nichts als fantastisches warmes Orange und Gold. Wir waren überwältigt, verharrten stumm, trunken und völlig verzaubert von der Schönheit dieses Schauspiels. Dann erwachten wir aus dem Traum, rannten umher, hüpften gen Himmel, immer mehr Sonnenstrahlen brachten Licht in unsere Welt, wir fotografierten die Fenster, den aprikosenfarbenen Schnee, unsere Honiggesichter, richtige, schwarze Schatten, den Kinnberg, unsere sonnenüberflutete Hütte. Wir jubelten und tanzten, drehten uns im Kreis, hielten immer wieder japsend inne, starrten mit den Händen an der Stirn in die blendende Sonne, so lange wir uns trauten, dann jagten wir Balto herum, wiegten uns zur Melodie des neuen, mit Sonne gesegneten Tages.

Wir hatten es geschafft. Hatten überwintert. Hatten die endlose Polarnacht überstanden, durften wieder die Sonne sehen. Wir hatten überlebt, alle drei. Wir hatten Glück gehabt, und ich empfand es als immenses Privileg, die vergangenen Monate mit Hauke verbracht zu haben. Jetzt freute ich mich auf das unglaubliche Glück der bevorstehenden sechs. Es bedeutete mir nichts, die erste Frau zu sein, die über 80° Breite überwintert hatte. Hier zu sein, war das Allerwichtigste. Ich hatte die einzigartige Gelegenheit bekommen, in dieser entlegenen, einsamen Ecke des hohen Nordens die unverfälschte Schönheit und das harte Leben der Arktis kennen zu lernen. Es hatte all meine Erwartungen übertroffen. Es war der Himmel auf Erden.

10 Kämpfe

»Ich glaube, ich will nicht alleine nach Deutschland zurück«, sagte Hauke eines Tages unvermittelt, als ich gerade eine Büchse Champignons aufmachte. »Ich mag dich von Tag zu Tag lieber«, fügte er hinzu und nahm einen Schluck Rotwein. »Wir sind ein gutes Team.«

Ich wusste nicht, was ich sagen sollte. Was meinte er? Oder gab es da gar nichts zu interpretieren? Energisch rührte ich die Pilze in die Salami-Tomaten-Sauce. Mir ging es genauso, ich konnte mir auch nicht vorstellen, wieder alleine zu leben, nachdem wir hier eine so unglaubliche Zeit miteinander verbracht hatten: Das würde nicht einfach werden. Ich glaube, wir waren beide überrascht, wie gut wir zusammenpassten – in jeder Hinsicht. Und wir mussten uns nicht einmal besonders anstrengen, um in unserem kleinen Kaninchenstall gut miteinander auszukommen, es fügte sich einfach. Wir sind beide Individualisten, und ich hatte inzwischen ganz gut im Gefühl, wann Hauke Unterstützung brauchte und wann ich ihn besser in Ruhe ließ (auch wenn mich dieses Gefühl ab und zu trog). Umgekehrt war es genauso. Wir harmonierten in den vielfältigen Tätigkeiten, die zu erledigen waren, aber trotzdem alberten wir auch oft herum, sprangen zum Beispiel plötzlich beide von unserer Arbeit auf und rumsten lachend mit den Bäuchen gegeneinander wie Stehaufmännchen.

Ich rührte die Fusilli mit dem Holzlöffel um, mein Glas Merlot beschlug vom Dampf, und ich schwieg.

»Einfach unglaublich, dass du nach einer Stunde im Pub tatsächlich Ja gesagt hast«, sagte Hauke und nahm einen Löffel Sauce, um sie abzuschmecken. »Noch ein bisschen Pfeffer.«

Es ist ihm nie genug Pfeffer. Typisch Hauke.

»Na ja, weißt du, ich grüble nicht so viel. Wenn mir eine Idee gefällt, lege ich einfach los. Ich mache mir nur selten klar, was alles passieren könnte. Wenn man zu lange nachdenkt, tut man am Ende gar nichts mehr, sondern sitzt nur noch auf seinem dicken Hintern vor der Glotze.«

Ich goss die Nudeln ab, das Wasser kam in Baltos Napf.

»Wenn ich wieder zurück bin, will ich, glaube ich, gar keinen Fernseher mehr haben. Ohne ist es schöner. Kommunikativer.«

Ich rührte ein letztes Mal um und stellte den Topf auf den Untersetzer auf dem Tisch, neben die Pasta.

Dampf stieg zur Decke, und Hauke holte unsere vorgewärmten Teller vom Holzofen und sagte lächelnd: »Hier bin ich Mensch, hier darf ich's sein.« Pfeffer kam auch noch auf den Tisch (ich kannte doch meinen Pappenheimer). Unsere Küchengespräche, während wir das Abendessen zubereiteten, waren besonders wohltuend und entspannt. Waren wir so gelöst, weil wir einen weiteren Tag in Kinnvika überlebt hatten? War es der Wein? Wer weiß. Es war nicht so, dass wir schwierige Themen vermieden, sie kamen zu dieser Tageszeit einfach nicht auf. Und natürlich wollten wir die vertraute, innige Atmosphäre auch nicht durch unnötigen Zank zerstören. Ich legte uns Servietten und Gabeln hin.

»Riecht köstlich«, sagte Hauke, stellte sein Weinglas ab und zog sich einen Stuhl heran. »Du bist eine ausgezeichnete Köchin!«

»Und du ein alter Charmeur«, lachte ich. »Ich hoffe, es schmeckt. Hau rein!«

Das Wetter war fürchterlich. Am frühen Morgen war es noch einigermaßen gewesen, aber mit fortschreitender Stunde hatte der Wind zugenommen, und nun kratzte er auf den Halteseilen der Hütte herum wie jemand, der zum ersten Mal Geige spielt. Schnee flog herum wie zerfetzte Notenblätter und wurde von den unberechenbaren Böen davongewirbelt. Hauke war froh, dass er an diesem Abend nicht hinausmusste. Er hatte über das *Svalbard Radio* eine Verbindung nach Deutschland arrangiert, denn er sollte bei einer Konferenz als Gastredner zugeschaltet werden. Es ging um den Lebensstandard in der Bundesrepublik, um Möglichkeiten und Grenzen des Sozialsystems, um die Frage, ob eine bequeme, gesicherte Existenz tatsächlich befriedigend und gesund sei. Hauke sollte in seiner Eigenschaft als Aussteiger sprechen, der den Annehmlichkeiten des Lebens seit über acht Monaten entsagte, er sollte ausführen, wie es war, fast gar nichts und dabei unendlich viel zu haben.

Der Telefontermin rückte näher. Hauke rief beim *Svalbard Radio* an. Wartete auf Antwort. Nichts. Er versuchte es noch mal. Absolut nichts zu machen. Mist! Nur noch zwei Minuten.

»*Svalbard Radio, Svalbard Radio*! Bitte kommen, *Svalbard Radio*!« Immer noch kein Pieps. Er holte das Satellitentelefon vom Regal über seinem Bett und probierte es erneut. Es funktionierte drinnen zwar nicht besonders gut, aber vielleicht hatten wir ja Glück. Tatsächlich bekam Hauke eine ganz schwache Verbindung, doch der Kontakt brach ständig wieder ab.

»Ich rufe in einer Minute wieder an.«

Er schlüpfte in seine warmen Kleider, wählte erneut, wartete ab, bis es klingelte, und ging nach draußen, in den immer stärker werdenden Sturm. Es gab keine andere Wahl. Der Wind heulte um die Hütte, Hauke drückte sich das Telefon fest ans Ohr, duckte sich an die Schneewehe hinter der Hütte, es war die windgeschützteste Stelle. Balto war unter dem Schnee vergraben, um nichts in der Welt hätte er seine Schnauze unter dem Schwanz hervorgezogen, um sie in die kalte Luft zu strecken. Endlich hatte Hauke eine Leitung. Er hörte dezentes Gemurmel, klingende Gläser und das Klappern von Geschirr und Besteck. Es waren -25 °C, er versuchte, sich warm zu halten. Die Konferenzteilnehmer waren beeindruckt, einen Beitrag vom Nordpol geboten zu bekommen, sie bemühten sich sogar, möglichst kurze und präzise Fragen zu stellen, aber davon, was Hauke am anderen Ende durchmachte, hatten sie keine Vorstellung. Davon, wie es mir erging, ganz zu schweigen, ich versuchte nämlich, die Szene zu filmen, schützte die Kamera dabei so gut ich konnte mit meinem Körper. Der Wind war unerbittlich und wurde immer stärker, Hauke wendete sich von mir ab, duckte sich, versuchte sich selbst und das Telefon vor dem Sturm in Sicherheit zu bringen. Wir hatten nicht mehr viel Film übrig, also veränderte ich meine Position und hielt auf Haukes Gesicht. Sein Bart und die Augenbrauen waren dick mit Eis verkrustet, und an seinem Ohr legte sich eine isolierende Schneeschicht auf den Telefonhörer. Als der Film zu Ende war, rannte ich hinein, damit es beim Wechseln nicht zu Kondensation kam, griff nach unseren Schneeanzügen und versuchte, Hauke damit zuzudecken. Nach 20 Minuten war er endlich fertig und kämpfte sich mit eingefrorenen Gliedern wieder hinein. Ich reichte ihm eine Tasse heißen Kaffees, aber seine Hände zitterten so stark, dass er fast alles verschüttete.

So viel zum Thema, dass wir es hier oben viel besser hatten als in der Zivilisation.

Die UN hatte von Saddam Hussein die Aufstellung über Massenvernichtungswaffen im Irak bekommen. 12 000 Seiten. Auf Arabisch. Bush und Blair befürchteten, es könnte innerhalb von 45 Minuten zu Angriffen kommen, Hans Blix versuchte zu verhindern, dass vor Abschluss seiner Untersuchungen über Krieg und Frieden entschieden wurde. Ansonsten war in den Nachrichten vom Tod Dollys, des Klonschafs, die Rede. Ich hatte gelinde gesagt die Schnauze voll. Bei allem Respekt für Haukes Interesse an Politik – er wurde mir doch ein bisschen zu fanatisch, auch wenn ich meist seiner Meinung war.

»Ich vermute«, sagte er, »dass Saddam seine Truppen im ganzen Land verteilt und einen Guerillakrieg anzettelt!«

Ist ja gut, ist ja gut. Nach fast vier Monaten Irak, Irak und nochmals Irak hätte ich am liebsten einfach weggehört und mir die Finger in die Ohren gesteckt.

Der Schnee war vom peitschenden Wind hart geworden wie Fels, eine senkrechte Schneewehe, die sich oben ein wenig wölbte, war entstanden. Weißer Gischt flog von der oberen Kante und verflog im endlosen Himmel. Mit unseren leichten Schaufeln wollten wir einen Tunnel in die gigantische Wand hacken. Mit Eispickeln würde es besser gehen, aber wir kamen auch so voran. Bald hatten wir tatsächlich einen kurzen, etwa einen Meter breiten Gang gegraben. Abwechselnd kratzten und schabten wir uns voran wie Kaninchen. Unser Tunnel bog sich nach oben, und schon bald passten wir beide hinein, einer hinter dem anderen, und waren vor dem Wind geschützt. Während einer vorne arbeitete, denn am Ende des Tunnels sollte eine kleine, kokonartige Höhle entstehen, schaufelte der andere den Schnee hinaus ins Tageslicht. Wir schnitzten kleine Nischen in die groben Wände, für Teelichter, die schon bald ihren sanften Schein über das Gold des eiskalten Schnees legten. Rückwärts krabbelten wir wieder hinaus, um noch unsere Rentierfelle den schmalen Tunnel hinaufzustopfen und auf dem kalten, glatten Boden auszubreiten. Sie waren unter unseren Rücken verblüffend warm.

Die Höhle war gerade groß genug, um aufrecht zu sitzen. Wir stießen mit Schnaps an, gegen die Kälte, und schmolzen etwas knusprige Schokolade im Mund, bevor wir uns aneinander kuschelten. Durch die leichte Neigung des Tunnels blieb die warme Luft drinnen und die kalte draußen – genau so bauten sich auch Eisbärinnen ihre Höhlen, wenn sie Junge bekamen. Es war gemütlich in unserer kleinen Höhle, und unabhängig von der Wärme der Lampen, fing es auch zwischen uns ein bisschen an zu knistern. Wenn man von dem Rentierfell rutschte, fühlte es sich allerdings an, als würde man in den Rücken gebissen. War trotzdem schön.

Der Bau der Höhle war ein Probelauf – wir wollten die Technik beherrschen, sollte uns auf einem Spaziergang einmal schlechtes Wetter überraschen. Im Notfall könnte man dann das Eingangsloch mit Schnee verschließen – mit einem kleinen Luftloch natürlich – und dort ausharren, bis das Wetter besser wurde. Und das konnte unter Umständen Tage dauern.

Wir richteten unsere Kleider, pusteten die Kerzen aus und krochen mit unseren Rentierfellen wieder den Tunnel hinab. Es waren nur ein paar Schritte zu unserer Hütte, wo wir Essen kochten und uns ein Glas Rotwein mehr als sonst genehmigten.

März. Die kälteste Zeit des Jahres. Eis und Schnee wollten schmelzen und absorbierten die ganze Kraft der Sonne, es blieb nichts übrig, um die Luft zu erwärmen, und die Temperaturen sanken drastisch. Es war oft wunderbar klar und windstill, aber meistens unter -25 °C, wenn nicht unter -35 °C oder noch kälter. Bei Wind froren wir sogar drinnen, und unsere Mützen hatten wir eigentlich ständig auf. Zwischen den Fensterscheiben bildeten sich immer größere Eisblumen, und wenn sich die Sonne in den Kristallen spiegelte, konnten wir nichts mehr sehen. Auf der Hinlopenstraße waren Eisskulpturen gefangen – ein Schlepperboot, eine Hochzeitstorte –, sie glühten pfirsich- und aprikosenfarben in der tief stehenden Sonne, warfen dunkelblaue Schatten über das geriffelte Eis. Wenn die Sonne hinter den fernen Bergen der Hauptinsel versank, schimmerte der Schnee in glänzendem Gold und Orange, ein fantastischer Kontrast zu dem Tiefblau der Schatten. Ab und an waberte Eisnebel durch unsere Bucht, dann verfärbte sich das Eis grau und verdunkelte die Sonne, die wie das gelbe Licht einer Ampel wirkte, die gleich, am Ende des Tages, auf Rot umschalten würde. Der letzte Vollmond vor der Sommersonne warf silbernes Licht über den leuchtenden Kinnberg, der wie eine getigerte Katze hinter Kinnvika schlief.

Bei Frühlings-Tag-und-Nacht-Gleiche hüpften wir wie ein verrückt gewordenes Kängurupärchen in den genau halbierten Tag, überglücklich, dass die Nächte jetzt wieder kürzer wurden. Ich lag flach im Schnee, der Himmel über mir wurde immer klarer und intensiver, so satt, wie ich ihn seit meiner Kindheit nicht erlebt hatte. Er spiegelte sich im Schnee, überzog ihn mit sanftem, pudrigem Blau. Die Sonne und das Licht da oben im Äther hielten einen zum Narren. Plötzlich lag ein regenbogenfarbener Kranz um die Sonne. Am nächsten Tag ruhte ein spektakulärer Nebelbogen wie ein schützender Himmelsarm über Kinnvika. Unseren guten alten, unverwüstlichen Generator brauchten wir fast nicht. Über die Solarzellen gelangte immer mehr Sonnenenergie in die Batterien unter Haukes Bett, und so war der Generator das Erste, was wir für unsere Abreise aus dem Paradies einpackten.

An einem außergewöhnlich klaren Tag, gut geschützt gegen die Kälte von immerhin noch -30 °C, erkundeten wir ein schmales, tiefes Tal, das hinter dem Kinnberg als enge Schlucht etwa einen Kilometer von den Hütten entfernt in die Bucht mündete. Ich trug die Daunenjacke und meine Lieblingswollunterhosen, außerdem einen Windschutz fürs Gesicht, den ich mir sonst nur zum Schneemobilfahren überzog (lediglich die Augen guckten heraus, meine kleine Stupsnase verschwand darunter). Es war so kalt, dass ich mir sogar zusätzlich einen dicken Schal umwickeln musste! Die bescheuerten Fäustlinge von Mum erwiesen sich als doch nicht so bescheuert. Sie waren zwar dünn, aber dafür aus Wolle – ich trug sie unter meinen Fellhandschuhen, und so blieben meine Finger mollig warm. Meine Kleidung musste die drei W erfüllen: Wärme, Wolle, Windschutz.

Wir überquerten die Bucht an der Stelle, wo das Eis schon dick genug war, und erreichten die Mündung des Tals. Balto amüsierte sich prächtig, er hüpfte vergnügt wie ein junges Lamm über die verhärteten Schneewehen, und selbst wenn seine Vorderpfoten plötzlich in weichem Schnee versanken, tauchte er sofort wieder auf, um fröhlich bellend und schwanzwedelnd wieder loszurasen. Als wir das Tal erreichten, umgab uns der Schnee in riesigen, runden Flatschen fetten Quarks. Über uns wölbten sich gigantische, überirdisch schöne Baisers von den senkrechten Felswänden, dazwischen vom Wind geformte Rüschenkränze wie elisabethanische Halskrausen. Im Zentrum des leicht abschüssigen, mäandernden Tals, geschützt vor der Sonne, befand sich eine vom Wind errichtete Schneepyramide in blassestem Platin. Hauke krabbelte auf die Spitze und ließ sich fünf Meter wieder hinuntergleiten – unser Hund sah ihn dabei an, als wollte er fragen: Was soll das denn, du Blödmann? Auf der Hälfte der Strecke standen uns plötzlich Schneemauern wie aus Beton im Weg. Mit Eispickeln hackten wir Stufen hinein und kraxelten über das Hindernis – und Balto bekam unsanfte Schubser in den Hintern, wenn seine Krallen vergeblich nach Halt suchten. Meine Stiefel knarrten wie die Takelage eines Segelboots, während ich mit Hilfe meines Eispickels, der quietschte, wenn ich ihn in die harte Oberfläche rammte, einen riesigen, steilen Damm überquerte. Die geisterhaften, grauen Schatten in den Untiefen des Tals lagen hinter uns, und wir gelangten in den überwältigend hellen Sonnenschein, mussten die Augen von der blendend weißen Fläche nach oben abwenden. Eine Vorhangleiste aus Schnee zog sich über die Oberkante des Abhangs, verziert mit feinsten regenbogenfarbenen Kristalllitzen, die zu flimmerndem Staub zerfielen, wenn wir sie berührten. Wir saßen weit oben über dem Tal, ließen unsere Füße in den dicken Stiefeln über eine vier Meter hohe Kante baumeln. Meine schwarze Gesichtsmaske war bedeckt von

Frost, besonders vor Mund und Nase war mein Atem gefroren, eine weiße Krokantschicht auf dem Fleece. Meine Mütze hatte eine Borte aus Frostfell bekommen, und vereinzelte Haarsträhnen guckten weiß und flauschig darunter hervor. Meine Wimpern glitzerten in der Sonne, als hätte ich sie dick mit Kristallmascara geschminkt. Auch von Haukes Augenbrauen und von seinem Schnurrbart hingen Eisperlen, und neben seiner Nase war die Haut schon ganz weiß, erstes Anzeichen einer Frostbeule. Er rieb und rubbelte, um die Stelle zu wärmen und wieder Blut in das Gewebe zu bringen, und zog sich dann schnell wieder seine Gesichtsmaske über. Um nach der Anstrengung des Aufstiegs nicht zu stark auszukühlen, standen wir bald wieder auf und nahmen den einfachen Weg den Kinnberg hinunter, über die schneeverklebten, von ersten Frühlingspflanzen gelb, creme, schwarz und orange gefleckten Felsen. Rötlicher Steinbrech ragte hier und da durch den spärlichen Schnee, und wir folgten unseren Spuren zurück in Richtung Eis, also nach Hause, wo wir uns ein Mittagessen aus Brot, Käse und heißem Tee bereiteten.

Der April kam und hatte warmes Wetter im Gepäck, wollte den März mit seinen -40 °C verjagen und uns leichter bemänteln. Balto verlor sein Winterfell. Es verfärbte sich orangebraun, als hätte er einen Sonnenbrand, und sogar das Fell an seinen Pfoten wurde plötzlich dunkellila. In England hatte ich das kurze, weiche Wollhaar meines Berner Sennenhundes auf den Stacheldrahtzaun hinten im Garten drapiert, damit die Vögel ihre Nester damit auskleiden konnten. Wir warteten noch auf die Vögel. Seit das Licht zurückgekehrt war, kamen immer häufiger Bären vorbei, aber möglicherweise hatten wir sie vorher auch nur nicht gesehen. Den ganzen Winter über hatten die kleinen Krabben, die an die Oberfläche kamen, wenn Hauke das Eis durchbohrte, blaue Lichtblitze ausgesandt, jetzt waren sie einfach nur noch braun.

Als die ersten beiden Vögel endlich kamen, waren sie zu weit weg, als dass wir sie hätten identifizieren können. Sie erwischten den letzten Schwung der Wahnsinnskälte, aber schon nach einer Woche machten die Temperaturen einen Satz knapp unter die Null-Grad-Grenze, wodurch sich an den Eisbergen Zapfen bildeten, von denen unglaublich salziges Wasser tropfte. Wir stellten zwei unserer roten Stühle an ein sonniges, geschütztes Plätzchen nahe der Hütte. Warm eingemummelt saßen wir oft stundenlang beim Wein, die Ferngläser um den Hals, und warteten, dass sich die Gäste nach ihrer Sommerfrische im Süden wieder bei uns blicken ließen.

Zuerst kehrten die grüngelben Eismöwen in ihr Nistgebiet rechts und links der Lagune Claravågen zurück. Kurz danach folgten die Dreizehenmöwen, sodann Schmarotzerraubmöwen, Eissturmvögel, Gryllteiste, Küstenseeschwalben, Eiderenten und die schwarzweißen Schneeammern, die einzigen Singvögel Spitzbergens, die wir im Vorjahr knapp verpasst hatten. Futter war nicht leicht zu finden, denn das Eis an der Küste war – bis auf eine kleine, tümpelgroße Fläche unweit von Ruuds Hütte – noch fest und dick, aber längere Strecken zurückzulegen, um weiter weg offenes Wasser zu finden, war für sie kein Problem.

Die Temperatur sank wieder, und etwa zur selben Zeit entdeckten wir die erste Robbe dieses Jahres, kaum sichtbar hievte sie sich auf das Eis und lag dann da wie ein weit entfernter Mäusekötel. Die Rentiere hatten uns den ganzen Winter über nicht ein einziges Mal besucht, vermutlich waren sie auf eine Futterstelle gestoßen, die besser vor den unerbittlichen Stürmen geschützt war. Es tat richtig gut, dass sie jetzt wieder regelmäßig in Kinnvika herumstreiften.

In unserer Hütte war es ungewöhnlich still. Hauke ging es seit einigen Tagen nicht so gut, er war beim Skifahren hingefallen, hatte sich die Schulter verrenkt und konnte kaum den Arm bewegen. Da konnte man nichts machen, außer den Arm ein paar Tage ruhig zu halten. Aber typisch Mann: ein kleines Wehwehchen, und schon unausstehlich. Dann verlor er auch noch seine Stimme, worüber ich ehrlich gesagt gar nicht so unglücklich war, denn so konnte er nicht andauernd wieder vom Irak anfangen. Haukes Ohren jedoch funktionierten noch. Er ging früh ins Bett und schlief viel, wachte vor dem Wecker auf und stellte um halb sieben sofort die *Deutsche Welle* ein, um Nachrichten zu hören. Ich hoffte, dass er sich ein bisschen beruhigen würde, jetzt, da George W. seine Truppen stationiert hatte, aber es wurde nur noch schlimmer. Hauke regte sich immer stärker auf und bedauerte die irakische Zivilbevölkerung, die unter den Auswirkungen des Krieges sehr zu leiden hatte. Wie besessen schaltete er zwischen der *Deutschen Welle*, *NRK* aus Norwegen, *Voice of America* und *BBC* hin und her, um ja nichts zu verpassen. Er fand sogar *Baghdad Radio*, konnte aber natürlich kein Wort verstehen. Dank dieser flächendeckenden Berichterstattung waren wir vermutlich besser informiert als die meisten Menschen in der Zivilisation, aber mir wurde es zu viel. Sobald Hauke das Radio einschaltete, wurde er wütend und schimpfte unentwegt. Selbst außerhalb der Hütte sprachen wir ständig über den Krieg – es gab kein anderes Thema mehr.

Eines Abends, ich wollte gerade mit dem Kochen anfangen, ereiferte sich Hauke erneut. Er erinnerte sich an all die deutschen Soldaten, die, gerade mal 18 Jahre alt, im letzten Krieg den Tod gefunden hatten; auch in Wesel, seinem Heimatort, wäre fast eine ganze Generation ausgelöscht worden! Sie hätten gar keine andere Wahl gehabt, tobte er, und dann habe man sie abgeschlachtet wie die Eisbären es mit den Robben tun. Und unsere, die englischen Soldaten? Das galt ja wohl für beide Seiten …

Er könne verstehen, dass die Iraker sich jetzt zusammenrotteten, um gegen die vermeintlichen Feinde zu kämpfen, so viele von ihnen seien durch die Bomben ums Leben gekommen, undsoweiterundsoweiterundsoweiter ...

Ich stand auf, zog Jacke, Stiefel und Handschuhe an und ging raus. Ich wusste, dass sich seine Tiraden nicht gegen mich richteten, aber warum musste er die Briten so angreifen? Im Zweiten Weltkrieg waren wir das einzige europäische Land gewesen, das noch kämpfen konnte. Wir hatten keine andere Wahl gehabt, denn alle anderen hatten aufgegeben. Wie die meisten Briten war auch ich von Anfang an gegen den Irakkrieg gewesen. Aber wie dem auch immer sei – es war genug. Schluss jetzt, Hauke!

Länger als zehn Minuten war es draußen in der Kälte zwar nicht auszuhalten, aber ich konnte es einfach nicht mehr ertragen. Hauke entschuldigte sich sofort. Es gehe doch nicht gegen mich, sagte er mit sehr sanfter Stimme. Das wusste ich.

»Ich sage 24 Stunden kein Wort mehr über den Krieg«, versprach er.

Es half, dass er seine Stimme verloren hatte, aber auch davon unabhängig hielt er sich an dieses Versprechen. Keine Silbe über den Krieg. Als er wieder sprechen konnte, sagte ich ihm, wie sehr mir diese ständige Nachrichtenhörerei auf den Geist ginge, es ziehe sich mir alles zusammen, ich würde jedes Mal fast aus der Haut fahren. Wir einigten uns darauf, die Informationsflut etwas einzudämmen, und damit konnte ich gut leben. Weniger BBC, dafür mehr NRK. Also weniger Nachrichten, mehr Musik. Diese Vereinbarung funktionierte, und die Atmosphäre entspannte sich wieder. Hauke sah die Dinge nicht mehr so eng (es ging ihm auch gesundheitlich besser), und ich konnte mich wieder für die Lage im Mittleren Osten interessieren. Unsere Krise war vorbei.

Saint George's Day, 23. April. Natürlich musste ich als Erstes meinen Union Jack für den Schutzheiligen Englands aufhängen. Es war keine richtige Flagge, aber in den Läden zu Hause, wo ich es versucht hatte, war nichts anderes zu kriegen gewesen. Es würde genügen müssen. Hauke lachte, als ich meine Fahne auf der Suche nach einer würdigen Stelle durch den Schnee zog. Er holte ein langes Stück Holz aus der Haupthütte (möglicherweise war es unser Schornsteinreiniger), bohrte zwischen Hütte und Maschinenhaus ein Loch und befestigte darin meine Fahnenstange. Er schlug ein paar Nägel ein (hätte ich zuerst gemacht) und befestigte die Ösen der Fahne daran. In der leichten Brise flatterte sie sanft – bestimmt eine Attraktion für Bären, die ja äußerst neugierige Tiere sind und alles Ungewohnte sofort inspizieren müssen, aber an dem Tag passierte meiner Fahne nichts.

Hauke hatte die Idee, eine Sonnenuhr zu bauen. Es war ein fantastischer Tag dafür: eiskalt, klarer Himmel, windstill. Meine Flagge hing schlaff in den Schnee, und Hauke scharrte um den Fahnenmast eine runde Fläche frei. Dort, wo um zwölf Uhr mittags der Schatten zu sehen war, zog er eine Linie und wiederholte das stündlich, bis wir genügend Markierungen hatten, um den Abstand zwischen den bevorstehenden Nachtstunden abzuschätzen. Unsere Uhr war nicht für die Ewigkeit, da wir keine Stöcke benutzen wollten und die Markierungen schnell vom Schnee zugeweht sein würden, sobald der Wind stärker wurde. Aber es war eine weitere gemeinsame Aktivität, die riesigen Spaß machte und das Fernsehen meilenweit in den Schatten stellte.

Ich machte mir Sorgen um meine Fahne. Ich wollte sie wieder mit in die Hütte nehmen, aber Hauke sagte ein paarmal: »Ach was, lass sie doch da!« Ich weiß, was du im Schilde führst, dachte ich. Und eine Woche später geschah tatsächlich, was Hauke sich erhofft hatte. Es war ein weiterer traumhafter Tag, um Vögel zu beobachten, wir hatten auf unseren roten Stühlen herumgelungert und die Sonne genossen. Nach dem Mittagessen dösten wir auf unseren Betten, Balto lag mit zuckenden Pfoten in der Küche. Plötzlich hatte Hauke das Gefühl, dass ein Bär in der Nähe war. Wir linsten über den Tisch und sahen nach der Fahne. Sie hing nur noch vom unteren Nagel in den Schnee. Keine Spur vom Bären, aber er konnte nicht weit sein. Wir krochen in der Hütte herum, schielten durch die vereisten Scheiben und entdeckten ihn an der Stelle, wo wir immer unseren Nachttopf ausleerten. Es war ein sehr aktiver Bär, der erhobenen Hauptes herumstreunte. Uns war die Sache mulmig, wir beobachteten das Geschehen lieber von drinnen. Der Bär ging wieder zum Fahnenmast. Und plötzlich packte er die Fahne mit Tatzen und Zähnen und zerriss sie so schnell, als handelte es sich um ein Papiertaschentuch. Aber die Fetzen langweilten ihn bald, und er trottete zu unseren Stühlen, zog einen zu sich heran und riss den Bezug in null Komma nichts mit den Zähnen auf. Aber auch das schmeckte ihm offenbar nicht, er stellte den Stuhl wieder hin und setzte sich vor unsere Tür (da wir ihn durch keines der Fenster sehen konnten, vermuteten wir zumindest, dass er dort saß). Ich hatte die ganze Zeit mein Gewehr in der Hand und nahm Haukes sehr leise von dem Nagel bei der Tür. Nach ein paar Minuten sprang der Bär die Schneewehe hoch, setzte sich auf sein Hinterteil und fing wieder an, mit der Fahne zu spielen. Dann rollte er sich auf den Rücken und rupfte mit emporgestreckten Tatzen weiter daran herum. Irgendwann verlor er wieder das Interesse, schnüffelte an der Hütte herum, und wir krochen von Fenster zu Fenster und versuchten, ihn im Blick zu behalten. Diesen würden wir erschießen müssen, sollte er versuchen, einzubrechen, denn er war ganz offensichtlich gefährlich. War es die Saison für ein Übermaß an Bärentestosteron? Offensichtlich. Der Bär machte es sich zu gemütlich an unserer Hütte, fand Hauke. Wir mussten zum Angriff übergehen. Als Hauke sicher war, dass der Bär nicht direkt vor der Tür stand, sprang er hinaus. Der Bär hörte ihn und rannte ihm hinterher, Hauke gab einen Schuss aus unserem Schreckstift ab und knallte die Tür von innen wieder zu. Ich stand mit dem Gewehr direkt hinter ihm. Hauke öffnete die Tür einen Spaltbreit, der Bär war nicht allzu nahe, und feuerte einen weiteren Schuss aus dem Stift ab. Monsieur Bär war nicht so mutig, wie es schien (hoffte ich zumindest) und rannte recht zügig davon, Hauke hinterher, die Hundenäpfe gegeneinander schlagend, und dann kam ich mit dem Gewehr. Balto ließen wir jetzt immer im Hauptraum. Der Bär beschloss, uns von den Felsen am Fuß des Kinnbergs aus zu beobachten, aber auch das war verboten. Er war relativ weit weg, vielleicht 500 Meter, aber Hauke zielte, schätzte den Wind genau ab und schoss. Ich beobachtete das Ganze durch das Fernglas. Ein Rauchwölkchen verpuffte ein paar Bärenlängen links von unserem Besucher, etwa zwei Meter über der Höhe seines Kopfes. Er verstand den Wink mit dem Zaunpfahl, zog nach links über den Kamm und verschwand in Richtung Norden, den Bärenpfad hinauf, wie wir ihn jetzt nannten.

Der Wind war stärker geworden, und die Fahnenfetzen hüpften dem Bären fröhlich hinterher. Wir sprangen ihnen nach, denn die Reste wollten wir als Andenken behalten. Dann reparierten wir den Stuhl mit dickem, silbernem Allzweckklebeband und schrieben »Bär« sowie das Datum darauf. Sicherheitshalber warteten wir noch eine Weile, bis wir wieder draußen nach Vögeln Ausschau hielten.

Von all diesen Bärenangriffen bekam ich Albträume. Eines Nachts träumte ich, dass einer durch das Dach eindrang, ich schrie im Schlaf, und wir wurden beide wach. Es war schrecklich, wenn ich nachts nicht schlafen konnte, am nächsten Tag war ich dann immer müde, schlecht gelaunt und gereizt. Ich konnte mit Hauke nicht streiten, fühlte mich aber schnell angegriffen und brach oft wegen irgendwelcher Kleinigkeiten in Tränen aus. Hauke war dann immer sehr fürsorglich, überhaupt war er erstaunlich tolerant, wenn ich so zickig war. Schwieriger wurde es, als wir den gemeinsamen Abschlussbericht der Expedition am Laptop schrieben. Wir hatten beide keine Erfahrung mit den Programmen, die auf dem Computer geladen waren, weswegen wir uns immer wieder in die Wolle bekamen und kabbelten. Irgendwann begannen wir, unsere Sitzungen am Computer vorher zeitlich zu begrenzen; ich versuchte, systematischer zu arbeiten, und da die einzelnen Aufgaben dadurch überschaubarer wurden, konnten wir wieder auf einer ganz anderen Ebene miteinander reden. Hauke ging es auch besser, außerdem hatte er erfahren, dass er wieder einmal Großvater werden würde – sein achtes Enkelkind war unterwegs.

Ich glaube, manchmal hielt er mich für ziemlich verrückt. Wir spielten die CD mit der Ouvertüre zu *Wilhelm Tell*, die Titelmusik zu *The Lone Ranger*, und ich fand es wahnsinnig lustig, mit meinem Holzpferd Silver durch die Prärie zu reiten. Als Dank für dieses Unterhaltungsprogramm veranstaltete er mit den Taschenlampen in der dunklen Hütte eine Disco-Lightshow, während ich zu *Lady Marmelade* tanzte.

Wir futterten Überraschungseier (Hauke hatte einen Schlumpf und ich ein Ufo mit Kulleraugen), und Hauke sagte, er sei froh, mich mitgenommen zu haben; mit jemand anderem hätte es nicht so gut geklappt. »Danke«, sagte ich, drehte den Propeller meines Ufos und beschoss seinen Schlumpf mit unsichtbaren Maschinengewehren. Wir mussten beide lachen.

11 Eisleben

Anfang Juni war die Rückseite der Haupthütte fast vollständig unter hartem, vom Wind zusammengepresstem Schnee verschwunden. Die Schneewehe reichte vom Boden bis zum Dach, das sie zur Hälfte bedeckte wie feiner Zuckerguss. Wir konnten über diese Rampe bequem auf das Dach der Hütte steigen und hatten einen wunderbaren Aussichtspunkt, um in der Hinlopenstraße die spitzen Eisberge zu beobachten, die eingekeilt von Eistrümmern in der Strömung hin und her trieben. Die Bucht von Kinnvika war noch von dickem, wenn auch brüchigem Eis bedeckt. Salzwasser drang durch die grindige, löchrige Schicht und bildete Wasserpfützen, die die silbrigen Wolken und die gelegentlichen Sonnenstrahlen reflektierten. Die Temperatur des Meerwassers stieg langsam. Die *Jonathan* war beinahe frei, und Mark und Marina dachten bereits an ihre Rückkehr aus dem Eis. Die Lufttemperatur hatte geradezu linde -3 °C. Der Schnee verschwand, er verdampfte einfach, ohne erst zu schmelzen, und immer mehr braune Fels- und Geröllflächen waren an der Küste zu sehen. Eiszapfen krachten vom Dach unserer Hütte, wir bekamen jedes Mal einen Riesenschreck und dachten, Eisbärenbesuch stehe vor der Tür. Neuschnee fiel auf den vereisten Boden, und wenn wir in der Gegend herumstromerten, rutschten wir oft auf dem spiegelglatten Boden aus und landeten unsanft auf dem Rücken. Kleine Spinnen mit käferartigen Körpern huschten zwischen den sich erwärmenden Steinen umher, während über uns das Flügelschlagen der Eissturmvögel in der Stille zu hören war.

Von unserer Aussichtsplattform auf dem Dach konnten wir Bären und Rentiere in kilometerweiter Entfernung beobachten. Unser altes Motto galt im Wesentlichen noch: Wenn man denkt, es ist ein Bär, ist es ein Bär. Durch das Fernglas betrachtet, entpuppte sich allerdings so mancher vermeintliche Bär tatsächlich als Rentier, aber umgekehrt waren auch viele Rentiere in Wirklichkeit Bären. Eines Morgens nach dem Frühstück, ich suchte gerade mit meinem Fernglas das Eis nach Robben ab, entdeckte ich weit draußen drei Tiere. Ich konnte sie nicht genau erkennen, aber irgendwie sahen sie ungewöhnlich aus, also rief ich Hauke. Vom Dach der Haupthütte aus schien es, als handelte es sich um drei Bären, eine Mutter mit zwei relativ ausgewachsenen Jungen. Wir beobachteten sie lange. Wie Spielzeugmäuse bewegten sie sich über das Eis, nach links in Richtung Hvaløya. Sie erreichten die Insel, überquerten sie und krochen dann vorsichtig wieder auf das Eis (eine Robbe ergriff die Flucht ins Wasser, kaum dass sie sich näherten), offenbar wollten sie an der Nordseite des Murchisonfjords an Land. Waren es nun Eisbären oder doch Rentiere? Wir schlossen kurz unsere angestrengten Augen und starrten dann wieder durch das Fernglas. Je länger wir schauten, desto verwirrter waren wir, aber am Ende stellten wir erleichtert fest, dass es sich wohl in der Tat um Rentiere handelte. In Mushamna war Hauke Dreiergruppen aus einer Bärenmutter mit zwei zweijährigen Jungen immer mit großem Respekt begegnet. Die Jungen konnten schon jagen, sie waren aufeinander eingespielt, und das hatte ihn immer ziemlich nervös gemacht. Unsere Drei staksten vorsichtig über die gefrorene See, wählten ihre eigenen, individuellen Strecken, mäanderten, um sicheren Boden unter den Hufen zu behalten, langsam, ohne Eile. Manchmal hüpften sie über eine Pfütze oder ein Stück dünnes Eis oder bewegten sich noch einmal etwas zurück, um die Route zu korrigieren. Eines mit blassbraunem Fell, etwas wagemutiger und erfahrener als die anderen, schaffte es als erstes an Land, dicht gefolgt von dem größten und blassesten der Drei – mit sehr imposantem Geweih –, und dann kam auch schon das dritte und kleinste der Gruppe, dem ohrlange Äste aus dem Kopf zu wachsen schienen. Die Böcke werfen im frühen Winter ihre Geweihe ab, aber von April bis Juli wachsen sie wieder nach, und den Bast reiben sie im August und September ab; die Geweihe der Kühe fangen im Juni an zu wachsen, sie behalten sie ein ganzes Jahr. Die Tiere grasten zwischen den Felsen, knabberten an den frischen Trieben und gingen dann getrennte Wege. Eines bog nach rechts ab, in Richtung Murchisonfjord, die anderen kamen in Richtung Kinnvika und brachten Balto in Aufruhr, der zum Glück angeleint war und keinen Ärger machen konnte.

Im Juni kommen die Jungen, deswegen passten wir gut auf Balto auf, wenn er während unserer Spaziergänge nicht angeleint war. Anfang des Monats hatten wir schon nachgesehen, wie viele Dreizehenmöwen zur Vogelklippe am Hunnberg, etwa fünf Kilometer von der nördlichen Küste des Murchisonfjords entfernt, zurückgekehrt waren. Einige Möwen segelten in gemächlichen Kreisen herum, und als wir uns näherten, ließen sie sich vom Aufwind einfach ein Stück höher heben. Oben auf der Klippe war ein altes, grau verwittertes, faseriges Stück Seil fest und ordentlich um den Fuß eines großen Steins gebunden. Wir wussten nicht, wie lange das Seil schon da war, vielleicht 50 Jahre, vielleicht länger, jedenfalls hatten wir nicht vor, es zu seinem ursprünglichen Zweck einzusetzen – sich daran herabzulassen, um Vogeleier zu sammeln.

Auf den kleinen, weißgeränderten Vorsprüngen des dunklen Steinmassivs zählten wir fast 100 Vögel. Die Flügel mit den schwarzen Spitzen trugen sie hin und her, im Anflug kabbelten sie sich um die Sitzplätze, manchmal schoss einer unvermittelt nach oben; einige kämpften, sie verbissen sich mit den Schnäbeln ineinander, schossen in einer Spirale abwärts und ließen einander erst los, wenn sie schon fast am Boden waren. Wir überließen sie ihren Wirbelflügen. Auf dem Rückweg erschnüffelte Balto frische Rentierspuren, und während wir den Blick schweifen ließen, um die Tiere ausfindig zu machen, hielt Hauke ihn fest an der Leine. Da! Tatsächlich! Wir entdeckten eines unserer Hausrentiere, eine blasse Kuh mit einem krummen Geweih, begleitet von einem weiteren, hellbraun gefärbten Weibchen. Zu unserer Überraschung hatten sie beide Junge, die schon an den zarten Trieben knabberten, das eine war fast rosa, das andere kakaofarben. Die Kitze mussten ungewöhnlich früh zur Welt gekommen sein, aber vielleicht waren das die Sitten in Nordaustland – so schnell wie möglich in den Sommer starten.

Später im Jahr waren die Böcke mit ihren feinen, zackigen Geweihen ein spektakulärer Anblick. Auf unseren Spaziergängen den Bärenpfad hoch sahen wir öfters gleich zwei friedlich nebeneinander grasen. Eines Tages erschienen zwei im wahrsten Sinne des Wortes im Doppelpack. Offenbar hatten sie versucht, sich an blauen, schweren Plastikfischernetzen den Bast abzureiben, und jetzt waren sie miteinander verknotet, die Köpfe mit den rissfesten Seilen untrennbar zusammengebunden. Hauke versuchte, sich ihnen zu nähern, um sie zu befreien, aber vor Angst ließen sie niemanden an sich heran und hüpften von dannen wie siamesische Zwillinge. Zum Glück konnten sie wenigstens einigermaßen bequem zusammen grasen, so dass sie eine Chance hatten zu überleben. Wir fanden erschreckend häufig Hörner in verknoteten Fischernetzen. Wenn man wirklich jedes Fundstück mitzählte, kamen nur zehn Prozent des Mülls, den wir am Strand entdeckten, von der Fischereiindustrie. Aber die Netze und Seile waren größer als alles andere, und beim jährlichen Strandaufräumen nahmen sie den meisten Raum ein.

Unsere Freunde, besonders Randi, hatten uns zu Weihnachten großzügig mit frischem Obst und Salat, Milch und Sahne, Schinken, Kuchen und Keksen versorgt. Ansonsten waren Bohnenschösslinge das einzig Frische, was wir zu essen hatten, wobei meine Zucht nicht sonderlich erfolgreich war, da es über Nacht so kalt in der Hütte wurde, dass die meisten Pflanzen abstarben. Unser Trockenfisch hing paarweise mit den Köpfen nach unten an einem langen Seil in der Haupthütte und stank alles voll. Wir mochten Trockenfisch nicht besonders, und Balto bekam das meiste. Der frische, in Salz konservierte Lachs der Jungs aus Longyearbyen war gut, wenn man ihn vorher lange in Wasser einlegte, um ihn zu entsalzen – sehr lecker und etwas Besonderes.

Wir brauchten nicht all unsere Alkoholvorräte auf, vor allem den Schnaps nicht. Ein Gläschen Rum tat gut, wenn wir aus der Kälte kamen, manchmal gaben wir auch einen Schuss in den Tee, um uns aufzuheitern, oder brauchten ein bisschen, um eine kleine Schnittwunde zu desinfizieren. Der Sekt war für die Sonntagsfrühstücke reserviert. Es war fast kein Rotwein mehr übrig, obwohl wir so viel mitgenommen hatten und es eigentlich nur eine Flasche am Tag gab. Während ich kochte, tranken wir immer schon das erste Glas, und dann noch ein Gläschen zum Essen. Die Dreiliterkanister lagerten wir in der Haupthütte. Der Wein gefror zu Blöcken, und es dauerte drei Tage, bis er an den Öfen wieder flüssig wurde. Ich achtete darauf, dass immer zwei oder drei Kanister langsam auftauten. Mit unseren Weinblöcken hätten wir bestimmt prima Bären verjagen können, kamen aber nicht darauf, diese Waffe mal auszuprobieren.

Wann immer es ging, machten wir am Nachmittag einen Spaziergang: bei unfreundlichem Wetter zum Strand und zurück, oder aber querfeldein über den Kinnberg, oder über Twillingneset zur Hinlopenstraße. Unsere Spaziergänge in der unmittelbaren Umgebung genossen wir besonders, meistens zog es uns nicht weiter weg. Es war so schön, in Kinnvika die gescheckten Schneeammern zu beobachten: Sie flitzten vom Dach zu den Felsen und wieder zurück, suchten nach alten Körnern oder einem Nistplatz. Während der Balzzeit fanden sich die Pärchen zu gemeinsamen Lufttänzen. In einem synchronen *pas de deux* ging es hin und zurück und hoch und runter, sie blieben erst eng zusammen, um dann plötzlich kokett in entgegengesetzte Richtungen davon zu schwirren. Lilafarbene Meerstrandläufer erschienen, mal einzeln, mal in Paaren. Überall in der Tundra suchten sie nach einer wenn auch noch so kargen Mahlzeit. Eines Tages, ein Stück den Bärenpfad hoch, lagen wir auf dem Rücken im Schnee und lauschten den Schneekristallen, die auf unsere Jacken fielen, als wir plötzlich leises Flügelschlagen vernahmen. Als wir uns herumdrehten, sahen wir einen kleinen Schwarm von Gänsen, die ein Stück weiter unten landeten. Sie watschelten ein bisschen auf dem schneebedeckten Boden herum und schwangen sich dann den Hügel hinunter, um mit flappenden Flügeln nach ergiebigeren Futterplätzen zu suchen.

Kein Wunder, dass sie weiterzogen. Das Wetter war in letzter Zeit ziemlich mies gewesen, grau und verhangen, deprimierend trotz der milden Temperaturen und des einen oder anderen Sonnenstrahls. Das Wetter schien sich nicht so recht entscheiden zu können. An einem Tag war es neblig, windig, verschneit, kalt und wolkig, dann wieder warm und sonnig, mit einem Regenbogen, der den Himmel umarmte. Dagegen war das Wetter in England stabil! Am Mittsommernachtstag änderte sich die Beschaffenheit des Schnees. Normalerweise war er trocken und kristallförmig wie Sandkörner, er klebte auch gar nicht, aber jetzt war er mit einem Mal feucht und schwer. Zum ersten Mal seit unserer Ankunft in Kinnvika konnten wir eine Schneeballschlacht machen – hoffentlich waren meine Schüsse so präzise und schmerzhaft wie Haukes. Glücklich wie die Kinder bauten wir unseren ersten und einzigen Schneemann. Selbst zu zweit gelang es uns kaum, die zweite und die dritte, riesige Kugel auf die Basis zu hieven. Unser deutsch-englischer Schneemann bekam Knöpfe aus Kohlen sowie Augen und eine Nase aus Steinen, einen durchgeweichten Ölfilter aus Pappe als Hut, dann schoben wir ihm einen Skistock und eine Schaufel unter die Arme, und als i-Tüpfelchen verpassten wir ihm einen Gürtel aus einem Seil.

Irgendwann, als wollte uns der Winter beruhigen, dass er sich jetzt wirklich zurückzieht, entdeckten wir den ersten Steinbrech. Die Blume war komplett aufgeblüht, die fünf glänzenden braunroten Blütenblätter mutige, gegen die Kälte aufbegehrende Farbkleckse.

Zur Abwechslung in dem ansonsten trüben Wetter, ging die Sonne eines Tages richtig auf, und es wurde ein leuchtender, wolkenloser Tag. Ein Fremder sollte heute in Kinnvika erscheinen. Bewaffnet mit einem Spiegel und einer großen Schere, schnippelte Hauke sich seinen Zottelbart weg, er stutzte die graublonden Stoppeln so weit es ging, dann seifte er sich ein und schabte den Rest mit dem Einmalrasierer weg. Er sah seltsam aus, das fand auch Balto. Ich hatte mich in den vergangenen elf Monaten so sehr daran gewöhnt, dass Hauke mit einem wärmeisolierenden Gesichtspelz herumlief, dass ich völlig vergessen hatte, wie er vorher ausgesehen hatte. Abends, wenn wir lasen, musterte ich ihn über den Tisch hinweg, versuchte, mich an das neue Styling zu gewöhnen, aber es dauerte über eine Woche, bis ich aufhörte, ständig die weiche, blasse Haut anzufassen, und Hauke wieder Hauke war. Die Rasur hatte ihn aufgeheitert, und er begann, das Museum auszuräumen. Wir hatten nichts vom Gouverneur oder der Polizeibehörde gehört, und so schafften wir wie versprochen alle Exponate wieder an die Fundstellen zurück. Ich half ihm, die schweren Schiffsfragmente über den Schnee zu hieven, bevor er schmolz und wir nichts mehr würden bewegen können. Den

Rest wollte er lieber allein wegtragen. Es war eine deprimierende Aufgabe, besonders den halben Schlitten wieder ins Eis zu bringen (wo er als Bärenspielzeug enden und irgendwann wohl für immer verschwinden würde). Die gesamte Aktion dauerte zwei Tage, wenigstens war es gleichzeitig ein gutes Fitnessprogramm, den Pulka herumzuschleifen und heruntergefallene Objekte wieder aufzuheben. So traurig es war – unser Museum hatte uns viele schöne Stunden beschert, und die Objekte zu identifizieren und sie möglichst vorteilhaft im Museum zu positionieren hatte uns tiefe Einblicke in die Geschichte Spitzbergens, in das schwere und gefährliche Leben seiner Gäste verschafft. Das würde den Besuchern des Museums in Longyearbyen nun leider verwehrt bleiben. So sind eben die strengen Schutz-bestimmungen für Nordaustland.

Hauke hatte das alte Tagebuch eines norwegischen Jägers gelesen, der mit einer Frau seine Hütte geteilt hatte, aber bereits nach einem Monat hatten sie ständig gestritten und waren überhaupt nicht miteinander ausgekommen. Bei einem Glas Wein redeten wir darüber, wie gut wir uns verstanden hatten. Wir waren so froh, dass es keine größeren Verstimmungen gegeben hatte und wir uns immer noch mochten. Schwer vorstellbar, wie wir unser entspanntes Miteinander und unseren außergewöhnlichen Lebensstil in die Zivilisation hinüberretten sollten. Wir fragten uns, wie es sich wohl anfühlen würde, plötzlich wieder von Freunden, der Familie, der Arbeit gefordert zu sein. Hier waren wir die ganze Zeit allein gewesen, über gelegentliche Besucher hatten wir uns gefreut, sie aber auch nur zu gerne wieder ziehen lassen, egal, wie sehr wir sie mochten. Zu Hause würde es keine Möglichkeit geben, sich so nach außen abzuschirmen. Es wäre zu egoistisch, Familie und Freunde nicht mehr zu sehen und sich vor den Menschen zu verstecken, außerdem war das ja auch gar nicht realistisch. Hauke musste an der Universität seine Experimente mit den während der Expedition gewonnenen Daten fortsetzen. Sein neues Enkelkind wartete auf ihn, und die Fäden seines alten Lebens wollten wieder aufgenommen werden. Ich hingegen würde ein völlig neues Leben beginnen müssen ... Wir waren so in unserem Dasein in Kinnvika gefangen, behüteten dieses kostbare Gut mit solcher Leidenschaft, dass es uns gar nicht in den Sinn kam, etwas Vergleichbares anderswo wiederholen zu wollen. Deswegen schmiedeten wir auch keine gemeinsamen Pläne. Eigentlich hätten wir der Sache gerne eine Chance gegeben, beschlossen aber trotzdem, mittendrin aufzuhören. Wir wollten aufhören zu essen, obwohl es noch fantastisch schmeckte. Würde das jemand verstehen? War das überhaupt zu verstehen? Niemand hatte, was wir hatten, niemand konnte es sich auch nur vorstellen. Niemand, dem wir erzählen würden, was für eine großartige Zeit wir miteinander verbracht hatten, würde verstehen, warum wir getrennte Wege gingen. Keiner von uns beiden freute sich auf das Ende der Zeit hier, und wir beschlossen, uns später wenigstens ab und zu gegenseitig zu besuchen. Ich hoffte sehr, dass wir das tatsächlich tun würden – wir hatten so viel Spaß miteinander und waren so gerne zusammen. Schade, aber wie Hauke sagte: »Es ist, wie es ist.«

Vielleicht hatten wir nur einfach Angst, dass der Zauber verloren gehen könnte.

Ich fing an zu packen. Wolle, Bücher, Extremwetterkleidung, Briefe, alles, was ich in den letzten zwei Monaten bestimmt nicht mehr brauchen würde. Die Sorge, mich in Kinnvika zu langweilen, war unbegründet gewesen. Solange das Wetter es erlaubte, waren wir viel draußen gewesen, wir hatten an unseren Tagebüchern, Büchern und Berichten gearbeitet, hatten Experimente gemacht und sogar etwas Hausarbeit. Außerdem hatte ich viele Bücher gelesen, besonders im Winter, auch wenn vielleicht nicht so viel von der Lektüre hängen geblieben war. Hauke beschäftigte sich mit schwererer Kost als ich. Er las jetzt in einer dreibändigen Ausgabe der Briefe Georg Christoph Lichtenbergs. Hauke musste viel lachen, denn die Aphorismen dieses Physikers und Schriftstellers aus dem 18. Jahrhundert waren oft sehr scharf und politisch inkorrekt. Die Texte passten gut zu Hauke.

Ich hatte zu viel Handarbeitszeug dabei, schaffte aber trotzdem einiges. Abgesehen von kleinen Reparaturen und der Herausforderung, Haukes Pullover zu stricken (mitsamt passenden Handschuhen), ist auch für mich eine Norwegerstrickjacke fertig geworden – Schwarz mit weißen Schneeflocken, das passt doch –, außerdem eine Kinderstrickjacke mit Rentiermotiv und ein paar gemusterte Handschuhe. Ich versuchte mich an Seidenmalerei und begann mit einem Anfängerset, einem Tuch mit Mäusen und Schlangen, das machte Spaß und war relativ einfach. Ich versuchte, meine eigenen Muster zu entwerfen, aber die Farbe drang irgendwie nicht richtig in die Seide ein. Entweder war es zu kalt, oder ich machte etwas falsch. Drei Kreuzstichbilder, die ich vor Jahren angefangen hatte (bis das Fernsehen meinen Basteleifer besiegte), wurden fertig, außerdem ein weiteres großes Kreuzstichbild aus altem Garn, das Hauke meine *road map* nannte. Er wettete, ich würde mit meiner früher fertig sein als George W. mit seiner, und er sollte Recht behalten.

In meinen Stoffschachteln waren die Pink- und Grüntöne geplündert, die ich für einen Quilt verwendet hatte. Mit meinem Rollschneider hatte es ewig gedauert, die Stoffe zuzuschneiden: insgesamt nähte ich aus 1872 Stoffstückchen 144 viereckige Teile. Die Nähte glättete ich mit meinem uralten Bügeleisen, das ich auf dem Ölofen aufheizte. Der Boden allerdings war zu klein und zu dreckig, um die Wattierung zwischen die Ober- und die Unterseite zu legen und alles mit Stecknadeln zusammenzuheften, bis heute liegen die Teile in einer Schachtel und warten darauf, dass ich die Decke fertig nähe.

Jahrelang hatte ich schon vorgehabt, einen Quilt in dem traditionellen Bärentatzenmuster zu fertigen. Vielleicht könnte ich einen für Hauke nähen, in Mitternachtsblau und Schneeweiß, als Dankeschön, weil er auf mich aufgepasst und mir so eine schöne Zeit in Kinnvika ermöglicht hat. Aber nicht hier. In England. Diesmal sollte er nicht zuschauen können. Es sollte eine Überraschung sein.

Es war nicht unbedingt ein leuchtender Juni, aber gegen Ende des Monats fing der Schnee so schnell an zu schmelzen, dass wir größere Überschwemmungen befürchteten. Vor der Hütte bildete sich eine riesige Pfütze, täglich wurde sie tiefer und größer, dabei waren wir immer noch umgeben von hohen Hügeln dichten Schnees. Um die Sauna herum war es weiterhin trocken, da das Wasser dort den Hang hinunter abfließen konnte, also beschlossen wir, zur Not dorthin umzuziehen. Dass der Ofen funktionierte, wussten wir ja.

Die Lagune Claravågen und der See Junodvatnet sahen aus wie zwei gigantische Opale, wegen der Algen changierte die Oberfläche in Blau, Smaragdgrün und Türkis. Etwa zehn Eiderenten, unauffällig braun gefiederte Weibchen und umwerfende schwarzweiße Männchen, paddelten im trüben Schmelzwasser auf der Eisdecke herum. Aber auf dem kleinen Stück offenen Wassers vor Ruuds Hütte gab es über 400. Kinnvika war im Vergleich dazu die reinste Ödnis, doch immer mehr blühendes Grün kam zum Vorschein: der Steinbrech mit zarten weißen Blütenblättern, winzige, goldene, wie Mohn aussehende Pflanzen und grünlich-weiße Blütenpolster. Ein tiefer, durch das Echo der Felsen besonders unheimlicher Donnerschlag erschütterte Kinnvika, als der Damm an der Schlucht brach. Tonnenweise Eis und Wasser krachten in die Bucht und zermalmten auf 200 Metern Länge das Meereis.

Balto versuchte, den lauten, platschenden Strömen zu folgen, es war die reinste Augen- und Ohrenweide, denn sie mäanderten hin und her, veschwanden unter der Oberfläche und kamen ein paar Meter weiter wieder zum Vorschein. Wir lachten, wenn Balto verwirrt in irgendwelche Löcher starrte und nicht nachvollziehen konnte, auf welchen verschlungenen Wegen sich die Bächlein in die nun schneefreie, eisige Bucht vorkämpften, die jetzt grün und blau ge-streift, durchsetzt von silbrigem Grau, vor uns lag. Die Robben waren verschwunden. Der Sommer kam.

Pünktlich um neun Uhr schalteten wir das Funkgerät an, und zu unserer Überraschung meldete sich Mark sofort. Er erzählte, in Nilspollen, ihrem Standort, sei das Eis gebrochen und weggespült worden, sie trieben jetzt frei am Anker.

»Wir wollten uns nur noch verabschieden, jetzt brechen wir wieder auf.«

Marina und er waren traurig und froh zugleich, dass ihr Abenteuer dem Ende zuging. Wir wünschten ihnen eine gute Reise, sie sollten heil wieder in Longyearbyen ankommen. Schade, dass unsere guten Freunde jetzt wegfuhren. Wer außer ihnen begriff und hatte so nah miterlebt, wie es uns in Kinnvika ergangen war.

»*Over and out from Nilspollen*«, meldete Mark sich ab.

Jetzt waren wir nur noch zu dritt.

Ich saß unter meinem Regalbrett auf dem Bett, den Rücken an die kalte Holzwand gelehnt, meinen Kuschelelch im Arm. Mir wurde klar, dass auch ich bald aufbrechen musste. Ich wollte gar nicht daran denken, hätte alles daran gegeben, dass unser verzauberter Zustand noch ein wenig länger andauerte. Mir war, als hätte eine Geisterhand die Klinke ergriffen, um die Tür hinter diesem fantastischen Jahr zu schließen. Darüber nachzudenken und darüber zu sprechen was nach Kinnvika geschehen würde, war das Eine, aber beim Gedanken an den tatsächlichen Abschied, daran, die Hütte für immer zu verrammeln, Hauke Adieu zu sagen, meinem guten Freund und Expeditionspartner – bei diesem Gedanken hätte ich heulen können.

Ich wollte nicht weg.

12 Sommer

Ah-uuuh! Ah-uuuh! Eidererpel, die aussahen wie Unterwasserelstern, tauchten auf und wieder unter, warfen ihre dreieckigen Köpfe zurück und streckten die Schnäbel nach oben – sie wollten die braunen Weibchen beeindrucken, die etwas weiter weg in einem freien Wasserstück herumpaddelten. Die Eisdecke war noch nicht ganz geschmolzen, und wenige Pärchen verspürten bereits den Drang zum Nestbau. Nur vereinzelte Weibchen watschelten über die Kältesteppe, die Männchen folgten lustlos wie Ehegatten beim Einkaufen und hielten nach einer Mulde Ausschau, wo man gut Eier legen konnte. Normalerweise sind die Weibchen fürs Brüten zuständig, doch ein Erpel hatte eine Schicht übernommen und hielt eifersüchtig nach potenziellen Eierdieben Ausschau, ob Bären, Füchse oder Möwen. Eiderenten lassen sich häufig in der Nähe von Menschen nieder, von denen sie sich zusätzlichen Schutz erhoffen, und wegen ihrer hochwertigen Daunen wurden größere Kolonien tatsächlich gehegt und gepflegt. Unsere Vögel hatten im Vorjahr über ein Dutzend Küken bekommen, doch dieses Jahr waren es bislang nur zwei.

Die Arktischen Schmarotzerraubmöwen waren erfolgreicher. Der Schnee schmolz rapide, zum Glück ohne bei uns Überschwemmungen auszulösen, und ein Paar hatte sich etwa 50 Meter von unserer Hütte eine kleine Vertiefung in den nackten Boden gekratzt, so dass wir es beim Nisten gut beobachten konnten. Wir hatten noch ein paar alte Hühnereier, die wir nicht mehr essen wollten, und Hauke legte den Möwen jeden Tag eines hin. Sie nahmen das Ei erst unter heftigem Kopfnicken ins Visier, versetzten ihm dann mit dem

Schnabel einen ordentlichen Hieb, um das Loch knabbernd zu vergrößern und gemeinsam das noch genießbare Innere zu verspeisen. Ein lustiger Anblick. Während Madame Möwe Vorsicht walten ließ, wagte ihr Gemahl, Hauke aus der Hand zu fressen oder sich ihm auf die Schulter zu setzen. Wenn wir spazieren gingen, folgte er uns, ließ sich auf seinen schmalen, schwarzen Flügeln weiter durch die Lüfte tragen, wobei man seine langen Schwanzfedern sehen konnte, und hockte sich dann auf einen Felsen, um auf uns zu warten. Oder er saß oben auf dem Kinnberg und stürzte unvermittelt in die Tiefe. Kaum dass die Eier gelegt waren, blieb Monsieur Möwe zu Hause, um Wache zu halten. Er und Balto schlossen ein Abkommen: Solange Balto dem Nest fernblieb, herrschte Waffenstillstand. Damit das nicht in Vergessenheit geriet, flog er manchmal auf Balto zu und versetze ihm einen kleinen Flügelschlag auf die Ohren, nur so zum Spaß, woraufhin Balto unterwürfig den Kopf einzog. Vorbeiziehenden Rentieren widerfuhr dasselbe, sobald sie dem Nest zu nahe kamen, und wenn Ehepaar Möwe gemeinsam angriff und sie in die Köpfe und Hinterteile zwickte, nahmen sie ziemlich schnell Reißaus. Selbst Bären verzogen sich bei dieser Behandlung voller Respekt.

Wir hofften, dass das erste Küken am 23. Juli schlüpfen würde, unserem einjährigen Jubiläum in Kinnvika, aber es kam zwei Tage später. Schon bald versuchte der kleine, schwarze Flaumball, auf die ungelenken, langen Beinchen zu kommen, er taumelte umher, fiel ständig um und kuschelte sich irgendwann erschöpft unter die Fittiche seiner Mutter. Nach ein paar Tagen, als er bereits versuchte, sich hopsend und unter Einsatz seiner kaum vorhandenen Flügelchen in die Lüfte zu erheben, war auch sein Geschwister so weit. Kaum dass sie beide einigermaßen sicher laufen konnten, rannten sie überall herum, der Farbe des Geländes angepasst, so dass wir sie nur entdeckten, wenn die Eltern mit etwas zu Fressen zurückkamen. Schmarotzerraubmöwen sind durchaus in der Lage, selbst zu jagen, aber wozu der ganze Aufwand, wenn man Dreizehenmöwen im Flug angreifen und ihnen ihre Beute abluchsen kann? Die zu Tode erschreckten Tiere spien dann ihre letzte Mahlzeit aus, die Möwen fingen den Brei auf und brachten ihn auf direktem Weg zu ihren Jungen. Dass mindestens drei weitere Raubmöwenpärchen in unserer Gegend nisteten, wurde uns erst klar, als wir ahnungslos durch ihr Territorium spazierten und ebenfalls attackiert wurden. Die Jungen waren gerade flügge geworden und machten sich davon, während vier oder fünf ausgewachsene Tiere in dichter Formation über den Himmel schossen, Flügel an Flügel, Schnabel an Schwanzfeder, tiefschwarz und bedrohlich wie die Red-Arrows-Fliegerstaffel in ihren besten Zeiten, bis sie unvermittelt auseinander stoben und Richtung Sonne verschwanden.

Am Hang des Kinnbergs gab der Schnee in der zweiten Juliwoche unseren alten Gefährten Sako frei. Im Dezember hatten wir im steinhart gefrorenen Boden kein sonderlich tiefes Grab ausheben können, und die Steine, die wir darauf gelegt hatten, hatte der Sturm zur Seite geschoben. Da lag er nun und zeigte uns seinen Kopf und seinen mageren Rücken, genau so, wie wir ihn hingelegt hatten. Er wirkte, als würde er schlafen, als könnte er jederzeit aufwachen, um einen Bären zu verjagen. Ich streichelte das weiche, schwarze Fell, zupfte ihn sanft an seinem steifen Ohr und hätte mich nicht gewundert, wenn er sich herumgerollt hätte, um sich den weißen Bauch kraulen zu lassen. Friedlich wirkte er und unversehrt. Wir tätschelten ihm ein letztes Mal den Kopf und bedeckten ihn mit Felssplittern, einer dickeren Schicht Geröll und schließlich mit großen, schweren Steinen, bevor wir das Grab mit rötlichen und grauen Kieseln umkränzten.

Wir hatten ein letztes Mal Funkkontakt mit Eero, der Mushamna kurze Zeit später verließ, er hatte eine Mitfahrgelegenheit auf einem Touristendampfer mit Kurs auf Longyearbyen. Jetzt waren nur noch wir und Stein mit Familie übrig, aber auch sie wollte am 24. Juli aufbrechen. Wir hofften, dass die *Nordsyssel*, das neue Schiff des Gouverneurs, uns auf dem Weg zu Stein Post bringen würde, denn seit fast fünf Monaten hatten wir keine mehr bekommen. Aber im dicken, festen Eis an der Nordküste und in der Hinlopenstraße war weiterhin kein Durchkommen – wir würden abwarten müssen. Eero hatte Glück, zu ihm schaffte es das Schiff. Aber weder auf der Hinfahrt noch auf der Rückfahrt war es möglich, zu uns herüberzukommen, das Eis blieb undurchdringlich. Wir waren ziemlich enttäuscht. Jetzt, da unsere Funkfreunde alle abgereist waren, bekam die Post eine ganz neue Bedeutung. Wir waren geradezu besessen davon, endlich von unseren Freunden und Familien zu hören. Außerdem erwarteten wir dringend professionelles Flickzeug für unser Schlauchboot, denn wir wollten vor unserer Abreise unbedingt noch ein paar besondere Orte besuchen. Andauernd kletterten wir aufs Dach, um durchs Fernglas in Richtung Hinlopenstraße zu schauen, das Kommen und Gehen des Eises und des Wassers zu beobachten. Zu verfolgen, wie es sich gleich einem pulsierenden, wogenden Netz bewegte, wurde wie ein Zwang.

Die *Nordsyssel* fuhr mit unserer Post wieder nach Hause, und vom Dach unserer Hütte sahen wir, dass das Eis in der Hinlopenstraße sich doch auflöste und zwischen den verschwindenden Eisbrocken immer größere Wasserflächen entstanden waren. Ein Gefühl der Hoffnungslosigkeit erfüllte uns, eine Verzagtheit wie das Ausgeliefertsein ganz am Anfang in Kinnvika. Über Funk waren wir mit der vorbeifahrenden *Nordsyssel* in Kontakt, und man teilte uns mit, dass sie es am 29. Juli im Rahmen der bevorstehenden Aufräumarbeiten an der Küste erneut versuchen würden.

Es war bereits Mitternacht, als die *Nordsyssel* an jenem Tag tatsächlich auftauchte, weit von der Küste entfernt auf der Höhe von Ruuds Hütte. Ein Schlauchboot wurde herabgelassen, das eine halbe Stunde brauchte, um sich nach mehreren Anläufen endlich im Zickzackkurs durch das Eislabyrinth zu kämpfen. Fröhliches Rufen und Winken, und plötzlich stand mein alter Freund und Survivalkünstler Leif vor mir. Auch er gehörte zum Aufräumteam und hatte die »Briefträger« überredet, ihn mitzunehmen. Es war ein kurzes Wiedersehen, knapp zehn Minuten, und schon waren sie wieder weg und bretterten auf das rote Schiff zu. Wir winkten ein letztes Mal, füllten eine alte Fischkiste aus Plastik mit unseren ziemlich schweren Päckchen und schleppten die Last zur Hütte. Am nächsten Tag gefror das Eis wieder zu einem unüberwindlichen Wall. Aber das konnte uns egal sein, denn wir hatten unsere Post.

Wegen der vielen Kameras, Gewehre und Plastiktüten mit Stiefeln war es ziemlich eng. Ich saß am Bug, Balto in der Mitte und Hauke am Steuerknüppel, und langsam den Brocken schmelzenden Eises ausweichend, tuckerten wir aus der Bucht. Wir fuhren links in den Murchisonfjord, immer an der Küste entlang, die Inseln zu unserer Rechten. Nach einer halben Stunde mussten wir anhalten, um etwas Luft nachzupumpen, denn trotz Reparatur war das Boot nicht hundertprozentig dicht. Am Hunnberg waren jede Menge Dreizehenmöwen zu sehen. Auf den glatten Felskuppen des Ufers hockten die weißen Vögel nebeneinander wie die Perlen einer Kette und plapperten in der Möwensprache miteinander. Auf uns, die wir zu ihren Füßen vorbeischipperten, achteten sie nicht weiter. Robben streckten ihre Köpfe mit triefenden Schnurrhaaren aus dem Wasser, aus schwarzen Knopfaugen musterten sie uns neugierig und verschwanden wieder. Schwarze Seetaucher mit weiß gesprenkelten Flügeln und roten Füßen kreisten über unserem Kielwasser, surrend wie ein Uhrwerk. In Florabukta, der Blumenbucht, hievten wir das Boot an Land und zogen die Gummianzüge aus. Unter unseren Füßen erstreckte sich ein weicher Teppich aus sattem Grün, über Jahre gedüngt durch hier angesammeltes Guano. Unzählige Blumen, die wir in Kinnvika nie gesehen hatten, zierten die üppige, smaragdene Fläche. Die hohen, rot-grün-beige gestreiften Klippen echoten ein Rauschen, und so ließen wir Löwenzahn und Butterblumen in der strahlenden Sonne zurück und überquerten die schmale, bunte Halbinsel Floraodden, um den Wasserfall ausfindig zu machen.

In einer sonnigen Ecke versteckt, fast unscheinbar, fanden wir ihn: Das Wasser kam von einem rötlichen Steinvorsprung in etwa 25 Meter Höhe, schlängelte sich trübe in eine kurze, ausgewaschene Furche, um dann in den rostfarbenen, alten Algen am Strand zu versickern oder direkt in die silbern geriffelte Bucht zu tröpfeln. Das Treibholz war sehr alt, leicht und ausgebleicht, es gab hier kein Strandgut aus jüngerer Zeit. Wir schlenderten zurück zum Boot und entdeckten die Reste einer Trapperhütte, die möglicherweise auf den Fundamenten einer noch älteren Behausung errichtet war. Überall lagen zersägte Geweihreste und Knochen herum, dazwischen Scherben alter Flaschen und blau gemusterten Steinguts. Die Hütte lag gut geschützt gegen die gemeinen Winde des Flora- sowie des Celsiusbergs auf der anderen Seite der Bucht. Wenn man einen Winter als Trapper und Jäger verbringen wollte, war dies bestimmt eine geeignete Stelle. Auf jeden Fall war man den Elementen hier nicht so stark ausgeliefert wie in Kinnvika, ganz abgesehen davon, dass es hier mehr Federvieh zum Beobachten und Verspeisen gab. Der Blick war fantastisch. Man sah die kahlen Inseln der Bucht sowie die Grünstreifen unter den farbenfrohen Vogelklippen, allerdings war es ziemlich schattig, und Sonne gab es nur, wenn sie sehr hoch stand. Alles konnte man eben nicht haben.

Auf der Bootsfahrt zurück saß Balto ganz still, es schien ihm zu gefallen. Ab und zu zitterte er, während wir über die Wellen sausten – vor Vergnügen, Angst oder Kälte. Durch sein zusätzliches Gewicht waren wir sehr langsam und verbrauchten viel unseres knapp bemessenen Vorrats an Treibstoff. Hauke gondelte vorsichtig um die schwimmenden weißen Hindernisse, und irgendwann hatten wir unser Zuhause auf dem Mond wieder erreicht.

Der Ausflug rief uns in Erinnerung, dass es noch eine andere Welt gab: grün und duftend, farbenfroh und warm. Ich freute mich darauf, diese Welt wiederzusehen, zu spüren, wie sanfter Wind meine nackten Arme und Beine streichelte, darauf, mich in warmem Wasser zu aalen und darin zu schwimmen, etwas anderes zu spüren als den nackten Fels unter meinen Stiefeln und die Wollmütze auf meinem Kopf. Es gab ein Leben außerhalb Kinnvikas, und es gab ein Leben außerhalb Spitzbergens. Aber hier war ich zu Hause. Hier fand ich innere Ruhe und Seelenfrieden, hier lebte ich im Einklang mit der Natur. Dieses Zuhause zu verlassen war schon in den schwierigeren Phasen unvorstellbar gewesen. Jetzt, da alles so gut lief, war es noch unvorstellbarer. Erst recht an einem wunderschönen Tag wie heute.

Der Sägebock kam wieder zum Einsatz. Der letzte Rest Schnee um seine Beine war verschwunden, und wir konnten ausmessen, wie tief die Schicht vor unserer Tür gewesen war. Einiges an Treibholz lagerte noch daneben, die Spitze eines besonders langen Stücks war auch im tiefsten Winter immer sichtbar geblieben. Mit Hilfe eines Stuhls ließ ich ein Maßband aus Stahl von oben abrollen. 208 Zentimeter! Ein halber Meter mehr als ich groß war!

Anfang August war unser kleiner Teich wieder zu sehen, er füllte sich mit Schmelzwasser, dem unvermeidlichen Getier und grünem, faserigem Zeug. Ein paar sumpfige Gebiete etwas weiter entfernt von der Hütte trockneten bereits wieder. Der Himmel kündigte den bevorstehenden Winter an: ungewöhnliche Gelb-, Gold- und Türkistöne nahmen dem Blau seine Übermacht, Nebel- und Regenschleier legten sich wie Gaze über die Hütten. Überall blühten in unglaublichem Tempo Pflanzen auf und verteilten Kleckse in Gelb, Lila, Rosa und Weiß über das Land. Seit unserer Ankunft erforschte Hauke jeden Samstag die Flora, er fotografierte sämtliche Flechten und Blüten, ob sie sprossen, blühten oder samten. Er hatte versucht, einzelne Pflanzen mit Bambusstöcken zu markieren, um ihre Entwicklung während eines Jahres genau zu dokumentieren, aber das Wetter, die Bären und die Rentiere hatten diese Absicht durchkreuzt. Uns wurde klar, dass nicht die Wärme, sondern das Licht der wesentliche Impuls für Wachstum war, denn selbst in der kältesten Zeit stießen wir auf Pflanzen. Die Rentiere waren nicht die Einzigen, die davon fraßen. Unweit des Klohäuschens beobachteten wir einen mittelgroßen, durchaus selbstbewussten, aber respektvollen Bären, der behutsam an den rosafarbenen Knoppsildre-Blüten knabberte. Aus gegebenem Anlass tauften wir ihn Eisbääh.

Der August war ein ziemlich aktiver Monat für die Bären. Einmal trieben sich fünf zwischen unseren Hütten herum. Erst kam ein Muttertier mit zwei ganz kleinen Jungen, unsere direkteste Begegnung mit einem erwachsenen Bären. Zwischen ihrer Schnauze und Haukes linkem Fuß lagen nur 2,25 Meter (ich habe es genau ausgemessen); zwischen ihnen und unserer Hütte stand nur die Videokamera, und hinter beidem ich, mit meinem Gewehr. Dann erschien ein zweites Muttertier mit einem bereits ausgewachsenen Jungen. Gefahr für die erste Familie! Sie schliefen eine Nacht darüber (ich halte Bären für sehr besonnene Tiere) und beschlossen dann, besser den Bärenpfad hinauf zu verschwinden.

Eines Mittags sah ich einen großen, schlanken Bären den Pfad herunterkommen. Er näherte sich von hinten der Haupthütte und steckte immer wieder nervös die Zunge heraus.

»Darf ich den verjagen?«, fragte ich Hauke.

»Warum?«

»Na, weil ich das noch nie gemacht habe. Jedenfalls nicht alleine. Du hast immer die Bären verjagt.«

»Wirklich?« Er starrte mich ungläubig an und überlegte fieberhaft, ob ich Recht hatte. »Also gut. Ich filme!«

Hauke hielt Balto an der kurzen Leine und lehnte sein Gewehr an eine Ecke der Haupthütte. Die Kamera war startbereit. Das Gewehr hing über meiner rechten Schulter, Stahl blitzte matt auf, denn mit schwitzenden Fingern hielt ich die Hundenäpfe umklammert. Wir warteten, bis der Bär noch näher kam.

»Los!«, zischte Hauke und drückte den Auslöser.

Ich trat aus dem Schutz der Hütte, ging ganz langsam und nach außen hin gelassen auf den überraschten Bären zu, wobei ich die Arme in gleichmäßigen Bögen über den Kopf führte und die Näpfe zusammenschlug, so fest ich nur konnte. Der Bär hielt inne, schien aber wenig beeindruckt und schaute mich nur mit einem typischen, undurchdringlichen Blick an.

»Geh nicht zu weit«, rief Hauke. Na, die Gefahr bestand nun wirklich nicht, aber ich ging weiter auf ihn zu. Plötzlich machte er einen Satz. O-oh … Auf mich zu oder von mir weg? Balto wollte mir helfen, aber Hauke schrie »Hey!«. Als ich genau zwischen Hauke und dem Bären stand, beschloss der Bär, dass ihm diese kleine Verrückte nicht geheuer war. Er drehte sich um und rannte weg, so schnell ihn die Tatzen trugen.

»*Yeah*!«, jubelte ich. »Mein erster Bär!« Es war schon ziemlich einsam da draußen im Niemandsland, auch wenn ich wusste, dass Hauke nicht weit weg hinter mir stand. Das würde ich nicht so schnell vergessen. Ein Schauer lief mir über den Rücken. Aber ich hatte es ganz alleine geschafft. Vor einem Jahr wäre das undenkbar gewesen, völlig unmöglich. Etwas hatte sich verändert. Ich spürte ein bisher nicht gekanntes Selbstbewusstsein – und Stolz. Kaum zu glauben, wie sehr ich mich angesichts des allerersten Bären gefürchtet hatte. Vielleicht sollte ich mir in Zukunft Menschen, die mir Schwierigkeiten machten, als zweibeinige Eisbären vorstellen. Denn mit denen konnte ich umgehen.

Den größeren Bären wurde im Allgemeinen von den Kleineren viel Respekt entgegengebracht; wenn sie aufeinander trafen, blieb immer ein Sicherheitsabstand von mindestens 25 Metern. Oft genügte die Witterung, um den unterlegenen Bären nach Norden in die Flucht zu schlagen. Es war fast schon komisch.

Ein riesiger Bär erschien, wie ein Sheriff im Wilden Westen, der gehört hatte, dass es irgendwo Ärger gab. Er war hochgewachsen, schlank und kantig (und sah ein bisschen aus wie ein vergreister Gary Cooper). Er konnte einen Ehrenmann von einem Gauner unterscheiden, oder anders ausgedrückt: Ihm konnte man kein X für ein U und schon gar kein Schlauchboot für eine Robbe vormachen. Mit schwingenden Hüften marschierte er direkt ins Zentrum, denn er suchte den Ganoven, der schon ein paar Tage hier herumhing wie Aasgeruch. Die braven Bürger von Kinnvika waren erleichtert über die Ankunft des Sheriffs, denn es war ihnen nicht gelungen, den Banditen dazu zu überreden, die Stadt zu verlassen, und nun trauten sie sich nicht mehr vor die Tür.

Der Sheriff stellte sich direkt vor den Banditen und starrte ihn an. Vor Schreck rannte der Gangster los und versteckte sich hinter dem Lagerhaus. Der Sheriff mit blitzenden Augen hinterher, er jagte den Banditen vor die Tore der Stadt, bis jenseits der Anhöhe, wo er verharrte, tief durchatmete und überlegte. Diese Stadt war zu klein für sie beide! Es war richtig gewesen, den Bösewicht aus Kinnvika zu verjagen. Unser Held richtete sich für einen Tag am Stadtrand häuslich ein. Aufgabe erledigt.

Aber der Frieden währte nicht lange. Um etwa neun Uhr am Abend desselben Tages schlenderte ein junger, stämmiger, untersetzter Bär provokant in die Stadt. Er sah kräftig aus, ein richtiger Schlägertyp. Wir mochten ihn nicht und beobachteten das Geschehen von drinnen. Er stromerte ziellos herum, inspizierte die anderen Gebäude, drückte Türen auf und schnüffelte an Fensterläden. Und irgendwann entdeckte er uns. Er umkreiste die Hütte ein paarmal, wir immer hinterher, im Schatten seiner Bewegungen von Fenster zu Fenster springend. Unser Puls raste, aber trotz unserer Angst versuchten wir, ihn zu fotografieren und zu filmen. Ich hatte mein Gewehr die ganze Zeit in der Hand. Der Bär war jetzt am Seitenfenster des Vorraums und schnupperte an den roten Ölkanistern, die einen knappen Meter entfernt lagerten. Dann kam er wieder zurück, stubste schnüffelnd seine feuchte, schwarze Nase gegen die Scheibe. Wollte er das Glas zerbrechen? Wir machten jede Menge Lärm, um ihn zu verscheuchen, aber das beeindruckte ihn wenig, jetzt ging er zum hinteren Fenster und starrte von dort hinein. Wir standen wie angewurzelt da und starrten zurück. Plötzlich, wie in Zeitlupe, stellte er sich auf die Hintertatzen, streckte sich und lehnte sich abwechselnd nach links und nach rechts, um besser sehen zu können. Ich war wie gelähmt. Hauke filmte seelenruhig weiter.

»Schieß, wenn er hereinwill!«

Das musste man mir nicht zweimal sagen. Ich lud das Gewehr. Wenn er das Glas erst mal zerschmettert hatte, würde es dafür zu spät sein. Er oder wir. Das war die Entscheidung. Die Sekunden vergingen wie Stunden. Unter höchster Anspannung starrten wir dem Bären in die Augen. Er ließ sich wieder auf die Füße fallen, machte einen Bogen, sah ins letzte Fenster des Vorraums. Wir folgten ihm erneut und machten so viel Krach, wie wir nur konnten, hämmerten sogar gegen die Wände, den klapperigen Tisch und natürlich auf die Hundenäpfe. Ein weiteres Mal schlich der Bär um unsere Hütte, ich schnell an der Innenwand hinterher. Hauke griff im Vorraum nach seinem Gewehr.

»Ich gehe jetzt raus und gebe einen Warnschuss ab. Sag mir, wenn es sicher ist.«

Was für eine Verantwortung! Ich beobachtete den Bären genau, der wieder in die Hütte linste, diesmal durchs vordere Fenster. Irgendwann ging er zur Seite, mit dem Rücken zur Hütte.

»Jetzt«, schrie ich. Ich hörte, wie die Tür aufging und Hauke herausrannte. Er schoss dicht neben dem Bären in den Boden und brüllte dabei so laut er konnte, der Bär sprang auf, trat Moos und Steine zur Seite. Ich konnte alles genau durchs Fenster beobachten. Der Bär galoppierte weg. Ich rannte hinaus, Hauke jagte ihn mit einem zweiten Schuss weiter Richtung Küste. Er sah so nervös und ängstlich aus, wie ich mich fühlte. Ich sicherte mein Gewehr.

Jetzt brauchten wir einen Schluck Wein. Ein Whisky wäre auch nicht schlecht gewesen.

In meinem Kopf brummte es und wollte gar nicht mehr aufhören. Langsam wurde ich wach und sah zur Uhr auf dem Tisch direkt neben mir. Halb fünf. Oje. Ich kuschelte mich wieder ein, zog die Decke ganz fest um den Hals. Ich wollte nicht aus dem Fenster schauen, denn ich wusste genau, was das war. Die *Nordsyssel*. Ich wollte nicht, dass die kam. Weg da!

Ich ließ den Blick über die kahlen Wände schweifen, musste lächeln. Wie lange es wohl dauern würde, bis sie wieder von dem merkwürdigen Schimmelpilz befallen sein würden? Ich hatte mich an meinen komischen, kleinen Kaninchenstall in diesem fremden Mondland gewöhnt. Er hatte uns gewärmt, auch wenn es oft nur lauwarm gewesen war, und uns während der fiesen Winterstürme Schutz geboten. Ein gemütliches Zuhause. In Longyearbyen hatte ich mich noch gefühlt wie eine Gefangene, hier in Kinnvika war ich frei wie ein Vogel. Ich war in die weiten, offenen Flächen hineingewachsen und hatte einen Ort lieben gelernt, der für mich am ersten Tag eine einzige Stätte der Trostlosigkeit gewesen war.

Das Jahr war wie im Flug vergangen, und ich war erfüllt von Erinnerungen an die vielen außergewöhnlichen Erlebnisse und Gefühle. Noch wusste ich nicht, was das alles genau in mir ausgelöst hatte, und ich war neugierig, ob ich in England anders mit Menschen und Situationen umgehen würde. Wahscheinlich war ich ein bisschen erwachsener geworden, emotionaler. Meinen eigenwilligen Sinn für Humor hatte ich mir jedenfalls bewahrt.

Die Lernkurve war am Anfang steil verlaufen: das Zusammenleben mit Hauke gestalten, filmen, mit Bären umgehen, über mich und meine Gefühle reden, Situationen rechtzeitig erspüren und mit ihnen umgehen. Dank Haukes kluger, hartnäckiger Unterstützung hatte ich angefangen, die Person zu entdecken, die ich eigentlich sein wollte. Jetzt war ich ihr wenigstens auf der Spur, ein Prozess, der niemals enden würde. Es ist auch nicht so leicht. Mauern müssen eingerissen, neu errichtet und, wenn es immer noch nicht stimmig ist, erneut eingerissen werden. Hauptsache, das Fundament ist stabil. Anfangs war es schwer gewesen, über Wünsche und Sehnsüchte zu sprechen. Ich kannte mich selbst nicht, hatte nie an die Zukunft gedacht, keinen Lebensplan gehabt. Ich wollte einfach nur glücklich sein, fertig. Alles andere schien unwichtig. Aber wie das Glück zu finden war, das wusste ich nicht. Ich wartete einfach, bis es von selbst vorbeikam. Weder suchte ich das Glück, noch überlegte ich, was »Glück« für mich überhaupt genau bedeutete. Durch die Gespräche mit Hauke wurde mir klar, was ich mochte und was ich auf keinen Fall wollte – ich hätte sogar eine genaue Liste aufstellen können. Kinnvika brachte Klarheit. Das Leben hier gefiel mir, und ich wollte zumindest die Essenz davon in mein zukünftiges Leben hinüberretten.

Ein Zuhause – das würde auf jeden Fall irgendwo auf dem Land sein, ein Häuschen etwas größer als unser Kaninchenstall, mit Rosenranken um die Eingangstür, mit Feldern und Bäumen in der Nähe, einer Landschaft für Spaziergänge. Der Gedanke, mir etwas am Meer zu suchen, gefiel mir noch immer. Ich könnte dann die Möwen kreisen sehen und in die tosende Brandung schauen. Alles war möglich, wenn man nur wollte. *Just do it!* Es sah aus, als würde ich all das alleine in Angriff nehmen, wobei es so viel schöner wäre, es mit Hauke zu teilen ... Hör auf zu träumen, ermahnte ich mich, vergrub mich noch tiefer unter die Decke und zog mir das Kissen über den Kopf. Aber so fest ich es mir auch auf die Ohren drückte, das dumpfe Brummen im Hintergrund wollte nicht verstummen. Nach über einem Jahr Stille und Naturgeräuschen machte es mich am letzten Morgen richtig aggressiv. Ich versuchte vergeblich, wieder einzuschlafen. Meinen Kuschelelch hätte ich gut gebrauchen können, aber den hatte ich schon in irgendeinen Rucksack gestopft.

Ob ich alleine ein Jahr hier verbracht hätte? Freiwillig bestimmt nicht. Aber vielleicht würde sich irgendwann etwas Vergleichbares ergeben, nur bitte schön ohne Eisbären. Hätte Hauke aus irgendwelchen gesundheitlichen Gründen kurzzeitig nach Longyearbyen zurückgemusst, ich wäre allein in Kinnvika geblieben, aber ich hätte ja auch zwei ausgezeichnete Wachhunde an meiner Seite gehabt. Der arme Sako. Es wäre hart und ein bisschen gruselig gewesen, aber ich hätte es versucht. Na ja, das sagt sich so, wenn man im mollig warmen Bett liegt und gerade kein Bär an die Tür klopft.

Mein Blick wanderte zu Haukes Seite des Zimmers. Die Regale waren leer geräumt: kein Funkgerät, kein CD-Spieler, keine Bücher, nicht einmal die Wollmütze, die ein angreifender Bär zerfetzt hatte. Auch meine Regale waren leer, und das entsprach meiner Stimmung. Ich drehte mich auf die Seite, lupfte meine Decke und konnte unter dem Tisch hindurch Hauke sehen. Er schlief noch fest, und ich hörte, wie er in kleinen, unregelmäßigen Schnaufern ausatmete. Im Gegensatz zu mir schnarchte er nie. Ich musste lächeln. Merkwürdig, wie es so zugeht im Leben. Hätten sich die Dinge mit Edwin anders entwickelt, ich hätte Hauke wohl niemals kennen gelernt und diese einschneidende Erfahrung nie gemacht. Irgendwie geht es im Leben immer darum, zum richtigen Zeitpunkt an der richtigen Stelle zu sein. Jede noch so kleine Etappe der Vergangenheit hatte dazu geführt, dass wir genau jetzt genau hier waren. Hätte, könnte, müsste ... Es war eine so großartige Zeit gewesen, viel schöner, als wir es uns erträumt hatten. Persönlich so erfolgreich wie wissenschaftlich. Wir hatten uns das ganze Jahr bemüht, dem anderen zuliebe möglichst optimistisch und heiter zu sein. Tränen hatte ich nur in den Morgenstunden vergossen, wenn Hauke die Hunde ausführte. Das ahnte er bestimmt nicht einmal. Meistens gab es gar keinen konkreten Anlass zu weinen. Vielleicht die Hormone. Manchmal war ich bestimmt eine ganz schöne Nervensäge (bestimmt war ich das!), aber Hauke blieb geduldig und liebevoll und setzte alles daran, damit ich mehr von mir erzählte. Nicht weil er indiskret wäre, sondern weil er sich für Menschen interessiert und ihnen gerne dabei hilft, die Dinge klarer zu sehen. Bei allem Spaß, den wir miteinander hatten – wir ließen einander immer Freiraum, selbst wenn wir uns an unserem Tisch direkt gegenübersaßen. Hauke hat mir Mut gemacht und mir den sprichwörtlichen Tritt in den Hintern gegeben, wenn es nötig war – und das war oft der Fall. Unser gemeinsamer Alltag und die Arbeitsaufteilung hatten sich wie von selbst ergeben, ohne dass wir eine vermeintlich politisch korrekte Ordnung aushandeln mussten. Jeder machte das, was er am besten konnte. Und trotzdem – oder gerade deswegen – verband uns Partnerschaft, Harmonie, geteilte Verantwortung. Es funktioniert. Seit Tausenden von Jahren funktioniert es. Vielleicht war das das Geheimnis von Kinnvika.

Ich setzte mich auf und griff nach der Thermoskanne. Kein Tee mehr drin, so ein Mist. Enttäuscht deckte ich mich wieder zu, wünschte mir einen ordentlichen Sturm, damit ich das Motorengeräusch nicht hören musste. Die Stille hier war so kostbar. Sie würde mir fehlen. Alles hier würde mir fehlen. Die Natur, das Wetter, das Polarlicht, wie es im kohlrabenschwarzen Himmel zwischen den Sternen tanzte und waberte, die gruseligen Sachen, die romantische Einheit mit der Natur, die guten wie die schlechten Zeiten, Champagner am Sonntag und selbst das Eis und die Kälte. Die Bären vielleicht nicht, aber ohne sie wäre es um einiges langweiliger gewesen. Wirklich, ein unvergessliches Jahr.

Ich seufzte. Und du wirst mir auch fehlen, Professor Trinks, dachte ich und sah mit tränenverschleiertem Blick zu ihm hinüber. Wie würde das weitergehen? Über eine dauerhafte Beziehung hatten wir nicht gesprochen, ja wir mieden dieses Thema. Alles war irgendwie offen. Unsicher. Wie so vieles, worüber ich mir in England klar werden musste. Ich nahm an, dass Hauke vielleicht mehr wollte, aber ich wusste nicht, ob ich außerhalb von Kinnvika damit umgehen konnte. Noch nicht. Erst musste ich wieder Fuß fassen, Spitzbergen hinter mir lassen, wieder ein normales Leben führen. Wir sind uns in so vielen Dingen so ähnlich – in unseren Ansichten, in dem, was wir gerne tun. Beide sind wir abenteuerlustige Energiebündel, und beide fühlen wir uns wohl in der Gegenwart des anderen. Die wachen, blitzenden blauen Augen gefielen mir immer noch sehr. Ich würde ein weiteres Mal Ja sagen.

Was würde die intensivste Erinnerung sein, fragte ich mich. Kinnvika war so viel mehr als die Summe einzelner Erlebnisse, so viel mehr als Licht und Dunkel, Angst und Ruhe, Einsamkeit und Nähe. Mir war, als säße ich in der Mitte einer gigantischen Kugel, umgeben von allem, was Kinnvika ausmachte. Und mich erfüllte ein Gefühl von intensiver Wärme, von Glück.

Ich zog die Knie an. Gestern war der erste Neuschnee gefallen, nur ein ganz feiner Hauch, um unser Jahr hier zu besiegeln. Ein Zeichen, dass es Zeit war zu gehen.

»*Out and over from Kinnvika*«, wie Hauke immer zu sagen pflegte.

Epilog

Alles war so laut, schmutzig und grell. Und überall war es zu warm. Hier in England gab es viel zu viele Menschen, die entweder hektisch irgendwohin mussten oder dumpf vor dem Fernseher saßen, weil es nichts zu erzählen gab. Die warme, feuchte Luft stank nach Abgasen und beleidigte meine Nase wie ein billiges Parfum – mir wurde richtig schlecht davon. Der Duft der Blumen in den Gärten und Wiesen hingegen war so süß, so überwältigend, dass ich gar nicht genug davon bekommen konnte. Wochenlang hielt ich, wenn ich das Haus verließ, erst einmal Ausschau nach Bären, und auf Spaziergängen sah ich mich immerzu um. Wenigstens zerrte eine Handtasche nicht so sehr an den Schultern wie der Gurt meines Gewehrs ...

Für kurze Zeit wohnte ich bei meinen Eltern und zog dann zu meiner Freundin Carol in den New Forest, da ich übergangsweise wieder im *National Motor Museum* in Beaulieu arbeitete. Ich verkaufte im Museumsshop, erfasste Ausstellungsstücke und nähte für einige Exponate umweltfreundliche Schutzhüllen. Hier wurde mir klar, dass ich verändert aus Kinnvika zurückgekehrt war. Den Menschen begegnete ich in gewisser Weise wie Eisbären. Es verblüffte sie, dass ich plötzlich einen Standpunkt vertreten konnte und manchmal sogar Kontra gab, dass ich meinem Gegenüber direkt in die Augen sah und meine Frau stand – und diese Frau wuchs über sich hinaus (bei meiner Körpergröße zählt da jeder Zentimeter). Ich strotzte nur so vor Selbstbewusstsein und war gespannt, was für innere Veränderungen ich noch entdecken würde. Mit der Zeit würde es sich schon zeigen.

Ich freute mich, meine Familie, Freunde und Kollegen wiederzusehen, und erzählte ihnen von Kinnvika, von meinen Bärenabenteuern und davon, wie wir die Polarnacht überstanden hatten. Aber niemand verstand, was daran so großartig gewesen sein sollte und wieso mir das alles so wichtig war. Erst jetzt, weit weg von Kinnvika, begriff ich, was ich diesem Ort alles verdankte. Ich sehnte mich zurück. Wollte nach Hause.

»Was machst du am Freitag?«, fragte Hauke am Telefon.

Seine Telefonrechnung musste gigantisch sein, bei all den Ferngesprächen nach England. Seit wir einigermaßen im Alltag Fuß gefasst hatten und wieder arbeiteten, telefonierten wir regelmäßig. Wir schwelgten in Erinnerungen und erzählten dem anderen haarklein, wie es uns damit ging, nicht mehr in Kinnvika zu sein.

»Nichts Besonderes«, antwortete ich und überlegte, was diese Frage sollte. Ich hatte einen Flug gebucht und würde ihn in drei Wochen in Deutschland besuchen.

»Drei Wochen sind mir zu lange, ich muss dich vorher wiedersehen. Ich habe ein Ticket nach Heathrow, Sonntag muss ich wieder zurück. Holst du mich ab?«

Ein Gefühl von Wärme durchströmte mich, ich glaube, ich wurde sogar rot.

»Na klar hole ich dich ab. Kann es auch nicht abwarten.«

Es wurden zwei Wahnsinnstage. Am ersten Abend übernachteten wir bei Carol (Genehmigt!, signalisierte sie mir, was mich natürlich sehr freute), beschlossen spontan, mit der Fähre von Lymington zur Isle of Wight überzusetzen, um dort Mittag zu essen, und rasten dann über die Autobahn, um rechtzeitig bei meinen Eltern zu sein, die uns zum Abendessen eingeladen hatten. Sie amüsierten sich köstlich über Haukes höfliche, »typisch deutsche« Art und gaben ebenfalls ihr Plazet. Am nächsten Tag hatten wir noch Zeit für einen

Spaziergang durch die grün wattierte Waldlandschaft in der näheren Umgebung, und dann musste ich ihn auch schon wieder nach Heathrow bringen. Es war ein trauriger Abschied – die Zeit war viel zu kurz gewesen. Aber ich würde ihn ja bald wiedersehen.

Mit jeder Reise nach Deutschland fiel es mir schwerer, wieder abzureisen. Am Flughafen wollten wir uns gar nicht mehr loslassen, und jedes Mal brach ich in Tränen aus. Es war richtig gewesen, eine Weile getrennt zu sein, um wieder in der Normalität des Alltags anzukommen, ohne gleichzeitig an einer »neuen Beziehung« arbeiten zu müssen. Aber wir hatten Sehnsucht nacheinander. Die Trennung machte mir klar, wie viel mir Hauke bedeutete. In den Monaten nach der Abreise aus Spitzbergen hatte ich das Kapitel Longyearbyen abgeschlossen, jetzt konnte ich mit klarem, nicht durch alte Hoffnungen und Träume verstelltem Blick nach vorne schauen. Vielleicht gab es doch einen Weg für uns? Waren wir so weit, die Chance zu nutzen?

Für mich war es ein großer Schritt, für Hauke ein noch größerer. Sein Haus und sein ganzes Leben für diese verrückte Engländerin umzukrempeln, nachdem er in Deutschland einige Jahre alleine gelebt hatte – was für eine mutige Entscheidung!

Und hier sitze ich nun und warte auf Hauke. Das Gras streichelt sanft meine Füße, ich bin umringt von lilafarbenen Lupinen, Fingerhut, Dost und einem ganzen Meer bunter Wiesenblumen. Der Rasen wird nur einmal im Jahr gemäht, im September. Schwalben huschen über den Seerosenteich, Buchfinken erfrischen sich im Schilf und erschrecken dabei die Molche. Ein schwarzer Hausrotschwanz hockt meckernd auf einem der Pferdekopfgiebel.

Es ist ein wunderschönes Haus. Mein Traumhaus. Ein Fachwerkhaus aus rotem Backstein mit einem üppigen Reetdach. Wein und zarte rote Rosen ranken sich um die Tür und bis zur Dachrinne, und ab und zu fällt ein Blütenblatt auf die Holzbank darunter. Es ist ein kleines Haus. Einfach und gemütlich. Statt einer Heizung gibt es einen riesigen Holzofen aus Stein; und statt eines Herds einen alten Buderus-Ofen aus den Dreißigerjahren mit vier nachträglich installierten Elektroplatten. Eine ausgestopfte Schleiereule sitzt auf einem kleinen Schrank voller Bücher. Neben einem alten Bienenkorb steht meine Nähmaschine, ein Rentiergeweih und ein Holzpinguin zieren die Balken, und unsere zerfetzten Fahnenreste aus Kinnvika hängen leicht angestaubt von einem alten Joch. Haukes Bärentatzenquilt hängt über dem Geländer der Galerie: 100 blaue Tatzen auf weißem Grund. Und noch zwei auf der Rückseite, denn so viele Bären haben wir in Kinnvika gezählt. Ein Gewebe aus Liebe.

Ich warte auf Hauke und spüre noch den Sekt – unsere Sonntagstradition aus Kinnvika haben wir ziemlich schnell wieder aufleben lassen. Ich denke an unseren letzten Bootsausflug in Kinnvika, nach Russøya, wo unweit der Reste einer Hütte noch ein altes russisches Kreuz zu sehen ist; es sollte die Trapper, die auf der ungeschützten Steininsel harte Winter verbringen mussten, vor bösen Geistern schützen. Wir sahen dort große, rostfarben und golden gefiederte Raubmöwen mit ihren gefährlichen Hakenschnäbeln. Balto hatte uns begleitet. Ich muss seufzen. Auch er bekam Lymphkrebs, wie Sako, und ist inzwischen tot. Was für ein netter Hund er war!

Da! Ein vertrautes Motorengeräusch. Das muss Hauke sein. Von der Bank aus sehe ich ihn aussteigen und gehe ihm entgegen. Er kommt von dem Abschiedsbesuch bei seiner Tochter und der fröhlichen Schar ihrer fünf Kinder.

Denn heute geht es los. Haukes altes Segelschiff, die *Mesuf*, ist frisch gestrichen, und wir wollen nach Island. Ich bin nervös und wünschte, ich hätte den ersten Sturm schon hinter mir. Es wird eine lange Reise: von Deutschland die norwegische Küste entlang, hinüber zu den Shetland und Faröer Inseln und dann noch zwei Tage bis nach Island. Hauke hat ein paar hübsche Häfen ausgesucht, wo wir ein bisschen die Gegend erkunden und uns mit Einheimischen unterhalten wollen, denn in einem Abendkurs hat er etwas Isländisch gelernt. Vielleicht werfen wir in irgendeinem geschützten Hafen den Anker und kaufen uns in der Nähe einen kleinen Bauernhof mit ein, zwei Pferden und natürlich Hunden. Kein zweites Kinnvika, aber ein neues Abenteuer, eine neue Erfahrung. Ich kann es kaum abwarten, mit dem Tagebuchschreiben zu beginnen und alles in Worte zu fassen: die Wale und Delphine, das Meer und das Licht, die Menschen und die Orte. Und dieses Mal keine Bären.

MALIK

Stephan Orth
Opas Eisberg

Auf Spurensuche durch Grönland
272 Seiten mit 41 Farbabbildungen, 10 Schwarz-Weiß-Fotos,
16 Faksimiles und 2 Karten. Gebunden

Einmal den eigenen Großvater kennenlernen, als jener noch jung war – für Stephan Orth wird dieser verheißungsvolle Gedanke Realität, als ihm unverhofft das Expeditionstagebuch seines Opas in die Hände fällt, der 1912 mit Hundeschlitten Grönland durchquerte. Fasziniert von der Unbekümmertheit seines abenteuerlustigen Vorfahren, bricht der Enkel genau 100 Jahre später zu einer Polarfahrt auf, die ihn an die Grenzen seiner Kräfte führt und mitten in die bedrohte Schönheit des arktischen Nordens.

Vom Bestsellerautor und mehrfach ausgezeichneten SPIEGEL-ONLINE-Redakteur Stephan Orth (»Sorry, wir haben die Landebahn verfehlt«).

 Film ab!

02/1150/01/R

MALIK

Tilmann Waldthaler
mit Carlson Reinhard
Nordkap – Neuseeland

Noch einmal mit dem Fahrrad um die Welt
272 Seiten mit 38 Farbfotos und einer Karte. Gebunden

Der Radnomade Tilmann Waldthaler bricht auf zu seiner letzten ganz großen Tour: 16 000 Kilometer vom nördlichsten Punkt Europas bis nach Invercargill, der südlichsten Stadt der neuseeländischen Südinsel. Sein mit Witz und Weisheit nachgezeichneter Weg führt ihn durch Skandinavien, Mitteleuropa, über den Balkan bis nach Indien, Südostasien, Australien und Neuseeland. Eine ebenso mutige wie inspirierende Abenteuerreise, die nicht nur Fahrradfreunde vom großen Abenteuer träumen lässt.

»Ein sympathisches Plädoyer zum Losfahren.«
Die Zeit

MALIK

Adharanand Finn
Im Land des Laufens

Meine Zeit in Kenia. Aus dem Englischen von Karlheinz Dürr und Werner Roller. 320 Seiten mit 32 farbigen Fotos. Gebunden

Stimmt es, dass Kenianer schon als Kinder täglich mehrere Meilen zur Schule rennen? Dass sie weite Strecken im Laufschritt zurücklegen, weil es kaum Autos gibt? Und ihr Laufstil effektiver ist als unserer, da sie barfuß aufwachsen?

Der Brite Adharanand Finn spürt dem legendären Lauferfolg der Kenianer nach. Dafür zieht er mehrere Monate lang mit seiner Familie nach Iten, in Kenias Hochburg des Laufsports. Besucht dort Weltklasseläufer und Nachwuchstalente in den Trainingscamps, isst mit ihnen »Ugali« und schließt sich in der Morgendämmerung ihren Trainingsläufen durch die Savanne an. Und am Ende muss er selbst beweisen, ob sich das harte Training gelohnt hat – als er zum berüchtigten Lewa Marathon antritt.

MALIK

Christoph Rehage
The Longest Way

4646 Kilometer zu Fuß durch China
448 Seiten mit 47 Farbfotos und 2 Karten. Gebunden

Mit 30 Kilo Ausrüstung und einem Traum im Gepäck tritt Christoph Rehage am Morgen seines 26. Geburtstags vor seine Wohnungstür in Beijing. Es ist der erste Schritt einer Wanderung, die durch China und Vorderasien bis ins heimische Bad Nenndorf in Norddeutschland führen soll. So ungeheuer die Idee zu dieser Reise ist, so unerwartet und wechselvoll ist ihr Verlauf ...

»Rehage, ein Reporter-Naturtalent, erzählt spannend und mit raffinierter Dramaturgie.«
Die Zeit

»Ein äußerst gelungener und intensiver Einblick in ein China, das dem gewöhnlichen Touristen sonst verschlossen bleibt.«
Basler Zeitung

 Film ab!